CATALOGUE

RAISONNÉ ET HISTORIQUE

DES

ANTIQUITÉS

DÉCOUVERTES EN ÉGYPTE.

IMPRIMERIE DE C. J. TROUVÉ,
Rue Notre-Dame-des-Victoires, n° 16.

CATALOGUE

RAISONNÉ ET HISTORIQUE

DES

ANTIQUITÉS

DÉCOUVERTES EN ÉGYPTE,

PAR M. J^{PH} PASSALACQUA, DE TRIESTE,

CONTENANT :

1°. LE CATALOGUE, divisé d'après une classification méthodique des monumens, selon leur destination primitive, en objets de culte, d'usage de la vie civile, funéraires, etc.; par MM. L. J. J. DUBOIS et J. PASSALACQUA.

2°. DES NOTES ET OBSERVATIONS faites sur les lieux, et durant les fouilles, dans les ruines et les tombeaux, sur l'emplacement des antiquités, et divers usages des anciens Égyptiens, etc., par M. PASSALACQUA;

3°. DES NOTICES ET DISSERTATIONS SCIENTIFIQUES sur plusieurs branches de la collection, par MM. A. BRONGNIART, C. KUNTH, GEOFFROY-SAINT-HILAIRE, LATREILLE, ISIDORE GEOFFROY-SAINT-HILAIRE, VAUQUELIN, DARCET, LE BAILLIF, JULIA FONTENELLE, JOMARD, MÉRIMÉE, LETRONNE, REINAUD, DE VERNEUIL, DELATTRE, et CHAMPOLLION-FIGEAC.

AVEC DEUX LITHOGRAPHIES.

A PARIS,

A LA GALERIE D'ANTIQUITÉS ÉGYPTIENNES,

PASSAGE VIVIENNE, N° 52, AU PREMIER.

1826.

PRÉFACE.

Le catalogue proprement dit, qui sert pour l'énumération et la nomenclature des antiquités composant ma collection, se trouve divisé, 1°. *en objets de culte;* 2°. *en objets ayant servi aux usages de la vie civile;* 3°. *en objets funéraires;* et 4°. *en mélanges.*

Les objets de culte se trouvent sous-divisés par matière dans l'ordre que supposent la majeure ou la moindre facilité de les travailler; par les divinités et leurs attributs modelés en cire et bitume; taillés ou sculptés en bois et en pierre, fondus en métaux, etc, etc., et finissant par la série des animaux sacrés embaumés. Les divinités y sont indiquées par leur nom respectif, selon le Panthéon égyptien de M. Champollion jeune; chaque sous-division ayant la succession des divinités et de leurs attributs, classés autant que possible dans l'ordre de la puissance qui leur était attribuée par les Egyptiens, et commençant, dans chaque série, par la divinité qui se trouvait jadis la plus respectée en Egypte. Ces classifications sont rédigées par M. L. J. J. Dubois, savant distingué ainsi qu'artiste habile, au crayon duquel la science doit les dessins d'une exactitude frappante du Panthéon mentionné.

La sous-division *des objets ayant servi aux usages*

de la vie civile, suit l'ordre que supposent les produits progressifs de l'industrie et de l'art des hommes, en conséquence de leurs besoins de nourriture, de vêtement, de défense, de jouissance, de parure, etc., etc.

Les objets funéraires, qui, à l'exception des momies humaines qui en finissent la série, peuvent tous être classés au même rang, ayant tous servi de même pour témoignage de piété envers les morts, suivent, dans leur sous-division, un ordre arbitraire, et conforme à celui indiqué dans la table des matières à la fin du catalogue.

Les mélanges sont divisés en *manuscrits historiques*, qui exigeaient une classification à part des *papyrus funéraires*, compris dans la division précédente; et en objets divers qui ne pouvaient être classés directement ni dans *les objets de culte*, ni dans *ceux d'usage*, ni dans les *funéraires*.

Toutes les antiquités de ma collection ne se trouvent pourtant pas insérées dans les objets précédens. J'ai cru nécessaire d'assigner une place à part aux antiquités que j'ai découvertes réunies dans une chambre sépulcrale intacte, la plus remarquable qu'on ait découverte de nos temps, dans son intégrité, parmi les ruines et dans les souterrains de l'ancienne Égypte. J'en donne pour cela même une description détaillée, faisant suivre, pour les objets qui en composent l'ensemble, l'ordre progressif des numéros du catalogue, qui ne finit réellement qu'à la fin de cette description. Dans l'introduction historique qui la précède, je jette un coup-d'œil sur les nombreux obstacles qui s'opposent à la découverte d'un tombeau de quelque intérêt, qui ait pu se soustraire, dans son intégrité, pendant tant de siècles, à tous les bouleversemens et aux destructions dont l'Egypte a été le théâtre.

Animé dans mes fouilles parmi les ruines des nécropolis de l'ancienne Egypte, par le desir de me rendre utile aux sciences autant que mes faibles moyens me l'auraient permis, je mettais peut-être moins d'intérêt dans la découverte des objets d'antiquités mêmes, que sur l'emplacement respectif qui leur avait été jadis assigné par les Egyptiens, pour en déduire des usages, soit à l'appui de ce que les anciens historiens nous ont transmis là-dessus, soit pour en dévoiler d'autres dont nous n'avons aucune transcription. Dans le même but, j'ai eu le plus grand soin de comparer entre elles les différentes momies que je parvins à découvrir, non moins que les divers tombeaux de *Nécropolis*. Toutes ces observations, suivies scrupuleusement dans les souterrains pendant plusieurs années, me mettent à même d'indiquer, dans mes notes qui suivent le catalogue, la place respective qui, dans les tombeaux et sur les momies, était assignée par les anciens Egyptiens mêmes à chaque série d'objets de culte, d'usage de la vie civile, funéraires, etc., que leur religion et leurs mœurs leur prescrivaient d'y déposer. J'indique ensuite ce que j'ai cru remarquer de plus intéressant et de nouveau, à l'égard de certains procédés inconnus dans les embaumemens des momies humaines, sur leurs différens enveloppes et cercueils; sur la diversité entre les momies vraies égyptiennes, et celles des grecs morts en Egypte, sous les Pharaons et sous les Lagides; sur les nécropolis en général, et sur la variété de leurs tombeaux, que, dans mes déductions, je divise en tombeaux de rois, en tombeaux des grands et de familles plus ou moins distinguées, en tombeaux publics, et en tombes les plus simples, jadis creusées dans la terre, le sable et le débris des pierres. Je donne une description générale de ces différens tombeaux, y indiquant autant que possible l'emplacement respectif des momies et leurs accessoires, que j'y ai observé ou déduit par analogie. Comparant plusieurs remarques répétées entre elles, j'en tire des hypothèses sur plusieurs usages inconnus des anciens Egyptiens; mais je soumets en même temps mes faibles dissertations à l'approbation des savans versés dans l'étude de l'antiquité, et je recevrai avec gratitude toutes les remarques qui pourront m'être faites là-dessus, promettant, en cas d'une nouvelle édition de ce catalogue raisonné, vu les examens scientifiques et tout-à-fait nouveaux de plusieurs respectables savans qui s'y trouvent, d'y faire ajouter les mêmes remarques, intéressantes et instructives pour l'histoire d'un peuple le plus célèbre de la haute antiquité.

Je fais précéder mes notes, qui suivent l'ordre des numéros du catalogue, par une idée générale et rapide, sur les fouilles en Egypte, basée sur ma propre expérience ; elle pourra être de quelque utilité aux explorateurs qui seront à même d'entreprendre des recherches pareilles dans ce pays classique ; et à la fin de mes observations, je donne le recit d'un événement affreux arrivé pendant le cours de mes exploitations à Thèbes, afin qu'il puisse leur servir d'exemple à l'égard de la surveillance nécessaire aux fouilles parmi les ruines.

Préméditant, dans mes recherches en Egypte, une réunion d'antiquités les plus variées et les moins connues que j'aurais pu déterrer, j'ai formé ma collection actuelle par le choix des objets que je parvins à découvrir, et qui pouvaient venir à l'appui de mes observations faites dans les tombeaux. Le hasard ayant favorisé mes exploitations par plusieurs découvertes tout-à-fait nouvelles, j'ai cru ma collection digne de l'attention des savans de l'Europe (1). Les savans de France ayant

---

(1) Pour n'être pas accusé de partialité, je laisserai parler un savant distingué, qui, après avoir examiné plusieurs fois ma collection, lui a

le plus contribué, par leurs estimables travaux, à illustrer l'Egypte ancienne et moderne sous le rapport

---

assigné une place remarquable dans le magnifique monument qu'il vient d'élever à la géographie et à l'histoire politique et littéraire des peuples anciens et modernes, dans son *Atlas ethnographique du globe*, qui va paraître incessamment. Comme le jugement de M. *Balbi* pourrait ne pas avoir, en fait d'archéologie, la même valeur qu'il a pour les objets qui entrent dans la sphère des sciences, qu'il cultive avec tant de succès, il est bon de prévenir les lecteurs que cet auteur, aussi savant que modeste, a fait revoir lui-même cette partie de son ouvrage, ainsi que plusieurs autres qui ne sont pas du ressort immédiat des études dont il s'occupe particulièrement, à plusieurs savans très-distingués, à ceux que la renommée proclame comme les plus savans des archéologues français vivans. Voici le passage de l'introduction à l'Atlas ethnographique du globe de M. *Balbi*, qu'il a eu la bonté de me communiquer, et qui se trouve à la suite des observations qu'il fait à l'article relatif à la langue et à la littérature des anciens Égyptiens. Ce passage, que je transcris fidèlement par entier, servira aussi à donner au lecteur une idée de toutes les autres collections égyptiennes actuellement existantes en Europe. J'observerai en passant que la collection remarquable de Livourne, mentionnée dans ma note, à la page 118, est la même dont la munificence de S. M. Charles X a enrichi la France, dans l'intervalle de l'impression de ce catalogue. Tout lecteur instruit pourra, d'après ce court aperçu, juger de *l'importance relative* d'une collection que je ne suis parvenu à former qu'avec préméditation et avec beaucoup de soin et de peine, dans plusieurs années de mes propres recherches et fouilles en Égypte.

État actuel des collections égyptiennes existantes en Europe.

Depuis que la paix est rétablie en Europe, le commerce, en allant faire ses échanges en Égypte, s'est trouvé, sans le savoir, le courtier des sciences et de l'histoire. L'influence des voyageurs européens a comme naturalisé, dans cette contrée, la faculté d'y faire des fouilles, et bientôt cette terre classique a produit une quantité de monumens, et une variété qui étonne encore ceux qui la connaissent le mieux. Les possesseurs de ces richesses historiques se sont empressés de les transporter en Europe, et les Gouvernemens ont accueilli et com-

PRÉFACE.

de presque toutes les connaissances humaines, je ne croyais pouvoir mieux faire que d'apporter mes anti-

blé, par leur munificence, les vœux des savans et des artistes. Plusieurs musées spéciaux ont été fondés, et le premier de tous, à Turin, par la protection déclarée de S. M. le roi de Sardaigne, pour toutes les hautes études. On sait que le fond de ce musée est la riche collection formée en Égypte par M. le chevalier Drovetti, consul général de France. C'est donc avec toute raison que, eu égard à l'ordre des temps, ce musée se trouve indiqué le premier dans la liste suivante. Mais il est juste aussi de dire que S. M. le roi de France n'a pas été inattentif aux vœux des savans français qui ont tout fait pour l'archéologie égyptienne, et aux regrets généraux sur le transport à Turin d'une collection que tout semblait devoir fixer en France ; et lorsque l'arrivée à Livourne d'une nouvelle et très-riche collection eut offert l'occasion d'une noble revanche, le roi Charles X la saisit avec l'empressement le plus honorable pour les lettres françaises : la collection de Livourne a été acquise par une décision royale du 19 février 1826 ; et une autre ordonnance, en date du 15 mai suivant, complétant ce bienfait, a fondé un musée égyptien au Louvre, et en a nommé conservateur le savant auteur de la découverte de l'alphabet des hiéroglyphes, M. Champollion le jeune, chargé, par la même ordonnance, d'un cours d'archéologie égyptienne, où il exposera ses doctrines en présence même des monumens. L'honneur et les intérêts des lettres françaises ne pouvaient être plus convenablement assurés, et l'histoire littéraire du règne de Charles X conservera la mémoire de cet acte de la munificence royale. Voici la liste des collections égyptiennes les plus considérables.

Collections appartenant à différens Gouvernemens.

TURIN.   Musée royal égyptien, remarquable par le grand nombre de monumens de sculpture et les papyrus historiques.

PARIS.   Musée royal égyptien du Louvre, distingué par le nombre et le choix des objets de tout genre, la richesse des matières, et par quelques morceaux de sculpture d'un intérêt sans égal, tels que le sarcophage même en granit rose du Pharaon Ramsès Méiamoun de la XVIIIe dynastie Manéthon, et la *muraille numérique* du temple de Karnac, à Thèbes, véritable statistique, en tableau, des revenus de l'Égypte, pour trois époques comparées.

quités à Paris, où elles auraient trouvé un grand nombre de juges compétens pour les apprécier dans

---

BERLIN. Collection formée par M. le général Minutoli, et composée d'objets en tout genre, achetée par S. M. le roi de Prusse.
VIENNE. Collection d'objets variés, dans le musée impérial.
FLORENCE. Collection formée par M. le docteur Ricci, achetée par S. A. I. et R. le Grand-Duc de Toscane, et réunie à la Galerie de Florence.
ROME. Collection du Vatican, accrue par diverses acquisitions faites dernièrement par S. S. Léon XII.
NAPLES. Collection particulière du cabinet de S. M. le roi de Naples.
LONDRES. Belle et riche collection provenant de divers voyageurs, de la capitulation d'Alexandrie avec la France, et réunie au British Muséum. On y remarque la célèbre inscription de Rosette et le sarcophage dit de saint Athanase.

Collections appartenant à différens particuliers.

PARIS. Collection formée en Égypte par M. J. Passalacqua, de Trieste, produit de ses propres découvertes, très-riche en objets relatifs aux usages *religieux*, *civils* et *funéraires* des Égyptiens, en *meubles* et *ustensiles* de tout genre, et par l'ensemble d'objets découverts dans une chambre sépulcrale intacte. Cette réunion d'antiquités, *la plus* complète sous les rapports indiqués, forme une collection digne d'un Gouvernement. Elle est maintenant exposée en public à Paris, et ne cesse d'attirer l'intérêt des savans et des amateurs.

Plusieurs amateurs ont aussi formé des collections égyptiennes : le cabinet Durand, à Paris, était le plus considérable; il est réuni au musée du Louvre. Celui de feu le baron Denon sera malheureusement détruit par la vente qui doit avoir lieu au mois de décembre prochain. M. Révil a déjà réuni à Paris un bon nombre de monumens de choix; enfin M. Sallier, à Aix (Bouches-du-Rhône), consacre depuis long-temps une partie de sa fortune à compléter son cabinet, qui, en fait de monumens égyptiens, mérite l'attention et l'intérêt des savans et des amateurs. On cite aussi la collection de M. le comte Belmore, à Londres.

leur juste valeur. Mon attente ne fut pas trompée, et mon amour-propre se trouve flatté par l'intérêt que ma collection leur a inspiré. Plusieurs de ces estimables savans ayant trouvé mes antiquités dignes de leurs recherches sous le rapport respectif de la science qu'ils professent, il en est résulté, à leur égard, des dissertations scientifiques d'un haut intérêt. Les unes et les autres, réunies, servent d'authenticité incontestable sur la qualité des pierres travaillées par les anciens Egyptiens, sur les différens fruits et plantes de leur époque, que je parvins à découvrir, sur les espèces des animaux qui étaient en vénération près d'eux, sur leur industrie et connaissances, sur l'époque de la confection des objets portant des noms royaux ou des cartouches, etc. Je m'estime heureux de pouvoir insérer dans mon catalogue ces savantes indications qui augmentent l'intérêt d'étude de presque chaque objet d'antiquités de ma collection. Ces différens examens et dissertations scientifiques se succèdent à la fin du catalogue dans l'ordre suivant, et se trouvent rédigés *ex professo* par MM. A. Brongniart, pour la minéralogie; C. Kunth, pour la botanique; Geoffroy-Saint-Hilaire, Latreille et Isidore Geoffroy-Saint-Hilaire, pour la zoologie; Vauquelin, Darcet, Le Baillif et Julia Fontenelle, pour la chimie; Jomard, Mérimée et Brongniart, sur différens instrumens et produits de l'art et de l'industrie des Egyptiens; LETRONNE et REINAUD, sur des inscriptions grecques ou arabes; DE VERNEUIL et DELATTRE, sur les momies et les embaumemens; CHAMPOLLION-FIGEAC, pour l'archéologie et la chronologie.

Ainsi, en examinant mes antiquités, ce catalogue raisonné et historique à la main, on trouvera :

1°. DANS LE CATALOGUE proprement dit, par le numéro qui se trouve sur chaque objet d'antiquité, son nom et sa classification;

2°. PAR MES NOTES ET OBSERVATIONS, l'emplacement qui jadis lui avait été assigné, ainsi qu'à ses analogues, par les Egyptiens mêmes, sur les momies et dans les tombeaux, non moins que les remarques qui peuvent le regarder sous le rapport de différens usages de cet ancien peuple, surtout à l'égard des objets funéraires; et

3°. PAR LES EXAMENS ET DISSERTATIONS des savans, sur les branches et objets dont ils ont bien voulu s'occuper; l'authenticité de sa matière, si c'est un objet en pierre; de l'espèce, si c'est un fruit, une plante, un animal sacré; de l'alliage, si c'est un objet en métal; de l'emploi, si c'est un instrument d'art ou un produit de l'industrie; et sa traduction, si c'est un manuscrit ou inscription grec ou arabe; le procédé d'embaumement, si c'est une momie; et enfin, l'époque de sa confection, si c'est un objet portant un cartouche ou un nom royal.

Les différens objets de chaque branche d'antiquités se trouvent, autant que possible, réunis dans la galerie où ils sont exposés; mais ayant dû sacrifier l'ordre de leur classification dans le catalogue, à celui qu'exigeait un ensemble symétrique et nécessaire dans une exposition publique, mes antiquités ne se succèdent pas toujours dans l'ordre de leurs numéros. Ainsi il sera beaucoup plus aisé de connaître le nom, la qualité, etc., d'un objet, le cherchant dans le catalogue, après avoir remarqué son numéro sur lui-même, que de le chercher dans la galerie ensuite du numéro du catalogue. Cependant, desirant le faire de cette dernière manière, on n'aura qu'à demander l'emplacement de l'objet à la personne qui se trouve dans la galerie, pour la démonstration des antiquités.

J. PASSALACQUA.

CATALOGUE
DES ANTIQUITÉS
DÉCOUVERTES EN ÉGYPTE

PAR M. JOSEPH PASSALACQUA, DE TRIESTE.

DIVINITÉS, ET LEURS ATTRIBUTS. — ANIMAUX SACRÉS ET OBJETS QUI APPARTENAIENT AUX CÉRÉMONIES RELIGIEUSES.

CIRE, BITUME, TERRE CUITE (I) (*a*).

1 à 3. Cire dorée. — Trois figurines debout, dont la première représente le dieu *Phré*. Ces figurines ont été découvertes à Thèbes.

4. Cire dorée. — Un disque posé sur un croissant, symbole du dieu *Phré*. — Thèbes.

5. Figurine en cire dorée. — *Osiris* debout.

6 à 8. Cire. — Trois yeux humains, symboles d'*Osiris* : l'un d'eux est diapré de trois couleurs.

9. Cire. — Un vanneau, oiseau aquatique qui était l'image symbolique du dieu *Benno* (1). — Hermopolis.

10. Cire. — Un vanneau.

(*a*) Voyez les Notes à la fin du Catalogue.

(1) *Précis du système hiéroglyphique des anciens Égyptiens*, etc. Par M. Champollion le jeune, pl. 4, n° 1.

11 à 14. Figurines en cire. — Les quatre-génies de l'*Amenti*, ou enfer égyptien : *Amset* à tête humaine, *Hapi* à tête de cynocéphale, *Satmauf* à tête de chakal, et *Nasnev*, à tête d'épervier. On doit faire observer que ces divinités sont représentées avec les jambes séparées, contre l'usage ordinaire, qui les montre constamment enveloppées d'un vêtement étroit, dans lequel elles offrent l'apparence de momies serrées dans leurs langes.

15 à 18. Figurines en cire dorée. — Les mêmes divinités, modelées en bas-relief. — Thèbes.

19. Figurines en cire. — Les mêmes divinités portant le fouet et le sceptre recourbé. — Thèbes.

20. Figurines en cire. — Les mêmes divinités en forme de momies. — Thèbes.

21. Figurines en cire. — Les mêmes divinités sans extrémités apparentes.

22 et 23. Cire dorée. — Un épervier à tête humaine, image symbolique de l'âme. Cet objet est répété deux fois.

24. Cire dorée. — Croix ansée, signe de la vie divine.

25 et 26. Cire dorée. — Modèles pour couvrir le nombril et le bout du sein des momies.

27. Bitume. — Un objet de forme ovale, et qui porte un rebord à l'une de ses extrémités : sur sa partie plate sont tracées cinq lignes d'hiéroglyphes, et sur le revers est figuré un vanneau. — Thèbes.

28. Bitume. — Un scarabée portant six lignes d'hiéroglyphes sur sa partie plate, et un vanneau tracé sur ses élytres. — Thèbes.

29. Terre cuite. — Une empreinte en relief, représentant *Amon-ra* (1) et *Phré* (2) assis en regard. — Apollinopolis-Magna.
30. Statuette en terre cuite. — Une déesse debout, tenant deux fouets, et dont le vêtement est chargé d'hiéroglyphes.

TERRE ÉMAILLÉE. (II).

31. Figurine percée en amulette. — *Amon-ra* debout.
32. *Idem.* — *Amon-ra* debout et à tête de bélier. (Répété huit fois.)
33. *Idem.* — *Saté* (3) (la Junon égyptienne) debout.
34. *Idem.* — *Phtah* (4) enfant, et debout.
35. *Idem.* — *Phtah* debout sur deux crocodiles. — Thèbes.
36. *Idem.* — Le dieu *Pooh* (5) (ou *Lunus*) debout. (Répété sept fois.)
37. *Idem.* — Un Cynocéphale, emblème vivant de *Pooh* (6), portant sur la tête le disque et le croissant, attributs de ce dieu.
38. *Idem.* — Un Cynocéphale assis. — Abydus.
39. *Idem.* — Un Cynocéphale. — Hermopolis.

---

(1) *Panthéon égyptien*, etc., avec un texte explicatif par M. Champollion le jeune, et les figures dessinées par M. L.-J.-J. Dubois, pl. 1.
(2) *Ibid*, pl. 24.
(3) *Idem*, pl. 7.
(4) *Idem*, pl. 8.
(5) *Idem*, pl. 14.
(6) *Idem*, pl. 14 [c].

40. Figurine. — Deux têtes *d'Hathor* (1) (la Vénus égyptienne) réunies.

41. Une espèce de vase offrant la forme d'une fleur de lotus, et dont l'extérieur est décoré par les sujets suivans, modelés en bas-relief, et disposés sur deux bandes circulaires.

Bas-relief supérieur. — Tête *d'Hathor* chargée de huit *Uræus*: sur ses côtés s'appuient deux autres serpens dont les têtes sont surmontées de disques; à sa gauche sont: Typhon, un œil humain, un vase qui supporte une tête *d'Hathor*, et enfin une seconde figure de *Typhon*. Cette suite d'objets est répétée dans un ordre semblable sur ce même bas-relief.

Le bas-relief inférieur représente neuf divinités assises à terre. Parmi elles, se remarquent particulièrement, *Phré, Tafné* (2), *Isis, Nephthys*, etc.

Cet objet se termine à sa base par un calice de lotus, et près de son bord intérieur est peinte une légende hiéroglyphique: la fracture qu'on remarque sous son culot indique qu'il était originairement élevé sur une tige, et qu'il formait un sceptre semblable à celui que tiennent les déesses figurées sur les monumens égyptiens. — Memphis.

42. Amulette. — Sept crocodiles réunis sur une même base: cet animal était l'image vivante du dieu *Sovk* (3) (le Saturne égyptien.)

---

(1) *Panthéon égyptien*, etc., pl. 17.
(2) *Précis du système hiéroglyphique*, pl. 4, n° 72.
(3) *Panthéon égyptien*, etc., pl. 22.

43. Amulette. — Le dieu *Phré* debout. — Memphis. (Répété neuf fois.)
44. *Idem.* — La même divinité.
45. *Idem.* — La même divinité.
46. *Idem.* — L'épervier de *Phré*, portant un disque sur la tête. — Thèbes.
47. *Idem.* — Une tête d'épervier élevée sur un socle, et portant un disque.
48. *Idem.* — Un épervier émaillé en vert et en bleu.
49. *Idem.* — Deux éperviers.
50. *Idem.* — *Gom* (1), ou Hercule, debout.
51. *Idem.* — *Gom* agenouillé, supportant un disque. (Répété six fois.)
51 (*bis.*) *Idem.* — En forme de petit bas-relief, le même sujet.
52. *Idem.* — *Thoth* debout. — Thèbes. (Répété douze fois.)
53. *Idem.* — La même divinité, de forte proportion.
54. *Idem.* — *Tafné* debout, coiffée du *pschent*, et tenant un sceptre orné d'une fleur de lotus. — Thèbes.
55. *Idem.* — La même déesse coiffée d'une autre forme symbolique, et tenant également un sceptre.
56. *Idem.* — La même divinité debout. (Répétée trois fois.)
57. *Idem.* — La même déesse portant un œil humain sur la poitrine, et dont l'appui est chargé d'une inscription hiéroglyphique; sur sa tête est placé un *Uræus*. — Thèbes.

(1) *Panthéon égyptien*, etc, pl. 25.

58. Amulette. — La même déesse assise sur un trône, et portant une légende hiéroglyphique sur l'appui contre lequel elle est adossée. — Abydus.
59. *Idem.* — *Isis* nue et les bras pendans à ses côtés.
60. *Idem.* — La même déesse debout. (Répétée huit fois.)
61. *Idem.* — *Isis* assise et allaitant *Horus*. — Thèbes. (Trois fois.)
61 (*bis.*) *Idem.* — *Horus* à tête d'épervier, et coiffé du *pschent.* (Répété six fois.)
62. *Idem.* — *Nephthys* debout. (Répété treize fois.)
63. Amulette en bas-relief. — *Horus* debout, donnant les mains à Isis et à Nephthys. Ce sujet est répété sept fois dans la collection, et dans des proportions différentes.
64. Figurines. — Deux *Typhon* accoudés et portés sur une fleur de lotus. — Memphis.
65. Figurine. — *Typhon* debout. — Thèbes. (Répété deux fois.)
66. *Idem.* — Le même dieu. — Memphis.
67. *Idem.* — Un hippopotame debout. — Memphis
68. *Idem.* — Un hippopotame passant.
69. *Idem.* — Plusieurs autres hippopotames. (Répétés deux fois.)
69 (*bis.*) *Anubis* debout.
70. *Idem.* — *Amset* debout. (Répété deux fois.)
71. *Idem.* — Un dieu debout sur un lion couché. — Abydus.
72. Amulette en bas-relief. — Une déesse dont la tête est chargée de deux grandes plumes.

73. Une croix ansée, symbole de la vie divine.
74. Deux autres croix ansées. — *Ibid* avec hiéroglyphes.
75. Un lion couché. — Hermonthis.
76. Deux *Uræus*.
77. Figurine. — Un serpent à tête de crapaud, et qui porte des bras humains. — Memphis.
78. *Idem*. — Figurine dont le corps a la forme humaine, avec une tête de crapaud, vers laquelle elle porte les mains.
79. Amulette découpée à jour. — On y voit un chat assis, ayant un *Uræus* devant lui, et par derriere un autre *Uræus* dressé sur une fleur de lotus. — Thèbes.
80. Un chat assis. — Thèbes. (Répété deux fois.)
81. Deux autres chats.
82. Une chatte avec huit petits.
83. Un animal qui offre beaucoup de ressemblance avec le lièvre, mais dont les oreilles sont d'une grandeur considérable.
84. Amulette dont les extrémités sont formées par les têtes d'un lion et d'un taureau.
85. Autre amulette du même genre, terminée par deux têtes de lion.
85 (*bis.*) *Idem* du même genre, et terminée par deux têtes de taureau.
86. Un oiseau qui ressemble à un milan.
87. Trois yeux humains contenus dans une espèce de bordure.
88 à 110. Vingt-trois scarabées portant des légendes hiéroglyphiques. —Thèbes, Memphis, etc.

111. Trente-un *nilomètres* de proportions différentes.
112. Deux grands *nilomètres*. — Hermopolis.
113. Quatre autres *nilomètres*.
114. Un oiseau à tête de femme, image symbolique de l'âme.
115. Autres amulettes, la plupart remarquables par leur petitesse et la finesse de leur exécution.

BOIS (III).

116. Figurine. — *Ammon-Générateur* debout.
117. Stèle offrant l'aspect d'un magnifique tabernacle orné de quatre portiques inscrits les uns dans les autres, et qui sont soutenus alternativement par des chambranles et des colonnes sans bases, ornées de fleurs de lotus qui en forment les chapiteaux.—Thèbes.

L'entrée de ce monument est fermée par deux ventaux tournant sur des gonds en bois qui entrent dans des cavités creusées sur la plinthe et dans la corniche ; sur la face extérieure du ventail droit, est peint *Thoth* hiéracocéphale, et sur la gauche, le même dieu à tête d'Ibis. Les portes, en s'ouvrant, laissent voir *Phré*, à qui ce monument était consacré. Le dieu est représenté debout, tourné de gauche à droite, terminé en gaîne, et entièrement doré. Cette image se détache sur un fond blanc qui est parfaitement conservé.

Les détails de décoration de cet objet méritent beaucoup d'éloges par le goût et la richesse qui ont présidé à leur distribution : les quatre architraves des portiques sont ornées chacune dans leur centre par un globe ailé et doré ; les trois supérieures sont en outre enrichies par des rangs d'*Uræus* qui surmontent leur corniche ; et au-dessus de la porte d'entrée, dont les chambranles sont couverts d'hiéroglyphes, est un scarabée modelé en bas-relief et dont les ailes sont éployées.

118. Un crocodile dont la mâchoire inférieure est mobile. — Thèbes.

119. Un épervier colorié, et dont la tête supporte un ornement symbolique. — Thèbes.

120. Quatre éperviers, dont deux sont coloriés. — *Idem.*

121. Petite statue. — *Osiris* debout, et dont les chairs sont peintes en vert ; portant sur la tête un disque accompagné de deux grandes plumes, et qui repose sur des cornes de bélier : cette figure, qui est coloriée dans toutes ses parties, est décorée en outre de légendes hiéroglyphiques. — Thèbes.

122. Statuette. — *Osiris* debout et mitré. Cette figure, qui est creusée et qui se partage en deux sur sa longueur, contenait le manuscrit sur papyrus, décrit sous le n° 1425. — Thèbes.

123. *Idem.* — Une déesse ailée, tenant devant elle une image de *Phtah* enfant. — Thèbes.

124. *Idem.* — *Typhon* debout sur une fleur de lotus. — Memphis.

125. *Idem.* — *Typhon* debout, et portant une grande queue. — Hermopolis.

126. Statuette.—*Typhon* debout, et portant un agneau sur les épaules. — Thèbes.
127 à 129. *Idem*. — Deux chakals et un chien coloriés. — Thèbes.
130. *Idem*. — Un lion couché et doré. — Thèbes.
131 à 133. *Idem*. — Trois formes de chats creusés, et qui contenaient chacune une momie de cet animal. — Thèbes.
134. Un *Uræus* mitré. — Thèbes.
135. Un poisson (peut-être l'Oxyrinchus). — Oxyrinchus. — Thèbes.
136. Quatre formes de poissons creusées, et qui fermaient avec des couvercles. Ces objets étaient destinés à renfermer les corps de poissons sacrés. — Thèbes.
137. Un oiseau à tête de femme, surmonté d'un disque, image symbolique de l'âme. — Memphis.
138. Trois autres sculptures représentant le même sujet, et qui ont été coloriées. — Thèbes.

PIERRES DIVERSES (IV).

139. Figurine en pierre émaillée. — *Phtah* enfant, debout sur deux crocodiles, et portant un scarabée sur la tête : sur son soutien, sont gravés six hiéroglyphes. — Lycopolis.
140. *Idem* en hématite. — *Phré* assis à terre. — Hermopolis.
141. Scarabée en serpentine. — Sur ses élytres, sont

gravés *Phré* et *Osiris* assis en regard : sur le corselet, est placé le symbole du dieu *Pooh*, entre deux yeux humains.

Sur sa partie plate, est figuré *Osiris* entre *Isis* et *Nephthys*, qui portent des ailes dont les extrémités sont abaissées; sur le champ, se voit une petite inscription hiéroglyphique. — Memphis.

142. Amulette en stéatite. — L'épervier de *Phré* portant un disque sur la tête. — Memphis.

143. Amulette en spath vert. — Un dieu à tête d'épervier, et qui est assis à terre. (Le sujet est répété trois fois.) — Memphis.

144. *Idem*. — Le même sujet. — *Idem*.

145. Amulette en lapis-lazuli. — Une tête d'épervier sortant du dos d'un scarabée. — Memphis.

146. Partie supérieure d'une statue de *Tafné*, en granit noir : le disque qui chargeait sa tête, et qui était mobile, est perdu. — Thèbes (Karnac).

147. Amulette en pierre émaillée. — *Tafné* assise à terre. — Memphis.

148. Statuette en pierre calcaire. — *Osiris* assis et tenant ses attributs ordinaires : les yeux de cette figure sont émaillés. — Abydus.

149. Statuette en albâtre oriental. — Figure d'un dieu debout, portant les attributs ordinaires d'*Osiris* : cette figure est remarquable, puisqu'elle n'a jamais eu de tête. — Thèbes.

150 Amulettes en lapis, spath, hématite et cornaline. — Cinquante yeux humains. -- Thèbes et Memphis.

151. Statuette en serpentine. — Une femme (peut-

être *Isis*) tenant devant elle une image d'*Osiris*. — Memphis.

152. Statuette en serpentine. — *Isis* debout et ailée, tenant devant elle une image d'*Osiris*. — Memphis.

153. Figurine en pierre émaillée. — *Isis* assise sur les talons.

154. Figurine en pierre émaillée. — *Isis* assise et allaitant *Horus* : sur le haut du disque élevé sur sa tête, reposent quatre *Uræus*, et une légende hiéroglyphique est gravée sur son appui.

155. Petite statue en grès rouge. — Un homme agenouillé, tenant devant lui un tabernacle qui contient les images d'*Osiris* et d'*Isis*.

L'appui de cette figure, ainsi que le devant du sanctuaire, sont couverts d'hiéroglyphes. — Abydus.

156. Figurine en spath vert. — *Nephthys* assise à terre, portant une de ses mains à son front, et tenant avec l'autre main une espèce de sceau dont la forme se retrouve fréquemment sur les monumens égyptiens. — Antinoë.

157. Amulette en lapis-lazuli. — Petite figure d'*Apis*, suspendue à un cordon, et qui ceignait le corps d'une momie d'homme dont la jambe et le bras droits avaient été brisés. — Thèbes.

158. Pierre calcaire. — Tête d'*Apis*, surmontée d'un disque et d'un *Uræus*. — Eléphantine.

159. Pierre calcaire. — Un épervier, la tête couverte du *pschent*, et qui était le symbole d'*Horus*.

Cet ouvrage, exécuté de relief dans le creux, a été trouvé à Antinoë.

160. Amulette en cornaline. — *Typhon* debout.
161. Amulette en pierre émaillée. — Un hippopotame passant, et dont le soutien porte une inscription hiéroglyphique. — Panopolis, aujourd'hui Gao.
162. Amulette en cornaline. — Un hippopotame debout. — Memphis.
163. Amulette en pierre émaillée. — Un hippopotame debout, et qui porte une croix ansée devant lui.
164. Amulette en cornaline. — *Anubis* assis sur un trône. — Panopolis.
165. Amulette en lapis. — Deux déesses assises à terre. — Memphis.
166. Amulette en hématite. — Un Cynocéphale accroupi. — Lycopolis.
167. Pierre calcaire. — Une tablette sur laquelle sont peintes deux figures, dont l'une est celle d'une déesse sans attributs particuliers. — Thèbes.
168. Scarabée en serpentine. — Sur son dos est gravé un vanneau, accompagné d'une inscription hiéroglyphique ; sous sa base sont sept lignes de mêmes caractères. — Memphis.
169. Amulette en lapis-lazuli. — Une très-petite divinité. — Memphis.
170. Amulettes en lapis. — Trente figures de divinités, telles que *Thoth, Isis, Horus, Nephthys*, etc. — Memphis.
171. Lapis-lazuli. — Cinq *nilomètres*. — Memphis.
172. Amulettes en cornaline. — Deux *nilomètres*.

173. Amulettes en lapis et en cornaline. — Trois *nilomètres*.
174. Amulette en spath vert. — Une chatte assise.
175. Amulette en cornaline. — Un capricorne.
176. Sardoine gravée en creux et de travail grec. — Un capricorne. — Delta.
177. Amulette de forme ovale, en serpentine. — Cette amulette est surmontée d'une tête de femme, et sur le dessus est gravé un vanneau.
178. Amulette en cornaline. — Une oie. — Memphis.
179. Amulette en agate. — Une oie. — *Idem*.
180. Amulettes en cornaline et en améthyste. — Deux oiseaux dont les formes sont peu reconnaissables.
181. Amulettes en cornaline. — Cinq serpens tronqués. — Memphis.
182. Amulettes en lapis. — Huit *Uræus*.
183. Amulette en lapis. — Une grenouille.
184. Jaspe verdâtre. — Deux grenouilles.
185. Cornaline. — Une grenouille.
186. Amulettes en cornaline et en spath vert. — Deux poissons. — Thèbes.
187. Ardoise. — Un poisson du genre tétrodon : cet objet est creusé sur l'une de ses faces. — Abydus.
188. Jaspe olive. — Scarabée portant neuf lignes d'hiéroglyphes. — Thèbes.
189. Jaspe brun. — Scarabée portant huit lignes d'hiéroglyphes. — Thèbes.
190. Serpentine. — Scarabée portant neuf lignes d'hiéroglyphes. — Memphis.
191. Pierre émaillée. — Scarabée portant neuf lignes

d'hiéroglyphes, parmi lesquels se trouvent trois cartouches royaux.—Thèbes.

192 à 250. Pierre émaillée. — Cinquante-neuf scarabées portant des hiéroglyphes, et dont vingt-six sont ornés de cartouches royaux.—Thèbes, etc., etc.

251. Jaspe vert. — Scarabée portant douze lignes d'hiéroglyphes. — Memphis.

252. Ardoise. — Scarabée portant six lignes d'hiéroglyphes. — Memphis.

253 à 257. Lapis, cornaline, talc, etc. — Cinq scarabées et amulettes qui portent des hiéroglyphes, et qui sont montés en or.—Thèbes et Memphis.

258 à 268. Lapis, cornaline, améthyste. — Onze scarabées et amulettes portant des hiéroglyphes.

269. Serpentine. —Un scarabée dont le corselet et les élytres sont remplis en émaux rouge et bleu.

270. Cristal de roche, jaspe, pierre arménienne, etc. — Quatorze grands scarabées sans gravures.

271. Jade, lapis, jaspe, cornaline, etc. — Cinquante scarabées sans gravures.—Thèbes, Memphis, etc.

272. Améthyste.—Un scarabée; *idem*.—Appolinopolis.

273. Silex. — Un scarabée; *idem*.—Panopolis.

274. Cornaline.—Deux scarabées; *idem*. —Memphis.

275. Verre. — Un scarabée; *idem*. —*Idem*.

276. Amulette en lapis. — Une mouche. — Thèbes.

277. Amulette en pierre émaillée. — Une forme de vase portant une inscription hiéroglyphique.

278. Amulettes en cornaline, etc. — Douze attributs de divinités, tels que croix ancées, plumes, etc.

279. Amulette en lapis doré. — Un oiseau à tête de femme. — Memphis.

280. Amulettes en lapis, cornaline, etc., au nombre de quatre.

281. Une table à libation, ornée de sculptures qui représentent deux vases et quatre pains ; sur ses côtés sont creusées deux cavités dont la forme est celle des cartouches qui contiennent ordinairement les noms des rois sur les monumens égyptiens. — Abydus.

282. Pierre calcaire. — Une table à libation : on y a sculpté une oie, des fleurs de lotus, des pains, des fruits et des vases : son pourtour est couvert d'inscriptions hiéroglyphiques. — Memphis.

MÉTAUX. (V).

283. Statuette en bronze. — *Amon-ra* debout et avançant le bras droit. Les plumes qui complettaient sa coiffure sont détruites. — Karnac.

284. *Idem.* — Le même dieu assis sur un trône, et dont la coiffure est incomplète. — Karnac.

285. *Idem.* — *Amon-Générateur* debout. — Hermopolis.

286. Bronze. — Lame découpée. — L'épervier de *Phré*, les ailes étendues, et tenant dans chacune de ses serres une espèce de sceau. — Memphis.

287. Amulette en argent. — Figures accoudées de deux Cynocéphales assis, et qui portent chacun sur la tête, un disque posé sur un croissant : cette double représentation de l'image vivante du dieu *Pooh* est suspendue à un anneau, qui est également en argent. — Hermopolis.

288. Figurine en bronze. — *Thoth* debout, et portant sous le bras gauche un *volumen* roulé. — Hermopolis.

289. *Idem.* — La déesse *Tafné* debout. — Memphis.

290. *Idem.* — *Osiris* debout, tenant ses attributs ordinaires, et dont la tête est couverte d'une grande mitre surmontée d'un disque.

291. *Idem.* — Le même dieu debout et qui tient également ses attributs : sur le haut de sa mitre est placé un disque, et le reste de sa coiffure est orné de sept *Uræus*. — Nécropolis de Thèbes.

292. *Idem.* — Le même debout, et dont la mitre est décorée de cinq *Uræus*. — Karnac.

293. *Idem.* — Un homme vêtu de long et la tête rasée, tenant devant lui un simulacre d'*Osiris*. — Karnac.

294. *Idem.* — *Isis* debout, la tête chargée d'un disque : cette figure tient un sistre avec la main droite, et sur sa main gauche est une espèce de vase de forme ronde. — Memphis.

295. *Idem.* — La même divinité debout, et portant des ailes, dont les extrémités sont abaissées devant elle. — Karnac.

296 à 299. *Idem.* — La même déesse assise, et allaitant *Horus*. — Karnac.

300. *Idem.* — La même déesse debout, vêtue de la *calasiris*, et posant le pied gauche sur un sphinx couché. Son bras droit, et un attribut qui était fixé sur sa tête, sont également détruits. Ce bronze

appartient à l'art grec ou romain : les traits qu'il représente nous paraissent être sans idéal, et sont peut-être ceux d'une princesse Lagide ou d'une impératrice romaine, honorée sous la forme de la déesse protectrice de l'Égypte. — Memphis.

301. Bronze. — Une plaque hémisphérique, surmontée au centre par une tête d'Isis, et sur les côtés par deux têtes d'épervier.

302. Figurine en bronze. — *Horus* ou *Arsiési*, à tête d'épervier, et coiffé du *pschent*.

303. *Idem.* — Horus à demi-assis. Ce sujet est répété. — Karnac.

304. *Idem.* — Horus à demi-assis et coiffé du *pschent*. — Nécropolis de Thèbes.

305. *Idem.* — Typhon debout et la tête couverte d'une mitre sans plumes; sa main gauche tient encore le débris d'un sceptre, et la droite élève une arme ou tout autre instrument dont la forme est assez peu reconnaissable. — Karnac.

306. Amulette en or. — Anubis debout.

307. Figurine en bronze. — Une déesse à tête de chatte et vêtue de long, portant devant elle un objet de forme hémisphérique, du genre de celui décrit sous le n° 301.

Cette figure porte en outre un petit panier qui est suspendu à son bras gauche. — Karnac.

308. *Idem.* — Deux petits chats assis. — Memphis.

309. *Idem.* — Une déesse debout, et qui porte sur la tête une grande mitre sans plumes. — Memphis.

310. *Idem.* — Un dieu (peut-être Harpocrate), approchant l'index de sa bouche; les attributs qui couvraient sa tête sont détruits. — Karnac.

311. *Idem.* — Un dieu debout et la tête couverte d'un vase qui supporte deux grandes plumes.

312. Or. — Un petit poisson.

313. Argent. — Un autre poisson.

314. Bronze. — Un instrument libatoire, forme de *simpulum*, dont le manche qui se replie sur lui-même au moyen d'une charnière, se termine par une tête d'oie ou de canard. — Abydus.

315. Bronze. — Autre instrument de même genre, mais dont la cupule est ronde et à fond plat. — Memphis.

316. Bronze. — Un vase à libations, garni d'un petit col et d'un goulot, et entièrement semblable à ceux qui se trouvent posés sur les autels placés devant les images des dieux de l'Égypte. — Petit temple d'Isis à Thèbes.

317. Bronze. — Autre vase dont la forme est celle d'une coupe profonde. — Découvert dans le même lieu que le précédent.

SUBSTANCES ANIMALES. (VI).

318. Ivoire. — Un scarabée.

319. *Idem.* — Un œil humain.

320. Cuir. — Deux espèces de bretelles, dont les extrémités sont ornées d'empreintes frappées, représentant des figures de dieux et des cartouches royaux. — Thèbes.

321. *Idem.* — Quatre objets du même genre, dont les extrémités sont décorées de figures de divinités et de légendes hiéroglyphiques.

ANIMAUX SACRÉS, EMBAUMÉS OU SÉCHÉS. (VII).

322 et 323. Deux béliers enveloppés dans des bandes de toile, mais dont les cornes sont apparentes.

324. Une tête d'agneau enveloppée de langes.

325. Un épervier dont l'enveloppe offre une forme humaine. — Hermopolis.

326 à 338. Treize éperviers et hobreaux développés.

339. Un ibis dont l'enveloppe en toile a la forme humaine, et dont la tête est recouverte par un cartonnage. — Hermopolis.

340 à 344. Cinq ibis enveloppés de leurs langes. — Abydus et Thèbes.

345. Un ibis contenu dans une caisse de forme oblongue, et qui est ornée de peintures : parmi ces dernières, on remarque un roi agenouillé devant *Thoth*, assis sur un trône ; les quatre génies de *l'Amenti*, et de nombreuses inscriptions hiéroglyphiques.

346. Une petite boîte qui paraît contenir les entrailles embaumées de l'ibis dont il vient d'être parlé.

347. Un œuf d'ibis.

348 et 349. Deux ibis développés. — Thèbes.

350 à 354. Cinq petits crocodiles enveloppés. — Thèbes et Crocodilopolis.

355 à 360. Six petits crocodiles développés.

361 et 362. Deux animaux qui ressemblent à des chiens, et qui sont enveloppés de langes. — Thèbes.

363. Un chien développé, et qui est étendu.—Thèbes.

364. Monstre humain. — Hermopolis.

365. Un grand vautour développé. — Thèbes.

366. Un hibou développé. — Thèbes.

367 et 368. Deux autours développés.

369 à 376. Huit chats, dont cinq enveloppés et le sixième développé. — Thèbes.

377 et 378. Deux chattes dans leurs cercueils en bois.

379 à 395. Seize hirondelles et un jeune hobreau développés. — Thèbes.

396 et 397. Deux rats. — Thèbes.

398 à 421. Vingt-quatre souris développées.—Thèbes.

422 à 425. Quatre crapauds développés. — Thèbes.

426 à 429. Quatre poissons emmaillottés, et contenus dans de petites boîtes qui ont à l'extérieur la forme de ces animaux.

430 à 432. Trois autres poissons contenus dans leurs caisses, mais qui ne sont point emmaillottés.

433 à 436. Quatre petits poissons développés.

437 et 438. Fragmens de deux grands poissons développés. (Carpe du Nil.)

439 et 440. Deux colubers de proportions différentes.— Thèbes.

441. Un scarabée. — Thèbes.

442. Une cantharide. — Thèbes.

OBJETS EMPLOYÉS AUX USAGES DE LA VIE CIVILE.

INSTRUMENS D'AGRICULTURE ET DE PÊCHE. — FRUITS ET CÉRÉALES, ETC. (VIII.)

443-444. Bois. — Deux *houes* dont les manches et les espèces de socs sont ajustés du haut, et retenus ensuite plus bas par une corde tressée en feuilles de palmier; le soc de ces instrumens destinés à retourner une terre légère ou du sable, est arrondi vers le bout dans l'un, et l'autre est de forme aiguë. — Thèbes.

445. Un filet de pêche à petites mailles, et fait avec du fil de lin. Cet objet, qui est garni de ses plombs, conserve encore les morceaux de bois qui garnissaient sa partie supérieure, ainsi qu'une courge qui l'aidait à surnager. — Thèbes.

446. Bronze. — Une sonde.

447. Noix du palmier de la Thébaïde. — Thèbes.

448. Dattes du palmier ordinaire. — Thèbes.

449. Grenades. — Thèbes.

450. Figues de sycomore. — Thèbes.

451. Fruits du Sennar. — Thèbes.

452. Fruits inconnus. — Thèbes.

453. *Idem.* — Thèbes.

454. *Idem.* — *Idem.*

455. *Idem.* — *Idem.*

456. Fruit qui ressemble à une petite orange. — Thèbes.

457. Fruits qui ressemblent à la noix de muscade. — Thèbes.

458. Gros raisin rouge. — Thèbes.

459. Fruits inconnus, et qui ressemblent au petit raisin. — Thèbes.
460. Fèves de Palma-Christi. — Thèbes.
461. Blé. — Thèbes.
462. Pain. — Thèbes.
463. Substance gommeuse, trouvée dans un même tombeau, avec des noix du palmier de la Thébaïde. — Thèbes.

FILATURE, TISSUS, VÊTEMENS, CHAUSSURES. (IX.)

464 et 465. Bois. — Deux peignes à manche, et qui servaient à diviser le chanvre : l'un d'eux conserve encore de la filasse entre ses dents. — Memphis.
466. Bois. — Une quenouille recouverte d'un tissu formé de petites tresses en feuilles de palmier colorées : à cette quenouille, est joint un soutien, (466 *bis*), dont le travail est semblable, ainsi qu'un fuseau (466 *ter*). — Memphis.
467. Jonc. — Une quenouille, dont le manche porte une inscription peinte avec une couleur jaune : elle est également accompagnée de son soutien (467 *bis*), et d'un fuseau (467 *ter*). — Memphis.
468 et 469. Deux tuniques tissues en fil de lin, et formées chacune par un seul lez de toile replié sur lui-même, et portant 4 pieds 6 pouces de largeur : ces vêtemens sont ouverts pour faciliter le passage de la tête et des bras, et n'offrent de couture que sur les côtés. — Thèbes.
470. Autre tunique de tissu très-fin, formé également par un seul lez de toile : l'ouverture destinée au

passage de la tête est garnie de cordons pour la rétrécir à volonté ; ses côtés sont ouverts, ainsi que la portaient les jeunes filles de Sparte, et son bord inférieur est orné d'une rangée de franges. — Thèbes.

471. Trente échantillons de différens tissus en lin, dont une partie est garnie de franges. — Thèbes, Hermopolis, etc.

CHAUSSURES. (X.)

472. Une paire de sandales en peau. — Thèbes.

473. Une paire de sandales en bois. — Thèbes.

474 à 477. Quatre paires de sandales en feuilles de palmier, de formes différentes. — Thèbes et Memphis.

478 et 479. Deux paires de sandales en toile peinte. — Thèbes.

480 à 483. Quatre paires de souliers en peau, de formes et de grandeurs différentes. — Thèbes.

484 et 485. Deux paires de souliers tressés en feuilles de palmier. — Thèbes.

486. Un soulier tressé en feuilles de palmier. — Thèbes.

487. Une paire de semelles en toile peinte : sur la partie extérieure de l'une d'elles, est représenté un nègre à demi nu et lié par le milieu des bras ; sur la seconde, est figuré un autre prisonnier, dont la couleur est blanche, et qui est barbu. — Thèbes.

488. Une autre paire de semelles en toile ; on y voit également peints deux prisonniers : l'un nègre et

l'autre blanc, et qui sont liés par les bras et par les pieds. — Thèbes.

489. Autre paire de semelles en toile : les personnages qu'on y a peints ont les chairs jaunes, couleur qui distingue les femmes sur la plupart des monumens égyptiens : ils sont représentés liés par les bras, et les détails conservés de leur costume, y font reconnaître des Perses, tels qu'ils sont figurés sur les bas-reliefs du *Tchehel-Minâr*. — Thèbes.

490. Une paire de semelles formées par la réunion de plusieurs feuilles de papyrus qui ont fait partie de manuscrits grecs. — Thèbes.

OUVRAGES DE VANNERIE. (XI.)

491 à 504. Quatorze paniers de formes et de grandeurs différentes, pourvus de couvercles : trois d'entre eux ont été trouvés remplis de fruits. Tous ces objets sont tressés en feuilles de palmier.

505. Un tabouret en bois, dont le siége est tressé en paille.

MÉDECINE ET CHIRURGIE. (XII.)

506. Pharmacie portative.

Coffre extérieur contenant tous les objets ci-dessous décrits :

Ce coffre est de forme carrée, et son couvercle est bombé à bouts coupés : sur chacune des faces du coffre, est peint un chakal couché au centre d'un encadrement d'hiéroglyphes, parmi lesquels se distingue un cartouche royal; le dessus du couvercle est décoré par trois bandes d'hiéroglyphes, dans lesquels est également un cartouche.

Hauteur, 2 pieds 1 pouce; largeur, 1 pied 4 pouces 6 lignes.

506 *bis*. Autre coffre à quatre pieds et en jonc, qui contenait le suivant.

Hauteur, 1 pied 2 pouces; largeur, 10 pouces 6 lignes.

506 *ter*. Autre coffre à quatre pieds, tressé en paille, et garni d'un bouton en bois : sur son couvercle, est également un bouton destiné à le soulever, et qui est incrusté en ivoire, contenant six vases, dont cinq en albâtre oriental zoné, et le sixième en lave : tous les vases, dont les formes sont du plus beau profil, contiennent divers médicamens qui n'ont point encore été analysés.

Hauteur, 9 pouces; largeur, 8 pouces 7 lignes.

506 *quater*. Objets trouvés avec les vases.

Une espèce de petit *simpulum* en bois, dont le manche est formé par une baguette en ébène, qui glisse entre deux baguettes, s'allonge ou s'accourcit à volonté. Une cuillère en bois dont le manche est orné d'une tête d'*Hator*. Plus, un très-petit vase, et vingt-cinq racines diverses et odorantes.

506 *quinque*. Le coffre que nous avons décrit sous le n° 506 *ter*, et qui contenait les vases décrits à sa suite, était soutenu sur un pied à jour, formé par la réunion de baguettes de jonc, entourées de feuilles de la même plante, et ajustées avec beaucoup de goût. — Thèbes.

Hauteur, 7 pouces 8 lignes; largeur, 9 pouces 9 lignes.

507 et 508. Bronze. — Deux instrumens terminés en crochet, et qui servaient à retirer la cervelle des cadavres avant leur embaumement (1). — Thèbes.

509 à 530. Bronze et fer. — Vingt-deux instrumens, tels que spatules, cuillères et pincettes : deux espèces de ciseaux pointus et tranchans aux quatre extrémités, etc., qu'on peut supposer avoir servi à des opérations chirurgicales ou à des aplications médicales. — Thèbes, Memphis, Apollinopolis, Abydus, etc.

531 à 539. Silex. — Neuf instrumens, qui probablement servaient à l'autopsie des cadavres, dont on enlevait les entrailles avant de procéder à l'embaumement. — Memphis.

ARMES. (XIII.)

540. Un couteau en bois. — Memphis.

541 à 543. Trois grands couteaux en silex. — Memphis.

544. Un long bâton, portant sur sa longueur une inscription hiéroglyphique. — Thèbes.

545. Un arc en bois, et douze flèches en jonc, avec des pointes en bois. — Thèbes.

546. Une lance avec sa pointe en bronze. — Memphis.

547 et 548. Deux pointes de flèches en fer. — Memphis.

(1) Hérodote, l. II, LXXXVI.

549. Une hache à main en bronze. — Thèbes.
550. Un poignard, dont le manche est composé en partie d'un morceau d'ivoire, taillé en forme de hache à main, et qui est retenu par une monture en argent et à six pointes en or : ce dernier objet est semé de petites pointes également en or, et chacune des deux faces principales de cette poignée est décorée par neuf gros clous en même métal.

Cette arme porte une lame bombée en bronze, à deux tranchans ; son fourreau, qui est en peau, couvrait en entier l'un de ses côtés, tandis que l'autre laissait à découvert l'une des faces de la poignée. — Thèbes.

550 (*bis*.) Fourreau en peau du poignard ci-dessus décrit.

INSTRUMENS ET MATIÈRES APPARTENANS A LA PEINTURE ET A LA CALLIGRAPHIE. (XIV.)

551. Palette en bois, de forme rectangulaire.

Sa partie supérieure est ornée d'une scène gravée en creux, et qui représente un homme debout, adressant ses hommages à *Ptath* et à *Thoth*, placés l'un après l'autre devant lui.

Au-dessous de cette scène, sont creusés diagonalement sept cavités, dont la forme est celle des cartouches qui encadrent les noms des rois, et qui sont encore remplis de couleurs, placées dans l'ordre suivant, en commençant par le haut :

Plus bas est une cavité, contenant sept *styles* en bois, et qui est placée au-dessus d'une colonne d'hiéroglyphes, appartenant à une légende funéraire, dont les deux autres parties bordent les deux côtés de la palette (1). — Thèbes.

552. Palette de même forme, en ébène et de petite proportion : cette palette de scribe ne présente que les deux cavités ordinaires; celle du haut, remplie de couleur noire, et l'autre de couleur rouge : elle est accompagnée d'un *style* en bois. — Thèbes.

553. Autre palette en bois et à deux cavités, mais sans couleurs : la partie creusée, et qui est destinée à contenir les *styles*, contient deux de ces instrumens, et se ferme par le moyen d'une planchette qui coule dans une rainure. — Memphis.

554. Une boîte à coulisse, contenant six coquilles remplies de couleurs. — Thèbes.

555. Bois. — Une petite boîte en forme de nacelle, partagée en quatre compartimens, contenant encore des gypses, qui se trouvent au-dessous des peintures.

Cette boîte, qui ferme avec un couvercle à coulisse, est ornée extérieurement avec des entailles, comme le sont quelques ouvrages du même genre, fabriqués par les sauvages. — Memphis.

556. Bois. — Autre boîte à couvercle glissant, en forme d'oie *troussée*, à laquelle est attachée une seconde boîte, dont l'orifice est tourné du côté opposé à celui de la première, et dont le couvercle, qui tournait sur son pivot, est détruit.

(1) Cette palette contient les cartouches de *Ramsès* (Sésostris.)

Elle contient encore un peu de gypse, comme la précédente. — Thèbes.

557. Un morceau de bois, de forme cylindrique et percé de cinq trous remplis de couleurs : cette espèce d'écritoire se ferme à volonté par un couvercle qui tourne sur son pivot. — Memphis.

558 et 559. Deux morceaux de jonc, évidés et remplis de couleurs. — Thèbes.

560. Un étui de forme cylindrique, en bois : cet objet, qui est évidé et sculpté, paraît avoir été rempli de couleur en poudre, et contient un petit bâton. — Memphis.

561. Une assez grande quantité de couleur bleue pulvérisée. — Thèbes.

562. Un morceau de couleur rouge en pierre. — Thèbes.

563 et 564. Deux morceaux de couleurs minérales. — Thèbes.

INSTRUMENS DE MUSIQUE, ETC. (XV.)

565. Un chalumeau en jonc, et qui est percé de quatre trous. — Thèbes.

566. Un instrument dont le corps est formé par une espèce d'arc en bois, auquel étaient attachées plusieurs cordes en boyaux, dont un fragment s'y trouve encore fixé. — Thèbes.

566 (*bis.*) Dans une rainure profonde creusée sur le dos de cet instrument, est son archet, également en bois, et garni d'une peau colorée, qui suit toute la courbure intérieure, et qui, réunie en

double, ne jouait sur les cordes que par son épaisseur.

567. Un simulacre de cistre en jonc tressé, et qui est traversé, vers sa partie supérieure, par une baguette, dans laquelle sont passés quatre anneaux en peau. — Thèbes.

568. Bronze. — Une petite clochette. — Hermopolis.

569. Une tablette en bois, et de forme rectangulaire, dont le bout supérieur est creusé en forme de coupe fermée par un couvercle qui tourne sur son pivot : sur la partie plane de cet objet, sont sculptées cinq tiges de lotus, qui s'élèvent au-dessus d'une femme nue, assise et détournant la tête, et qui pince d'une espèce de théorbe. — Memphis.

570. Bois. — Une baguette de tambour. — Thèbes.

OBJETS DE TOILETTE ET JOYAUX. (XVI.)

571. Cuivre doré. — Vingt grandes épingles de tête. — Thèbes.

572. Bois. — Un double peigne, dont les dents sont plus fortes d'un côté que de l'autre. — Memphis.

573 à 575. Trois tresses de cheveux, dont la natte offre des différences. — Thèbes.

576. Un collier à deux rangs composé de globules de verre de diverses couleurs. — Memphis.

677. Autre collier en verre coloré, et dont les perles sont très-petites. — Memphis.

578. Autre collier composé d'émaux lenticulaires, de couleur rouge. — Memphis.

579. Autre collier à deux rangs, formé d'émaux colorés en jaune, en rouge et en bleu. — Memphis.

580. Autre collier à deux rangs, composé d'émaux colorés. — Hermopolis.

581. Autre collier à deux rangs, formé d'émaux colorés. — Memphis.

582. Autre collier à deux rangs, composé d'émaux jaunes, blancs et bleus. — Thèbes.

583. Autre collier à un rang, en perles d'émail coloré. — Thèbes.

584. Autre collier à deux rangs de perles en émail coloré, alternées de très-petits scarabées en terre émaillée. — Thèbes.

585. Autre collier, formé par la réunion de coquilles figurées en spath vert et en cornaline : à ce collier est suspendue la moitié d'une coquille bivalve, en argent battu. — Thèbes.

586. Autre collier à un seul rang de perles rondes et diamantées en spath, en cornaline et en verre coloré : son centre est orné par un œil humain, en chalcédoine. — Memphis.

587. Autre collier à un rang, composé de rosaces alternées deux par deux, et qui sont formées en or, cornaline, or et lapis-lazuli. — Thèbes.

588. Autre collier à deux rangs, formé de trois petites perles en émaux colorés : les deux fils de ce collier sont unis à des distances égales et rapprochés par de petites coquilles en argent. — Thèbes.

589. Autre collier à un rang, dont les perles taillées en olives, sont en cornaline et en or. — Thèbes.

590. Autre collier, composé d'un rang de petits anneaux en ivoire, et d'étoiles en cornaline et en lapis-lazuli : le milieu de ce collier est orné d'une tête de *Tafné*, placée au-dessus d'un objet demi-circulaire qui se voit placé dans les mains de quelques divinités, et se retrouve isolé dans cette collection. — Thèbes.

591. Autre collier à deux rangs, formé de petits anneaux en or, en lapis-lazuli, en cornaline, et principalement en ivoire. — Thèbes.

592. Autre collier à un rang, composé d'anneaux et de petits cylindres, auquel sont suspendus des vases en corail, et des croix ansées en terre émaillée. — Memphis.

593. Autre collier à quatre rangs, dont les perles et divers détails sont en cornaline et en lapis-lazuli, et qui présente d'autres ornemens en corail et en terre émaillée, tels que vases, *nilomètres*, divinités, croix ansées, etc. — Memphis.

594. Autre collier à trois rangs, dont les fils sont composés de petites perles en or, lapis, cornaline et ivoire ; de divinités et d'animaux sacrés, tels que *Typhon*, crocodiles, hippopotames, et qui sont enrichis de figures, oies, scorpions, etc., en or, turquoises, lapis-lazuli, pierre arménienne et cornaline : ce collier est le plus beau qu'on ait découvert à Thèbes.

595. Autre collier, formé de petites perles alternées

par douzaine, en or, lapis-lazuli, spath vert et cornaline : à ce collier, est suspendu un oiseau à tête de femme (figurant l'âme), en or repoussé. — Thèbes.

596. Autre collier à un rang, formé par la réunion de perles en lapis, en cornaline et en autres matières, avec des amulettes en argent et des coquilles naturelles. — Thèbes.

597. Autre collier à deux rangs, composé de perles et de petits vases en lapis, corail et cornaline; ainsi que de perles en verre dont l'intérieur est doré : à ce collier, sont suspendues les figures de quelques divinités, en terre émaillée. — Thèbes.

598. Autre collier, dont les perles sont grosses et de taille sphérique-diamantée et cylindrique; elles sont en jade et en verre coloré.

A ce collier, est suspendu un grand scarabée en serpentine, ayant la tête et les mains humaines, et qui forme le centre d'un plan hémisphérique, dont les angles sont ornés de têtes d'épervier : son revers est chargé de six lignes d'hiéroglyphes gravés en creux. — Thèbes.

598 (*bis.*) Empreinte en plâtre des hiéroglyphes dont est chargé le revers de l'amulette précédente.

599. Un grand collier à deux rangs de perles alternées en or, en lapis et en cornaline, réunis à des distances rapprochées par des nœuds fictifs, alternés également entre eux, et formés des mêmes matières que celles précédemment indiquées : à ce collier, est suspendu un grand et magnifique sca-

rabée en jaspe olive, dont le revers est chargé de onze lignes d'hiéroglyphes, et qui, attaché par une bélière en or, est en outre serti avec des bandes de même métal, sur le bas de son corselet, entre ses élytres et autour de la base ovale qui lui sert d'appui. — Thèbes.

599 (*bis*.). Empreinte en plâtre des hiéroglyphes dont est chargé le revers du scarabée précédent.

600. Quinze petits vases en cornaline, et qui ont fait partie d'un collier. — Memphis.

601. Une paire de très-grandes boucles d'oreilles en or, et dont la forme ressemble à celle de petits bracelets striés : ces bijoux ont 6 lignes de hauteur. — Thèbes.

602. Autre paire de boucles d'oreilles en or, et de forme ronde. — Memphis.

603. Une boucle d'oreille en or, et de même forme que les précédentes. — Memphis.

604. Une paire de petites boucles d'oreilles, forme de vases, en or. — Memphis.

605. Deux paires de grandes boucles d'oreilles, de forme sphérique, en émail rouge. — Memphis.

606. Trois pendans d'oreille plus petits que les précédens, mais de même forme et de même matière. — Memphis.

607. Une paire de boucles d'oreilles, forme de vases, en albâtre. — Thèbes.

608. Quatre pendans d'oreilles en bronze. — Thèbes.

609. Une petite boucle d'oreille en émail blanc. — Memphis.

610. Un pendant d'oreille de forme presque ovale, formé par la réunion de morceaux de cristal et de verre coloré. — Thèbes.
611. Un grand bracelet en ivoire. — Thèbes.
612. Deux autres bracelets en ivoire. — Thèbes.
613. Huit paires de bracelets en fer et bronze. — Thèbes.
614. Cinq bracelets en fer et en bronze, et qui sont dépareillés. — Thèbes.
615. Une grande bague en or : sur son chaton, sont gravés en creux un lion passant, un segment de sphère, et l'épaule d'un quadrupède. — Memphis.
616. Une bague dont l'anneau est en or et le chaton en terre émaillée : sur l'une des faces de ce dernier, est un œil humain, et sur l'autre face le cartouche du roi *Ramsès* (Sésostris). — Thèbes.
617 à 619. Trois bagues en cornaline, dont l'une (619) représente deux anneaux unis ensemble : sur leurs chatons, sont gravés quelques hiéroglyphes. — Thèbes.
619 (*bis*.) Une bague en pierre. — Memphis.
620 et 621. Deux bagues en bronze, dont les chatons portent des légendes hiéroglyphiques. — Thèbes.
622. Un anneau en bronze, formant une spirale, sur laquelle est fixée une tête de clou, en or. — Thèbes.
623. Une bague en fer : sur son chaton, sont figurés *Ammon* assis, un disque, une plume et un segment de sphère. — Thèbes.

624. Une bague en fer : sur son chaton, est gravé un poisson. — Thèbes.
625. Trois bagues et un anneau en ivoire. — Memphis.
626 à 645. Vingt bagues en terre émaillée, dont les chatons contiennent des légendes hiéroglyphiques. — Thèbes, Memphis, Hermopolis, etc.
646 à 654. Neuf pierres gravées, de travail égyptien et de travail grec : ces gravures sont exécutées sur onix, sardonix, cornaline, hématite, etc. — Thèbes, Delta, etc.
655. Pâte antique, intaille de travail grec : une femme debout et appuyée sur un cippe, approchant son voile près de son visage. Une figure semblable se voit sur une pierre gravée, de la collection de Florence. — Alexandrie.
656. Onix à trois couches, camée. Tête de Minerve casquée, vue de profil. — Delta.
657. Quarante-deux pierres polies et préparées pour la gravure ; parmi elles, se distinguent des grenats, agates, cornalines, etc. — Memphis.
658. Cinq pâtes antiques de couleurs diverses, et qui ne présentent aucune gravure. — Memphis et Thèbes.
659. Bronze. — Un grand miroir de forme ronde, élevé sur un manche orné d'une tête d'*Hathor* (Vénus), à oreilles de vache, et qui est surmontée d'une fleur de lotus. — Thèbes.
660. Bronze. — Un autre miroir semblable au précédent, mais qui est d'une moins grande dimension. — Thèbes.

661. Bronze. — Autre miroir qui était destiné à être placé debout : sa forme est également ronde, et il est supporté par une figure de *Typhon* élevée sur une espèce de piédestal à jour. — Memphis.

662. Bronze. — Autre miroir de forme ronde, supporté par une figure de femme qui porte la main droite à une fleur de lotus qui pose sur sa tête. — Memphis.

663. Bois. — Une boîte, forme de vase, à couvercle tournant, et qui est percée de deux trous, dont l'un paraît avoir contenu une couleur noire pour teindre le tour des yeux, et le second l'instrument que l'on employait pour cet usage. — Thèbes.

664. Spath vert. — Autre petit vase d'une exécution soignée, avec couvercle : il est rempli d'une matière minérale qui servait à teindre les yeux. — Thèbes.

665. Bois. — *Style* pour la tête. — Thèbes.

666. Ivoire. — *Autre Style.* — Thèbes.

667. Lapis, cornaline et autres pierres dures, etc. — 45 formes de petits vases, qui servaient à orner le col des femmes, ainsi qu'on le voit sur les bas-reliefs, etc.

VASES, COUPES, ETC. (XVII.)

668. Basalte noir. — Un petit vase élevé sur quatre pieds ménagés dans la masse, et qui est garni de son couvercle. — Thèbes.

669. Bronze. — Vase dont l'anse est décorée sur le

haut par la partie antérieure d'un lion. — Memphis.

670. Bronze. — Mesure de liquides en forme de cloche renversée : sur l'une des parties du pourtour des lèvres de ce vase, on remarque un évasement propre à faciliter l'écoulement de la liqueur. — Hermopolis.

671. Bronze. — Une petite coupe. — Hermonthis.

672 à 707. Albâtre oriental. — Trente-six vases, offrant tous des formes variées, et dont une partie est pourvue d'anses. — Helytios, Thèbes, Abydus, Memphis, etc.

708. Serpentin. — Un vase de forme ronde et surbaissée, dont l'orifice est bordé d'une lèvre saillante, et dont l'intérieur est parfaitement évidé. Ce vase est rempli de baume. — Thèbes.

709. Lave. — Un vase sans gorge avec un couvercle dont le haut est de forme lenticulaire. — Memphis.

710. Lave. — Autre vase plus petit que le précédent, et portant aussi son couvercle. — Thèbes.

711. Terre émaillée. — Quatre petits vases fixés sur un même plateau. — Memphis.

712 à 745. Terre cuite. — Trente-quatre vases de formes très-variées, les uns décorés de peintures et les autres d'empreintes en relief, parmi lesquelles est répété le masque de *Typhon* (la plupart remplis de baume). — Hermopolis, Memphis, Thèbes, etc.

746 à 749. Albâtre oriental. — Quatre coupes de

formes et de grandeurs différentes. — Memphis.

750 à 753. Ardoise. — Quatre grands plateaux et un plus petit. — Helytios.

754. Ardoise. — Une coupe. — Memphis.

755 à 769. Terre cuite. — Quinze coupes plus ou moins profondes. — Thèbes.

770. Lave. — Un très-petit vase contenant du baume. — Thèbes.

771. Terre cuite. — Un vase de forte proportion et de forme cylindrique, élargie vers sa base : sa partie supérieure, qui offre un orifice entouré d'une lèvre, est chargée sur le pourtour de petites lignes en caractères égyptiens, tracés en noir. — Thèbes.

772 et 773. Bronze. — Deux petits vases en bronze, dont l'anse de l'un est détruite. — Memphis.

774. Bois. — Une espèce de coupe, dont la forme générale est celle d'un cartouche creusé. — Memphis.

775. Bois. — Une petite coupe profonde, sur un pied. — Memphis.

776. Terre émaillée. — Une coupe, dont l'intérieur est orné par trois tétrodons et autant de fleurs de lotus, peints en brun sur une couverte d'émail vert. — Thèbes.

777. Bois. — Une petite coupe à deux anses, dont le centre est garni d'un petit bouton taillé en goutte de suif. — Memphis.

778 et 779. Terre peinte. — Deux petits vases de travail grec : sur l'un d'eux, est représenté une femme vêtue de long. — Memphis.

780. Un vase en pierre calcaire. — Thèbes.

SCEAUX. (XVIII.)

781 à 786. Terre cuite. — Six sceaux de forme conique, et chargés de légendes hiéroglyphiques : sur l'un d'eux, se voit la barque du dieu *Phré*, ainsi que deux figures en adoration. — Thèbes.

787. Terre cuite. — Autre sceau de forme carrée, se prolongeant en pointe, et qui contient un cartouche rempli d'hiéroglyphes. — Thèbes.

788. Bronze. — Un sceau dont le manche est orné d'une figure de *Tafné*, et la partie plate portant en hiéroglyphes le titre de *demeure d'Ammon*. — Thèbes.

789. Terre émaillée. — Un grand sceau de forme rectangulaire : sur sa partie plate, sont placées en relief cinq divinités assises, et devant elles est une croix ansée. — Memphis.

POIDS. (XIX.)

790 à 793. Quatre poids carrés en bronze, et un autre polygone, en fer. Nous ignorons si ces objets sont de fabrique égyptienne. — Memphis.

INSTRUMENS DE JEU. (XX.)

794. Quatre dés à jouer, en os, pierre et bois. Nous ignorons si ces objets sont de fabrique égyptienne, ou bien s'ils ont appartenu aux Grecs ou aux Romains. — Philæ et Thèbes.

795. Une balle à jouer, en peau, et qui est bourrée de *balle* de blé. — Memphis.

INSTRUMENS PROPRES A DIVERS ARTS MÉCANIQUES. (XXI.)

796 et 797. Bois. — Deux masses ou maillets, l'un de forme conique, et l'autre de forme ovale. — Thèbes.

798 à 804. Bois. — Sept instrumens de formes diverses, et dont l'usage nous est inconnu.

805. Bois. — Trois autres instrumens qui servaient à tuer les oies, ainsi qu'ils sont figurés sur plusieurs bas-reliefs, à Thèbes.

806. Grès. — Une pierre à aiguiser, de forme triangulaire, et qui a été trouvée avec le poignard décrit sous le n° 550. — Thèbes.

807 à 824. Dix-huit amulettes qui représentent des formes d'équerres et d'aplombs, et qui sont gravées en lapis-lazuli, spath vert, hématite, etc. — Trouvé près des grandes pyramides de Memphis.

825. Silex. — Un petit instrument, en forme de scie.

826. Une petite masse en ébène. — Thèbes.

827. Bronze. — Un clou dont la tête est de forte proportion. — Memphis.

828. Un câble d'à peu près quarante-cinq pieds de long, formé de feuilles de palmier: il porte un nœud à l'une de ses extrémités, et il est terminé de l'autre côté par une *main*. On suppose que ce câble a dû servir de mesure pour l'arpentage. — Thèbes.

829. Bois. — Un espèce de cuillère, dont le cuilleron

est très-prolongé, et dont le manche, qui se recourbe, est terminé par la tête d'une oie qui crie. — Memphis.

830. Une espèce de petit mortier en agate. — Memphis.

831 à 839. Neuf moules en pierre calcaire, représentant des vanneaux dans diverses attitudes. — Memphis.

840. Autre moule en pierre calcaire et double, représentant une momie mâle. — Thèbes.

COFFRES, BOÎTES, ETC. (XXII.)

841. Bois. — Une boîte en forme de bas d'armoire, et qui pose sur quatre pieds : sa partie supérieure est garnie de deux couvercles qui ferment à coulisse, et qui sont enrichis d'ornemens incrustés en ivoire. — Thèbes.

842. Terre émaillée. — Un petit coffre dont le couvercle en hémicycle se détache à volonté, et qui est décoré sur ses faces extérieures par les formes en bas-relief, de croix ansées et de *nilomètres*. — Thèbes.

843. Bois. — Autre boîte à quatre compartimens, fermant à coulisse, et dont l'intérieur est sculpté. Memphis.

844. Bois. — Une petite boîte en forme de citrouille : cet objet, qui a perdu son couvercle, est sculpté sur ses faces extérieures. — Memphis.

OBJETS DIVERS. (XXIII.)

845. Bois. — Figurine représentant une femme nue et étendue, tenant devant elle une espèce de coupe en forme d'auge. — Memphis.

846. *Idem.* — Un petit chevet propre à reposer la tête, et d'une exécution soignée. — Thèbes.

847. *Idem.* — Un chevet : sur l'une des faces de son pied, est gravée la figure de *Typhon*, et sur l'autre face, est tracée une inscription hiéroglyfique. — Thèbes.

848. Hématite, etc. — Onze amulettes en forme de chevets. — Memphis, Thèbes, etc.

849 et 850. Bronze. — Une clef et un instrument (850) trouvés ensemble. — Thèbes.

851. Bois. — Une clef semblable à celle dont les Egyptiens se servent encore aujourd'hui. — Memphis.

852. Terre cuite. — Une lampe de fabrique romaine. — Memphis.

853. Bois. — Espèce de cuvette carrée. — Thèbes.

MONNAIES. (XXIV.)

854. Argent. — Un tétradrachme d'Athènes, de vieux coin. — Basse-Egypte.

855. *Idem.* — Deux petites médailles d'Alexandre-le-Grand. — Basse-Egypte.

856 à 917. Argent et potin. — Soixante deux médailles frappées sous la domination romaine, etc. — Basse-Egypte.

918 à 1240. Bronze. — Trois cent vingt-trois médailles,

DE LA VIE CIVILE. 45

également frappées sous la domination des rois Lagides et des Romains. — Basse-Egypte.

1241 à 1361. Bronze. — Cent vingt-une médailles coufiques et arabes. — Basse-Egypte.

OBJETS FUNÉRAIRES.

STÈLES FUNÉRAIRES, PYRAMIDES, ETC. (XXV). (1)

1362. Pierre calcaire. — Stèle funéraire de forme rectangulaire, dont le haut est terminé par une petite corniche, et qui contient les scènes suivantes, partagées en trois *registres* ou compartimens, encadrées dans une bordure en relief :

Partie supérieure de la bordure. — Un homme agenouillé devant un chakal, qui est couché sur une large base, et dont il est séparé par huit colonnes d'hiéroglyphes; derrière le chakal, sont représentés deux yeux humains, aux deux côtés d'un groupe de cinq hiéroglyphes : les côtés et le bas de cette bordure sont chargés de beaux hiéroglyphes.

Registre supérieur. — Un homme et une femme debout adressent leurs hommages à *Osiris*, qui est assis sur un trône, et à *Isis*, représentée debout. La femme dont il vient d'être parlé tient à la main un collier, et devant les dieux est un autel chargé d'un petit vase, au-dessus duquel est placée une tige de lotus.

―――――――――――――――
(1) Les stèles sont numérotées par ordre, suivant leur position respective dans la galerie.

Registre central. — Les mêmes personnages que nous venons de voir en adoration devant *Isis* et *Osiris*, sont représentés ici, dans la même action religieuse, devant *Anubis*, assis sur un trône, et tenant le sceptre à tête de *coucoupha*. L'homme porte sur ses bras un oiseau à tête humaine, symbole de l'âme; la femme tient à la main une tige prolifère de lotus; entre eux et le dieu, est placée une table chargée d'un objet qui nous est inconnu.

Registre inférieur. — Un homme et une femme debout: le premier, couvert d'une peau de lion, tient à la main une patère à long manche; et la seconde présente une oie, et tient un bouquet composé de tiges prolifères de lotus: en regard de ces figures, et de l'autre côté d'une table chargée d'offrandes, sont un homme assis et une femme debout. La première de ces figures repose sur un siége dont les soutiens offrent la forme de jambes de quadrupèdes.

Sur le champ, sont gravées des légendes hiéroglyphiques.

Cette stèle, dont le travail est très-beau, a été coloriée. — Memphis.

Hauteur, 5 pieds 11 pouces; largeur, 3 pieds 2 pouces.

2363. Stèle *idem*. — Stèle de forme cintrée, et dont les sculptures sont partagées en deux registres, et dans l'ordre suivant:

Registre supérieur. — Un homme et une

femme font une offrande à *Osiris*, assis dans un sanctuaire surmonté d'*uræus*, et derrière lequel sont placées debout *Isis* et *Nephthys* : sur le champ, sont placées des légendes hiéroplyphiques, sculptées en partie en relief, et les autres en creux.

Second registre. — Un homme et une femme, assis et profilés l'un sur l'autre, sont placés en regard, avec deux figures semblables : entre ces deux couples, est une table chargée d'un objet inconnu, vers lequel les deux personnages mâles dirigent les mains; sur le haut du champ, sont gravées quatre lignes d'hiéroglyphes.

Le pourtour de cette stèle est orné de légendes hiéroglyphiques. — Memphis.

Hauteur, 5 pieds; largeur, 2 pieds 11 pouces.

1364. *Idem.* — Stèle de forme cintrée, et décorée par des sculptures partagées en trois registres.

Registre supérieur. — Un homme, une femme et un enfant font une offrande à *Osiris* assis sur un trône et placé sous un petit édifice dont le toit, de forme arrondie, se termine, à son sommet, par la tête d'un épervier ; derrière cette espèce d'*œdicule*, est représenté *Hathor* à la tête de vache, et tenant un sceptre surmonté d'un épervier placé sur un segment de sphère auquel est attachée une plume.

Registre central. — Deux figures agenouillées, dont l'une tient un sistre, et deux autres personnages debout, adressant leurs hommages à *Phré*, assis et porté sur une barque garnie de ses agrès.

Registre inférieur. — Huit petites figures assises et tenant des fleurs de lotus, sont placées quatre par quatre sur le haut et le bas du champ ; sur le côté opposé, deux personnages reçoivent une aspersion faite sur elles par un homme qui précède une femme portant sur l'épaule une grande tige de lotus. — Memphis.

Hauteur, 2 pieds 11 pouces ; largeur, 2 pieds.

1365. *Idem.* Dure. — Stèle en forme de *naos* monolithe.

Premier registre. — Un homme assis, coiffé d'une tresse de cheveux, et vêtu en partie d'une peau de lion, tient d'une main un long bâton, et de l'autre un cordon auquel est attaché un singe réfugié sous son siége : devant le personnage, se voient une table chargée d'offrandes et quelques inscriptions hiéroglyphiques, et sur le haut du champ, est sculptée une figure faisant une libation sur un objet inconnu ; le champ est chargé de diverses légendes. — Memphis.

Hauteur, 2 pieds 5 pouces 6 lignes ; largeur, 1 pied 7 pouces.

1366. *Idem.* — Stèle dont le haut se termine en forme pyramidale.

Sur le haut, est sculpté un disque solaire, au-dessus d'un chevet, et entre deux chakals couchés ; au-dessus, sont figurés les sujets suivans :

Registre supérieur. — Un homme et une femme adressant leurs hommages à *Osiris* assis sur un trône, ainsi qu'à *Isis* et à *Nephthys* qui sont debout et en arrière du dieu dont il a été parlé; le reste du champ est couvert d'hiéroglyphes.

Registre inférieur. — Deux personnages assis, et dont l'un tient une bandelette et un objet inconnu; devant eux est un homme qui porte un vase, et paraît leur offrir des tiges de lotus. Cette figure précède une femme qui tient aussi des fleurs de lotus, et le reste du champ est chargé d'inscriptions hiéroglyphiques. — Memphis.

Hauteur, 3 pieds 3 pouces; largeur, 1 pied 4 pouces.

1367. Grès. — Stèle de forme cintrée, et présentant les sujets suivans :

Premier registre. — *Ammon-ra* assis et tenant un sceptre à tête de *Coucoupha*; derrière le dieu est une oie élevée sur un piédestal travaillé à jour, et devant lui se voit un homme à demi-agenouillé, tenant à la main un objet inconnu; entre les deux figures, est placé un autel chargé d'un vase et d'une tige de lotus, ainsi que quelques colonnes d'hiéroglyphes.

Registre inférieur. — Son centre est occupé par un autel chargé d'un vase et de trois fleurs de lotus. Cet objet est placé entre deux béliers dont les têtes sont surmontées de globes et de plumes; le haut du champ est chargé de légendes hiéroglyphiques. — Abydus.

Hauteur, 11 pouces; largeur, 8 pouces 4 lignes.

4.

1368. Grès.—Stèle de forme cintrée.

Premier registre.—*Osiris* assis devant un autel chargé d'un vase surmonté d'une tige de lotus; derrière le dieu, est *Isis* debout, ainsi qu'une autre divinité portant une tête d'épervier.

Registre inférieur.— Deux figures agenouillées, l'une élevant les bras, et l'autre tenant à la main une tige de lotus.— Abydus.

Hauteur, 8 pouces 6 lignes; largeur, 6 pouces.

1369. Pierre calcaire.— Stèle de forme cintrée. *Isis* assise, tenant d'une main le sceptre à tête de *Coucoupha*, et de l'autre la croix ansée; devant elle est une petite légende hiéroglyphique, et une table chargée d'offrandes.— Thèbes.

Hauteur, 7 pouces 6 lignes; largeur, 6 pouces.

1370. Pierre calcaire. — Stèle dont le haut, de forme arrondie, est surmonté d'une pointe pyramidale.

Pointe pyramidale.—Deux hiéroglyphes entre deux yeux humains.

Registre supérieur. — Un homme et une femme debout, et placés devant une table chargée de vases et d'offrandes; au pied de cette table est un vase entouré d'une tige de lotus; en regard avec les deux personnages dont on vient de parler, se voit *Osiris* assis dans un sanctuaire soutenu par deux colonnes, et dont la corniche est bordée d'*Uræus*; derrière ce dieu, est placé *Anubis* debout, et dont le corps est enveloppé comme celui des momies.

Registre central. — Un homme et une femme assis l'un à côté de l'autre sont placés en regard avec un homme et deux femmes qui paraissent leur adresser des hommages, et qui leur font des offrandes diverses; devant les derniers personnages, est une table chargée de vases et d'autres objets.

Registre inférieur. — Trois femmes assises et placées en regard avec deux hommes. Ces cinq figures sont assises sur les talons, et les chairs des personnages mâles sont coloriées en rouge.

L'espèce de bordure cintrée qui entoure ces trois registres, est ornée en haut par deux chakals en regard, et le reste du pourtour est chargé d'hiéroglyphes. — Memphis.

Hauteur, 2 pieds 9 pouces; largeur, 1 pied 6 pouces.

1371. Pierre calcaire. — Stèle de forme cintrée. — Sur le haut est un globe ailé, placé au-dessus de la composition suivante.

Osiris et *Isis* debout, reçoivent l'hommage d'un homme qui élève les mains en signe d'adoration. Devant les dieux, se voit une table chargée d'offrandes, et près d'elle, à terre, un vase, une corbeille remplie de fruits et un objet inconnu. Ces présens sont déposés près d'un autel et d'une touffe de tiges de lotus: le reste du champ est occupé en partie par des légendes hiéroglyphiques. — Memphis.

4.

Au-dessous de ce bas-relief sont gravées onze colonnes d'hiéroglyphes.

Hauteur, 2 pieds; largeur, 10 pouces 6 lig.

1372. *Idem.* — Stèle de forme cintrée.

A la gauche, *Anubis* debout tient dressée devant lui une momie d'homme : à la droite, un homme, à demi-couvert par une peau de lion, dirige du côté du dieu une aspersion sortant d'un vase qu'il tient à la main, et dont le jet retombe sur un petit autel placé près de la momie dont nous venons de parler.

L'espace qui existe entre les personnages, contient en outre une espèce de buffet chargé de cuisses de quadrupèdes et d'autres offrandes; près de ce meuble est une table couverte d'une tête de bœuf, d'une oie, de pains et de paquets composés de tiges de lotus : au pied de cette table, on voit aussi un appui à jour supportant un vase et une patère : le reste du champ contient des légendes hiéroglyphiques.

Au-dessous de cette scène sont gravées onze lignes d'hiéroglyphes. — Memphis.

Hauteur, 6 pieds; largeur, 2 pieds 5 pouces 6 lignes.

1373. *Idem.* — Stèle de forme cintrée, dont le haut est décoré par le sujet suivant :

Une figure humaine adressant des hommages à *Phré*, debout, tenant le sceptre à tête de *Coucoupha* et la croix ansée; entre ces personnages est placé un autel chargé d'un vase et d'une tige de lotus : sur le même plan ; mais dans une position contraire à celle des précédents, *Osiris* reçoit aussi le tribut d'adoration qui lui est offert par la figure humaine dont il a été parlé : le champ sur lequel se détachent ces deux scènes, est couvert de petites colonnes d'hiéroglyphes.

Les côtés inférieurs de la stèle sont occupés par deux carrés, contenant chacun un homme à demi-agenouillé, et dans l'attitude de l'adoration, ainsi qu'une grande inscription hiéroglyphique. — Memphis.

Hauteur, 5 pieds; largeur, 2 pieds 6 pouces 9 lignes.

1374. *Idem*. — Stèle de forme cintrée.

Sur le haut est placé un globe ailé auquel sont comme suspendus deux *Uræus*. Ce signe, assez fréquemment répété sur les monumens égyptiens, était l'emblême de *Thoth-Trismégiste*, ou le dernier *Hermès* (1).

Registre inférieur. — Une femme debout et un homme à demi-agenouillé courbant la tête, adressent leurs hommages à *Apis*, manifesté sous la forme d'un bœuf, dont la tête est chargée d'un disque et d'un *Uræus* : derrière celui-ci on voit *Nephthys* debout et qui élève les mains.

Registre supérieur. — Un homme qui incline la tête, adresse des vœux à *Osiris*, assis sur un trône, et à *Isis*, qui est debout et qui élève les mains. Entre *Osiris*, et le personnage qui l'a-

(1) *Panthéon égyptien*, etc., pl. 15 (B).

dore est une table chargée de pains, d'une oie, et d'un objet inconnu.

Les deux côtés du champ des deux registres sont bordés par des sceptres à tête de *Coucoupha*.

Quelques parties de ces sculptures sont coloriées. — Memphis.

Hauteur, 1 pied 6 pouces; largeur, 1 pied.

1375. *Idem.* — Stèle de forme cintrée.

Cette stèle est en partie couverte par vingt lignes d'hiéroglyphes, parmi lesquels on remarque quelques formes très-rarement représentées. Dans l'angle droit inférieur de ce monument, est sculptée une figure à demi-agenouillée, et dans une position assez singulière : près d'elle se voit un champ carré, formé par trois colonnes d'hiéroglyphes. — Memphis.

Hauteur, 4 pieds 3 pouces 6 lignes; largeur, 2 pieds 2 pouces.

1376. *Idem.* — Stèle de forme cintrée.

Sur le haut est représenté un globe ailé, semblable à celui qui décore le haut de la stèle 1374.

Registre supérieur. — Un homme debout, portant sur la tête un vase à parfums, offrant des hommages à *Osiris* assis sur un trône, et à *Isis* debout, et qui élève la main gauche : devant la déesse est un autel chargé de quelques objets peu reconnaissables.

Second registre. — Le champ, partagé en trois parties, séparées par des colonnes d'hiéroglyphes, contient deux femmes et un homme debout, et élevant les bras en signe d'adoration : la partie inférieure de la stèle est chargée de deux lignes d'hiéroglyphes. — Abydus.

Hauteur, 1 pied 8 pouces; largeur, 1 pied.

1377. *Idem.* — Stèle de forme cintrée.

Sur le haut sont cinq hiéroglyphes entre deux yeux humains.

Registre supérieur. — Un homme et une femme debout, et en adoration devant *Osiris*, assis sur un trône, et tenant ses insignes ordinaires : devant le dieu est une table chargée d'offrandes, et le haut du champ contient six petites colonnes d'hiéroglyphes.

Registre inférieur. — Deux femmes debout, l'une portant diverses offrandes, et l'autre faisant une libation avec un vase. En regard avec elles, se trouve un homme tenant une espèce de sceptre, et assis sur un siége soutenu par des jambes de quadrupèdes.

Devant cette dernière figure est une table chargée d'offrandes, au-dessus de laquelle sont déposés deux vases entourés de tiges de lotus : sur le reste du champ sont gravées des légendes hiéroglyphiques. — Abydus.

Hauteur, 1 pied 5 pouces; largeur, 11 pouces.

1378. *Idem.* — Stèle de forme carrée.

Registre supérieur. — Un homme debout, et qui tient trois tiges de lotus, adresse ses hommages à *Phré* élevé sur un petit socle, et tenant ses insignes ordinaires. Devant le dieu est un autel chargé d'un vase et d'une tige de lotus : derrière la figure humaine se voit le reste d'un personnage féminin, qui porte également trois tiges de lotus : sur le fond sont gravées des légendes hiéroglyphiques.

Registre inférieur. — Marche de six personnages portant des vases ainsi que des tiges de lotus, et conduisant un animal du genre des Antilopes. — Memphis.

Hauteur, 4 pieds 1 pouce; largeur, 2 pieds 2 pouces 6 lignes.

1379. *Idem.* — Stèle de forme cintrée.

Sur le haut, une espèce de sceau entre deux yeux humains, et, plus près des côtés, deux groupes composés chacun de quatre hiéroglyphes : sous le *Titre* sont gravées cinq lignes de mêmes caractères.

Ammon-Générateur debout et élevé sur un piédestal à six degrés, reçoit les hommages d'un homme qui est en adoration devant lui. — Abydus.

Hauteur, 1 pied 5 pouces ; largeur, 11 pouces.

1380. *Idem.* — Stèle de forme cintrée.

Sur le haut, une espèce de cachet entre deux yeux humains.

Registre supérieur. — Un personnage assis reçoit les hommages de deux figures, dont l'une est debout, et l'autre assise sur les talons : le reste du fond est chargé d'hiéroglyphes.

Registre inférieur. — Trois champs partagés en vingt compartimens contenant des légendes hiéroglyphiques. — Abydus.

Hauteur, 1 pied 3 pouces; largeur, 9 pouces.

1381. — *Idem*. — Stèle en forme de *Naos*.

Registre supérieur. — Un homme et une femme debout : le premier, élevant les mains en signe d'adoration, et la seconde tenant un sistre, et portant une touffe de tiges de lotus.

Devant eux, se présente un beau sanctuaire qui renferme *Osiris* assis, et précédé des quatre génies de l'*Amenti*, rangés dans l'ordre accoutumé, et placés debout sur deux tiges de lotus réunies ensemble. Derrière le dieu, sont *Isis* et *Nephthys*, profilées l'une sur l'autre, et portant chacune une main vers le coude d'*Osiris*.

Le reste du champ est occupé par des légendes hiéroglyphiques, sculptées les unes en relief, et les autres en creux.

Registre central. — Un homme couvert d'une peau de lion, lance des jets d'eau lustrale sur un homme et une femme qui sont assis sur des siéges soutenus par des jambes de quadrupèdes (1) : Devant ces derniers, se voit une table chargée d'offrandes, et derrière la première figure, est une femme tenant un vase et une tige de lotus, et portant trois oiseaux suspendus à l'un de ses bras. Cette marche funéraire est ter-

(1) Sous la femme est un petit singe, attaché à l'un des pieds de ce siége.

minée par deux petites figures de femmes; l'une portant ses mains à ses yeux en signe d'affliction, et l'autre paraissant offrir un oiseau. La partie inférieure de la stèle est remplie par deux lignes d'hiéroglyphes, et l'espèce d'encadrement en relief, qui règne autour des diverses compositions, est également chargée de caractères du même genre.—Memphis.

Hauteur, 4 pieds 5 pouces; largeur, 2 pieds 6 pouces 6 lignes.

1382. *Idem.*—Stèle de forme cintrée.

Sur le haut, un disque ailé, auquel sont suspendus deux *Uræus*, dont les têtes sont chargées de mitres.

Osiris assis et précédant *Isis* qui est debout, reçoit un homme qui lui est présenté par *Anubis* qui tient à la main une image symbolique de l'âme, figurée par un oiseau à tête humaine. En arrière du personnage présenté par *Anubis*, marche *Thoth*, tenant à la main un *volumen* roulé.

Le bas de la stèle est occupé par cinq lignes de caractères *démotiques* (ou populaires), tracés à la pointe, et assez négligemment exécutés. —Abydus.

Hauteur, 1 pied 3 pouces 6 lignes; largeur, 1 pied.

1383. *Idem.*—Stèle de forme cintrée.

Sur le haut, deux yeux humains aux côtés d'un petit globe, et quatre hiéroglyphes.

Registre supérieur. — Huit lignes d'hiéroglyphes.

Registre inférieur. — Deux compartimens formés par des colonnes d'hiéroglyphes, et contenant trois figures humaines. — Abydus.

Hauteur, 1 pied 2 pouces; largeur, 9 pouces.
1384. *Idem.* — Stèle en forme de *Naos*.

Sur la corniche, sont deux cynocéphales et quatre figures humaines en adoration devant un disque qui repose sur un chevet : ces divers personnages sont accompagnés d'hiéroglyphes.

Autour des sujets que nous allons décrire, règne un bandeau en relief, figurant l'entrée d'un *Naos* (1). Sur le haut, sont sculptées deux figures humaines en adoration devant des chakals, et les autres parties offrent une suite de légendes hiéroglyphiques.

Registre supérieur. — *Osiris*, assis dans un sanctuaire, reçoit les hommages d'un homme qui tient une tige de lotus, et d'une femme élevant un sistre. Devant le dieu est un autel chargé d'un vase ainsi que d'une fleur de lotus, et sur le fond sont gravées des légendes hiéroglyphiques.

Registre inférieur. — Trois femmes, dont deux, portant des vases, offrent leurs hommages à un homme et à une femme assis l'un près de l'autre devant une table chargée de fruits et d'autres objets. — Memphis.

(1) Ou petite chapelle.

Hauteur, 4 pieds 1 pouce; largeur, 2 pieds 9 pouces.

1385. *Idem.* — Stèle de forme cintrée.

Sur le haut est un globe ailé au-dessus de deux chakals couchés en regard.

Au-dessous de cette espèce de titre, est représenté une barque supportant *Thoth*, *Isis*, le disque solaire et une figure à tête d'épervier, que l'on voit souvent gouverner les barques des dieux, dont elle était peut-être le nautonnier.

Devant les objets que nous venons de décrire, se voit une figure en adoration, et le côté opposé présente un autre personnage accomplissant le même acte religieux, devant *Phré* assis sur un trône.

Le bas de la stèle est occupé par sept lignes d'hiéroglyphes. — Abydus.

Hauteur, 1 pied 5 pouces; largeur, 11 pouces.

1386. *Idem.* — Stèle coloriée, en forme de *Naos*.

Sur le milieu du fronton. — La poitrine et les bras d'un homme : le signe exprimant le *ciel*, d'où sortent deux bras humains, enfermant un disque, et placés au-dessus d'un *nilomètre*, de deux images symboliques de l'âme et de deux formes inconnues. Sur les côtés, sont placés *Isis*, *Nephthys*, deux cynocéphales, et deux yeux humains au-dessus du segment de sphère, exprimant le titre *Seigneur*.

Au-dessus du listel, est un *nilomètre* accompagné de deux autres objets; sur les côtés, sont deux chakals, qui sont chacun en regard avec une figure humaine agenouillée.

Registre supérieur. — *Osiris* assis, et précédant *Isis* debout; devant les dieux, sont les quatre génies de l'*Amenti*, debout et placés sur une fleur de lotus.

En regard des divinités, sont représentés nus un homme et une femme debout, et la dernière tenant un sistre; sur le fond, sont gravées des légendes hiéroglyphiques.

Registre inférieur. — Un homme et une femme debout, le premier tenant une patère et un vase d'où s'échappe un jet d'eau lustrale. Devant ces personnages, sont un homme et une femme assis, et dont le premier tient une fleur de lotus, une bandelette et une espèce de sceptre.

Entre ces deux groupes, est une table chargée d'objets inconnus, et sur le fond sont gravées des légendes hiéroglyphiques.

Le bas de cette stèle est occupé par deux lignes d'hiéroglyphes, et ses côtés, jusqu'à la hauteur du premier registre, sont décorés par des colonnes en mêmes caractères. — Memphis.

Hauteur, 4 pieds; largeur, 2 pieds 6 lignes.

1387. Grès rougeâtre. — Stèle de forme cintrée.

Registre supérieur.—Un homme debout étend une main vers *Osiris*, assis sur un trône, et appuyé sur un sceptre à tête de *Coucoupha*. Entre ces figures, est une table chargée d'un objet inconnu, et dont le pied est entouré par deux vases décorés de tiges de lotus; le reste du champ est couvert d'hiéroglyphes.

Registre inférieur. — Un homme dans la même attitude que le précédent : devant lui, sont un homme et une femme assis; le reste du fond est à peu près couvert d'hiéroglyphes. — Abydus.

Hauteur, 1 pied 5 pouces; largeur, 11 pouces.
1388. Pierre calcaire. — Stèle de forme cintrée.

Le haut de cette stèle est chargé d'une légende hiéroglyphique; le reste de sa surface se trouve partagé en compartimens qui contiennent chacun une figure humaine : toutes ces figures, diversement posées et coloriées, sont accompagnées de petites légendes hiéroglyphiques. — Abydus.

Hauteur, 1 pied 1 pouce; largeur, 8 pouces.
1389. *Idem.* — Stèle en forme de *Naos*, surmonté d'une pyramide.

Sur le devant de la pyramide qui couronne ce monument, sont sculptés les objets suivans :

Un homme, vu de face, et à demi-enfoncé dans l'ouverture d'une espèce de porte, est représenté agenouillé, et tenant les mains ouvertes à la hauteur de ses épaules; à ses côtés, sont deux chakals en regard, couchés sur des bases, et accompagnés de quelques hiéroglyphes.

La corniche est également décorée de sculptures. On y voit le globe solaire posant sur un chevet; sur chaque côté, sont placés deux cynocéphales en adoration, deux chakals et une figure à tête d'hippopotame; près de toutes ces figures, se voient de petites légendes hiéroglyphiques.

Registre supérieur. — Un homme en adoration devant *Osiris* assis sous un portique, et placé en avant d'*Isis* et *Nephthys*, qui sont debout, et soutiennent les bras du dieu; devant ce dernier, est une table chargée d'offrandes.

Registre inférieur. — Trois hommes et trois femmes marchant à la file, et portant la plupart des offrandes.

Les côtés de cette stèle sont en relief et chargés d'hiéroglyphes. — Memphis.

Hauteur, 4 pieds 2 pouces; largeur, 1 pied 10 pouces.

1390. *Idem.* — Stèle de forme cintrée.

Sur le haut, une espèce de sceau entre deux yeux humains, et au-dessus de trois hiéroglyphes.

Registre supérieur. — Un homme et une femme, tenant des fleurs de lotus, assis aux deux côtés d'une table chargée de diverses offrandes, et au pied de laquelle sont déposés deux vases. Derrière la figure de femme, est placé debout un autre personnage du même sexe, et qui tient des boutons de lotus; sur le champ, sont gravées des inscriptions hiéroglyphiques.

Registre inférieur. — Une figure humaine présentant un objet inconnu à trois personnages assis. Derrière ces derniers, est placée une femme debout, et sur le fond se voient quelques légendes hiéroglyphiques. — Abydus.

Hauteur, 1 pied 6 pouces 6 lignes ; largeur, 1 pied.

1391. *Idem.* — Stèle dont le sommet se termine en forme de pyramide.

Sur le haut est un disque solaire posé sur un chevet; au-dessous sont quatre hiéroglyphes, et les côtés se trouvent occupés par deux yeux humains.

Registre supérieur. — *Osiris*, debout et placé sous un tabernacle, reçoit les hommages qui lui sont adressés par un homme et une femme. Sur le même plan, mais dans un sens inverse, est répétée une partie de ce sujet, à l'exception de la figure d'*Osiris*, qui est remplacée par celle d'*Horus;* sur le fond sont placées quelques légendes hiéroglyphiques.

Registre central, divisé au milieu par une colonne d'hiéroglyphes. — Sur la droite, cinq femmes debout, et marchant à la file, portent des oiseaux et des touffes de tiges de lotus. A la gauche, et en regard de ces figures, se voient six hommes, disposés comme les précédentes, et portant des offrandes de même genre que celles déjà décrites.

Registre inférieur. — Son centre est occupé

par une table chargée d'offrandes, vers laquelle sont tournés sept personnages en adoration ; sur le fond sont placées des légendes hiéroglyphiques. — Memphis.

Hauteur, 3 pieds 7 pouces 6 lignes ; largeur, 2 pieds 2 pouces.

1392. *Idem.* — Stèle de forme cintrée.

Osiris recevant l'hommage d'un homme placé devant lui : entre ces figures sont déposées des offrandes, et le haut du champ est occupé par des légendes hiéroglyphiques.

Le bas de la stèle est rempli par trois lignes d'hiéroglyphes. — Abydus.

Hauteur, 11 pouces ; largeur, 8 pouces.

1393. *Idem.* — Stèle de forme cintrée.

Sur le haut est un groupe d'hiéroglyphes, dont les côtés sont occupés par deux chakals couchés sur des enseignes : les extrémités latérales de ce plan offrent deux hiéroglyphes.

Registre supérieur, dont le haut est bordé par deux lignes d'hiéroglyphes. Trois compartimens ménagés entre des bandes d'hiéroglyphes, contiennent trois femmes assises devant une figure du même sexe, et qui est assise devant une table chargée de fruits.

Registre central. — Deux figures assises sur les talons, placées en regard et séparées par une colonne d'hiéroglyphes : derrière l'une d'elles sont gravées sept colonnes de mêmes caractères.

Registre inférieur. — Treize colonnes d'hiéroglyphes. — Abydus.

Hauteur, 1 pied 2 pouces; largeur, 9 pouces 9 lignes.

1394. *Idem.* — Stèle de forme cintrée.

Registre supérieur.—Un personnage, portant le costume des souverains de l'Egypte, présente sur la main droite l'image de *Saté*, à *Osiris*, à *Isis*, et à deux autres divinités placées en regard devant lui : près de la tête du dernier sont gravés deux cartouches royaux.

Registre central.—Onze lignes d'hiéroglyphes contenant des cartouches royaux.

Registre inférieur. —Quatre hommes et trois femmes en adoration.

Ce monument précieux est colorié. — Thèbes.

Hauteur, 3 pieds 1 pouce 6 lignes; largeur, 2 pieds.

1395. *Idem.* — Stèle de forme carrée.

Osiris debout dans l'enceinte d'un tabernacle, reçoit les hommages d'un homme qui est placé en regard avec lui : devant le dieu sont les quatre génies de l'*Amenti*, debout sur une fleur de lotus, et le reste du monument est occupé par des légendes d'hiéroglyphes.

Cette stèle est coloriée. — Memphis.

Hauteur, 2 pieds 5 pouces; largeur, 1 pied 8 pouces.

1396. *Idem.* — Stèle de forme cintrée.

Osiris recevant les hommages d'un homme placé devant lui : entre eux est une table chargée d'offrandes, et sur le champ se voient des légendes hiéroglyphiques. — Memphis.

Hauteur, 1 pied 1 pouce; largeur, 10 pouces.

1397. *Idem.* — Stèle de forme cintrée.

Sur le haut, une espèce de sceau et un vase à parfums, entre deux yeux humains.

Registre supérieur. — Deux hommes et deux femmes rangés deux par deux, aux côtés d'une table chargée d'offrandes : sous le siége de l'une de ces femmes, est placé un miroir de même forme que celui précédemment décrit (1), ainsi qu'un petit vase garni d'un *style*, et qui figure probablement l'un de ceux qui renfermaient les couleurs analogues au *henné* ou au *surmâ*, dont se servent encore les femmes égyptiennes : sur le fond sont gravées des légendes hiéroglyphiques.

Registre central. — Une femme assise sur un petit tabouret garni d'un coussin, tient une bandelette et une fleur de lotus : derrière est placée une autre figure qui tient les mêmes objets. Devant ces personnages, se voit une table chargée de mets, qui les séparent d'un homme qui présente une longue patère, et épanche l'eau contenue dans un vase, sur les diverses offrandes dont la table est chargée : derrière ce dernier sont rangés trois beaux vases entourés de tiges

(1) *Suprà*, n. 659.

de lotus, et qui sont élevés sur des pieds travaillés à jour : ces divers objets sont accompagnés d'hiéroglyphes.

Registre inférieur. — Sept lignes d'hiéroglyphes. — Memphis.

Hauteur, 2 pieds 11 pouces 6 lignes; largeur, 1 pied 11 pouces.

1398. *Idem.* — Stèle dont le haut se termine par une forme pyramidale.

Sur le haut est représenté un chakal entouré de légendes.

Registre supérieur. — Deux figures humaines en adoration devant *Osiris* assis sur un trône, et placé devant une table chargée d'offrandes : sur le fond sont des légendes.

Registre inférieur. — Une femme assise reçoit les hommages de quatre hommes et de quatre femmes debout, et placés quatre en haut et quatre en bas du champ : les figures sont accompagnées d'inscriptions.

Sur cette stèle se trouve un cartouche royal. — Memphis.

Hauteur, 2 pieds 8 pouces 6 lignes; largeur, 1 pied 7 pouces.

1399. *Idem.* — Stèle de même forme que la précédente.

Sur le haut est sculpté un chakal couché.

Registre supérieur. — *Osiris*, assis et précédé des quatre génies de l'*Amenti* portés sur une fleur de lotus, reçoit l'hommage d'un personnage qui tient à la main une tige prolifère de lotus : sur le fond sont gravées des légendes.

Registre inférieur. — Une femme debout, tenant une tige de lotus, et placée en regard avec une autre femme qui est assise, et tient aussi une tige de lotus : entre les figures on voit une table chargée d'offrandes. — Abydus.

Hauteur, 1 pied 5 pouces ; largeur, 7 pouces.

1400. *Idem.* — Stèle en forme de *naos*, surmontée d'un entablement sur lequel se détache une forme pyramidale.

Sur la pyramide est sculpté un *nilomètre* avec des bras humains qui sont élevés : au-dessus de cette forme symbolique, est un disque, et à ses côtés deux oiseaux à tête humaine, en adoration.

Les extrémités de l'entablement sont ornées par deux figures humaines à demi-agenouillées, et le listel qui règne au-dessous est chargé de légendes hiéroglyphiques.

Les deux registres que nous décrivons sont entourés d'une bordure en relief, dont le bas et les côtés sont couverts d'hiéroglyphes : sur le haut, figurant le chambranle du *naos*, sont représentés les objets suivans :

Quatre hiéroglyphes entre deux yeux humains ; sur chacun des côtés de ce groupe, est figuré un chakal couché, et précédant un personnage à demi-agenouillé dans l'attitude de l'adoration.

Registre supérieur. — *Osiris* assis reçoit les hommages que lui adressent un homme et une femme debout : devant le dieu est placée une table chargée d'offrandes, et sur le champ sont gravées des légendes hiéroglyphiques.

Registre inférieur. — Un homme et une femme assis reçoivent les offrandes funéraires que leur présentent un homme et une femme placés devant eux : devant les premières figures, est une table chargée de divers objets, et sur le fond sont inscrites des légendes hiéroglyphiques. — Memphis.

Hauteur, 2 pieds 9 pouces; largeur, 2 pieds 9 pouces.

1401. Bois. — Stèle de forme cintrée, sur laquelle sont sculptés les objets suivans :

Sur le haut, une espèce de sceau, au-dessus d'un vase à parfums.

Registre supérieur. — Quatre femmes assises sur des siéges soutenus par des jambes de quadrupèdes, tiennent à la main des fleurs de lotus, et sont placées devant une petite table chargée d'offrandes : en regard avec ces figures, est un personnage debout, et qui est presque entièrement détruit; sur le haut du champ, sont six colonnes d'hiéroglyphes creusées et remplies d'un mastic blanc.

Registre inférieur. — Cinq lignes d'hiéroglyphes creusés et remplis d'un mastic de couleur blanche.

On doit regretter que cette stèle, dont le travail est très-beau, ait éprouvé quelques dégradations. — Memphis.

Hauteur, 1 pied 5 pouces; largeur, 9 pouces.

1402. Bois. — Stèle de forme cintrée, et sur laquelle sont peints les sujets suivans :

Sur le haut, un disque ailé, accompagné de deux *Uræus*, paraît lancer en bas des espèces de rayons au-dessous desquels sont deux chakals couchés et placés en regard.

Registre supérieur. — L'image symbolique de l'âme, en regard avec neuf divinités qui sont assises à terre.

Registre central. — Une figure humaine en regard avec neuf autres divinités.

Registre inférieur. — Trois lignes d'hiéroglyphes. — Thèbes.

Hauteur, 1 pied 5 pouces; largeur, 1 pied 2 pouces.

1403. Bois. — Stèle de forme cintrée, sur laquelle sont peints les objets suivans :

Sur le haut est un globe ailé : au-dessous sont tracés deux légendes hiéroglyphiques.

Registre supérieur. — Une femme en adoration devant un autel sur lequel posent un vase à libation et une fleur de lotus. Cette figure est placée devant *Phré*, l'œil d'*Osiris*, *Isis* ailée et les quatre génies de l'*Amenti*.

Registre inférieur. — Quatre lignes d'hiéroglyphes. — Thèbes.

Hauteur, 1 pied 3 ponces 6 lignes; largeur, 11 pouces.

1404. Bois. — Stèle de forme cintrée, sur laquelle sont peints les objets suivans : sur le haut, est un disque ailé, orné de quatre *Uræus*, et de deux petites légendes hiéroglyphiques; au-dessous une ligne d'hiéroglyphes.

Registre supérieur. — Un autel surmonté d'une fleur de lotus; plus loin, un homme et une femme en adoration devant *Osiris*, *Phré* et les quatre génies de l'*Amenti*.

Registre inférieur. — Sept lignes d'hiéroglyphes. — Thèbes.

Hauteur, 1 pied 3 pouces 6 lignes; largeur, 10 pouces 9 lignes.

1405. Pierre calcaire. — Partie d'une frise appartenant à une chambre sépulcrale, et sur laquelle est sculptée en bas-relief la scène que nous allons décrire.

Un homme et une femme assis sur des siéges soutenus par des jambes de quadrupèdes : le dernier tient à la main une espèce de sceptre; et, sous le siége de la seconde, est un singe debout et attaché par un lien. Devant eux, est une table chargée de nombreuses offrandes, et vers laquelle se dirigent à la file les personnages suivans :

Un homme présentant une longue patère; un autre homme élevant un vase, d'où s'échappe un double jet lancé sur les personnages assis;

une femme tenant trois tiges de lotus, et soutenant diverses offrandes posées sur un coussin ; un homme portant divers objets surmontés d'une fleur et de deux boutons de lotus, et tirant en laisse un jeune veau dont les oreilles sont coupées.

Ce bas-relief est colorié, et la plupart des personnages qu'il représente sont accompagnés de légendes hiéroglyphiques. — Memphis.

Hauteur, 3 pieds; largeur, 5 pieds.

1406. *Idem.* — Bas-relief qui servait à décorer une chambre sépulcrale, et sur lequel sont représentés à la file sept personnages portant des offrandes, et qui conduisent un veau. — Memphis.

Hauteur, 1 pied 4 pouces; largeur, 3 pieds 1 pouce.

1407. *Idem.* — Monument funéraire en forme de pyramide tronquée, et dont les quatre faces sont décorées par les objets suivans :

Première face. — Un chakal couché sur un large socle offrant la forme d'un petit édifice : au-dessus de lui est gravée une légende hiéroglyphique.

Le même sujet est représenté sur la face opposée à celle que nous venons de décrire, et celles de côté ne contiennent que des hiéroglyphes disposés en colonnes. — Abydus.

Hauteur, 10 pouces 3 lignes; largeur à la base, 8 pouces 5 lignes carrés.

1408. Basalte noir. — Autre monument funéraire en forme de pyramide.

Première face. — Un homme vu de face et représenté à genoux : cette figure en adoration, est sculptée dans une niche carrée autour de laquelle sont gravées des légendes hiéroglyphiques.

Face opposée. — Mêmes sujets. Les deux faces latérales sont dépourvues de toute représentation. — Memphis.

Hauteur, 1 pied 4 pouces; largeur à sa base des deux faces couvertes d'hiéroglyphes, 1 pied 4 pouces.

Idem. — A deux faces opposées.

Hauteur, 1 pied 3 pouces.

VASES. (XXVI).

1409 à 1412. Albâtre oriental rubanné. — Quatre vases funéraires, dits *canopes*, dont les couvercles sont formés par les têtes des quatre génies de l'*Amenti* : ils sont ornés chacun de quatre colonnes d'hiéroglyphes. — Memphis.

Hauteur moyenne, 1 pied 6 lignes.

1413 à 1416. *Idem.* — Quatre autres vases du même genre des précédens, et dont les couvercles sont formés par des têtes humaines : deux de ces vases sont ornés par des légendes hiéroglyphiques, disposées en trois colonnes. — Memphis.

Hauteur, 1 pied 5 pouces.

1417 à 1420. *Idem.* — Quatre autres vases semblables, sans hiéroglyphes, et dont les couvercles représentent des têtes humaines et imberbes.—Memphis.

Hauteur, 1 pied 4 pouces.

1421 à 1424. *Idem.* — Quatre autres vases de même forme, dépourvus d'hiéroglyphes, et surmontés de têtes qui figurent celles des quatre génies de l'enfer égyptien. — Memphis.

Hauteur moyenne, 11 pouces.

MANUSCRITS FUNÉRAIRES. (XXVII).

1425. Papyrus, en partie colorié, et présentant les objets suivans :

Première division occupant la gauche du manuscrit. — Un texte de vingt-six colonnes d'hiéroglyphes, parmi lesquels sont des groupes tracés en rouge. En avant des huit derniers, est un encadrement élevé, et partagé en trois registres présentant les scènes ci-après, en commençant par celui du haut : — Le globe solaire sur un chevet, et dirigeant en bas six rayons : à ses côtés sont deux figures d'*Hathor* accroupies et dirigées vers lui. — 2. Le dieu *Pooh* (Lunus), vu à mi-corps, et soutenant un disque de couleur jaune : à ses côtés sont rangés six cynocéphales, et deux formes symboliques de l'âme en adoration : entre ces figures sont placées des plumes. — 3. Un homme faisant jaillir de l'eau lustrale sur deux femmes assises sur des siéges, et placées devant une table chargée d'offrandes : sur le fond sont tracés des hiéroglyphes.

Frise supérieure de cette division. — Un homme portant deux espèces de seaux sur les épaules. — Autre portant un coffre à pieds. — Autre en partie détruit. — Autre debout, et portant une enseigne terminée par deux plumes posées sur deux cornes de bélier. — Autre portant une enseigne surmontée d'une caille. — Autre portant une enseigne surmontée d'un ibis. — Autre portant une enseigne surmontée d'un chakal. — Une femme, les bras élevés, entre deux autres femmes qui paraissent lui adresser des exhortations. — Une figure jouant de la flûte simple. Deux autres, dont l'une est en partie détruite. — Une tablette chargée de quelques hiéroglyphes. — Une large base sur laquelle s'inclinent quelques rameaux, et qui est chargée d'offrandes diverses. — Figure portant une oie. — Autre portant une cuisse de quadrupède. — Autre tenant un *volumen* déroulé. — Un buffet chargé de vases et d'autres objets. — Une figure dirigeant un jet d'eau lustrale sur *Anubis*, qui tient devant lui une momie devant laquelle est une femme agenouillée. — Un *naos*. — Un sceptre surmonté des attributs d'*Hathor*.

Seconde division, partagée en trois registres. — Deux femmes précédées par *Thoth* qui écrit, et par un autre personnage qui tient un vase à parfums : devant ces figures est un autel chargé d'offrandes, et surmonté d'une fleur de lotus.

— Un *naos* sur lequel sont assises trois divinités à têtes de lièvre (1), de lionne et de serpent, surmontées de plumes et tenant chacune une plume à la main. — Une femme naviguant sur une barque, et près d'elle une autre figure de femme en adoration. — L'image symbolique de l'âme, et un épervier debout sur le sommet d'un *naos*. — Une femme en adoration devant quatre figures à faces humaines, surmontées de plumes, profilées l'une sur l'autre, et tenant des sceptres : devant ces dernières est un autel chargé d'offrandes. — 2. Une figure tenant un fléau paraît hâter la marche de deux bœufs attelés à une charrue. — Une autre, tenant un grand panier, jette la semence sur le champ labouré. — Autre coupant les épis avec une faucille. — Autre hâtant avec une branche desséchée deux bœufs qui foulent la terre. — Un vanneau accroupi sur une forme pyramidale, et au-dessous d'un objet inconnu. — Un homme et une femme devant un dieu assis, et dont la tête est ornée de fleurs de lotus.

3. — Un canal qui se divise en deux branches : sous l'une, une femme, placée devant un autel, adore trois divinités à têtes de lièvre, d'homme et d'épervier. — Une barque chargée

(1) On sait présentement que cet animal, dont les oreilles sont fort longues, n'est point un lièvre ; mais nous le désignons encore sous ce nom, le sien nous étant encore inconnu.

d'une base à degrés, flottant sur un courant d'eau. — Une autre barque également à flot, et qui porte un trône : les extrémités de cette dernière se terminent par des têtes de serpens.

Troisième division, partagée en deux registres. — Une figure de femme répétée trois fois, et qui adresse successivement ses hommages à *Osiris*, à *Gom* (ou Hercule), et enfin à onze autres divinités, parmi lesquelles se trouvent *Isis*, *Nephthys*, *Anubis*, etc.

2. — Cette même figure, répétée quatre fois, adore une partie des mêmes divinités, qui sont placées dans un ordre différent : au-dessous de cette scène, sont tracées vingt petites colonnes d'hiéroglyphes.

Quatrième division. — Scène du jugement, figurée comme elle l'est ordinairement sur les manuscrits de ce genre : la défunte s'y trouve acompagnée par *Saté*, et sur le champ supérieur, sont placées vingt-six divinités que l'on croit représenter des dieux *Parèdres*, ou assesseurs.

Cinquième division, partagée en deux registres. — Un homme présente l'encens à une femme assise. — Un autre fait une libation devant *Osiris* assis sur un trône : sous ces figures sont tracées dix petites colonnes d'hiéroglyphes.

2. — Un homme présentant l'encens à une femme assise. — Une femme agenouillée devant

l'image symbolique de l'âme. — Une espèce de grand éventail, ressemblant assez à celui qui est en usage chez les peuples de l'Orient.

Sixième division, frise supérieure. — Des chakals couchés; des nilomètres auxquels sont attachés des *Uræus*, etc., placés à des distances régulières. — Dans un encadrement particulier, la défunte présente l'encens et l'eau lustrale à un dieu à tête d'épervier, qui paraît soutenu par *Hathor*. — Autre encadrement divisé en douze sections, dont sept sont remplies par des vaches accroupies et couvertes de housses; la huitième, par un taureau debout; la neuvième, par une légende hiéroglyphique; la dixième, par trois divinités profilées l'une sur l'autre; la onzième, par une momie debout et un aviron auquel est attaché un *Uræus*; et enfin la douzième, par deux avirons auxquels sont aussi attachés des *Uræus*.

Septième division, partagée en deux registres. — La défunte en adoration devant un dieu qui est assis sur le sommet d'un *naos*. — La même en adoration devant les quatre génies de l'*Amenti*. Au-dessous de ce registre sont inscrites huit petites colonnes d'hiéroglyphes. — 2. La même en adoration devant un scarabée. — La même en adoration devant un dieu qui est debout : au-dessous, huit petites colonnes d'hiéroglyphes.

Huitième division. — Deux représentations

de *Thoth*, placées l'une vis-à-vis de l'autre, et contenues dans un encadrement orné d'hiéroglyphes. Au-dessous, le même sujet, avec quelques variantes dans les inscriptions.

Neuvième division.—La vache divine; au-dessous d'elle, huit colonnes d'hiéroglyphes.

Dixième division. — Cinq pages ou larges colonnes en caractères hiératiques; au-dessous, sont tracées les figures d'*Isis*, de *Nephthys*, et de quelques autres divinités.

Largeur, 15 pieds 7 pouces; hauteur, un pied 2 pouces.

1426. Papyrus en partie colorié, et dont les divers sujets commencent par la gauche du manuscrit, et dans l'ordre suivant :

Première division, contenant trente-trois petites colonnes d'hiéroglyphes, au-dessus desquelles est peinte une frise dont les sujets sont ainsi disposés : — Deux femmes vêtues de blanc, élevant les mains en signe d'adoration. — Sept femmes tenant les bras croisés, et qui sont couvertes de vêtemens étroits. — Devant ces deux groupes, s'avancent deux traîneaux; l'un portant un chakal couché sur une base, et traîné par un homme; et l'autre, chargé d'une barque portant un dieu assis, et traîné également par un homme. — Six hommes, tournés de droite à gauche, s'avancent à la file vers une stèle, sur laquelle est inscrit le nom d'*Osiris*, et qui précède un piédestal supportant deux formes d'obélisques : celle de ces figures qui marche en avant, paraît lire sur deux tablettes, et les cinq autres portent des enseignes surmontées des images de plusieurs animaux sacrés.

Seconde division, partagée en trois registres. — 1°. Un homme en adoration devant une barque qui porte deux divinités. — 2°. Une femme en adoration, faisant des offrandes à deux autres divinités. — Un homme debout devant un homme et une femme assis sur des siéges. — 3°. Contenant soixante-six lignes de texte, et dont le haut est décoré par la frise suivante. — Une femme en adoration, faisant des offrandes à quatre divinités qui sont accroupies à terre. — Un chakal couché sur une base. — Un épervier sur un socle. — Deux figures à tête de cynocéphale et debout, au-dessus de deux personnages à face humaine et qui sont également debout. — Une femme en adoration, faisant une offrande : devant elle se voit une barque dont le centre est occupé par une enseigne qui porte un bélier surmonté d'un disque. Sur l'avant de cette nacelle, on voit *Saté*, assise, et sur l'arrière est *Gom* également assis. — Les quatre génies de l'*Amenti* debout et dans l'ordre ordinaire. — Dix divinités précédant l'épervier de *Phré*, placé sur une enseigne. — La même femme en adoration : devant elle, *Anubis* tenant devant lui une momie de femme qui est en regard avec une stèle. — Quatre figures assises, et tenant des plumes; les deux premières à tête humaine, et les secondes à tête d'épervier. — La même femme en adoration, faisant une offrande à un dieu assis sur une barque et qui tient un sceptre à la main.

Troisième division. — La même femme, les bras élevés, et précédée par *Saté*, vient subir son jugement. Sur le haut de cette composition, rappelée sur d'autres manuscrits, sont placées à la file vingt figures du genre de celles que l'on suppose représenter des dieux *parèdres*.

Ce manuscrit est très-bien écrit.

Largeur, 6 pieds; hauteur, 6 pouces 3 lignes.

1427. Papyrus colorié, dont les sujets sont ainsi disposés, en commençant par la gauche du manuscrit.

Première division. — Quatre-vingt-dix-huit colonnes d'hiéroglyphes, au milieu desquelles est un encadrement divisé en trois registres contenant les sujets suivans : — 1° Deux personnages, en regard et assis, élèvent chacun un bras; derrière l'un et l'autre, est placé un objet symbolique. — 2° Le dieu *Pooh*, vu à mi-corps, entre deux formes symboliques de l'âme. — 3° Une figure debout, faisant une offrande à deux autres qui sont assises.

La totalité de la division est bordée en haut par une frise qui représente les sujets suivans :

— Deux femmes les bras élevés. — Trois autres, les bras croisés sur la poitrine. — Un homme tirant un traîneau chargé d'un tabernacle. — Un autre, tirant un traîneau chargé d'un chakal couché sur un *Naos*. — Deux autres tirant un traîneau chargé d'une momie couchée sous un *tendelet*, et derrière laquelle est assis un dieu à tête d'épervier. — Un homme accompagnant un bœuf de couleur blanche. — Un homme en adoration devant une espèce d'enseigne surmontée de deux plumes élevées sur des cornes de bélier. — Cinq autres hommes en adoration devant diverses enseignes qui offrent d'autres formes symboliques. — Un homme portant un coffre à pieds. — Une vache blanche, la tête surmontée de deux plumes, et devant elle un petit veau qui bondit. — Un homme armé d'un couteau, s'apprêtant à dépecer un bœuf qui est renversé sur le dos. — Un homme tenant des fleurs de lotus, placé devant un amas considérable de riches offrandes. — Une figure tenant des tablettes, et placée en regard d'un édifice. — Une femme en adoration, recevant un jet d'eau lustrale qui est dirigé sur elle par un homme debout. — *Anubis* tenant devant lui une momie. — Une stèle et trois obélisques. — La même femme en adoration devant *Phré*, assis sur un trône, et derrière lequel se voit une autre femme en adoration. — La même femme en adoration devant

6.

l'image symbolique de l'âme. — Un homme tenant d'une main l'image d'*Amon-générateur*, et de l'autre une touffe de tiges de lotus. — Une barque dont le milieu est occupé par le bélier d'*Amon-ra*, couché sur une enseigne : sur l'avant de la barque sont placés trois rameurs coiffés de la grande mitre, emblême de la puissance sur les régions supérieures, et à l'arrière, sont aussi trois rameurs portant la seconde mitre, emblême de la puissance sur les régions inférieures. Sur la proue se voit une figure à tête d'épervier, que nous croyons être le pilote qui conduit les barques des dieux. — Deux lions assis et opposés, placés sur les côtés d'un disque posant sur un chevet. — Deux figures accroupies sur les talons.

Seconde division. — Elle est remplie par la scène du jugement, dans laquelle figurent dix-neuf *parèdres* debout.

Troisième division. — Quarante-une colonnes d'hiéroglyphes. — La défunte en adoration devant *Hathor*, manifestée sous la forme d'une vache. Au-dessus règne une frise ainsi composée. — La même femme devant un *Naos* occupé par un *Uræus* dressé et placé sous trois plumes. — La même, devant une vache couchée sur un grand socle; derrière elle se voit une espèce de coffre surmonté d'une tête humaine. — Quatre figures assises autour d'un cippe surmonté d'un œil. — Un dieu assis devant un amas d'offrandes. — Deux figures assises l'une au-dessus de l'autre.—Un quadrupède assis, et dont le col est orné d'une bandelette. — Une enseigne surmontée de la forme symbolique de l'âme. — La même femme en adoration devant *Toré* (1), assis sur une barque et devant un autel chargé d'offrandes : sur les côtés, et hors de la barque, sont peints quatre cynocéphales assis. — Un dieu assis, précédant deux déesses debout. — La défunte devant une barque qui porte *Phré* placé devant un autel chargé d'offrandes. — Osiris debout, suivi d'une déesse et d'*Anubis*. — La même, devant quatre divinités assises à terre, et dont la dernière porte une tête d'Ibis.

Ce beau manuscrit présente quelques lacunes peu considérables.

Largeur, 8 pieds 4 pouces; hauteur, 6 pouces 3 lignes.

1428. Papyrus dessiné au trait et sans couleur.

Côté gauche du manuscrit.—1° Huit colonnes d'hiéroglyphes.—Partie supérieure de *Phtah*, dont on ne voit que la tête et les bras qui sont étendus. Le reste du manuscrit est partagé en trois divisions, dont le texte et les scènes sont disposés ainsi qu'il suit : — Huit figures debout, les bras élevés et accompagnées de groupes d'hiéroglyphes. — Onze figures debout, portant chacune un grand serpent sur

---

(1) *Panthéon égyptien*, etc., pl. 13.

les épaules. — 2° Quatorze figures partagées en deux files et accompagnées par un énorme serpent, tirant une barque qui supporte *Amon-ra* et six autres divinités, partagées, trois sur trois : en avant et en arrière du roi des dieux sur la proue de cette barque, est placé le disque solaire, et près de lui se voit un scarabée. — 3° Une momie d'homme à demi-renversée sur le cintre qui borde la gauche du manuscrit. — Huit figures qui élèvent les bras dans l'attitude de la douleur ou de l'adoration. — Quatre autres tenant des avirons. — Un serpent dressé. — Quatre autres figures tenant des avirons.

Seconde division. — Trois colonnes d'hiéroglyphes.

Troisième division, partagée en trois registres. — 1°. Quatre figures assises sur des serpens. — Quatre figures les bras pendans, et précédées par un personnage dont les bras sont élevés; près de chacun des objets représentés, est tracé un groupe d'hiéroglyphes. — 2°. Quatre figures debout; les deux premières coiffées de la mitre, emblême de la puissance sur les régions supérieures; et les secondes, de la mitre opposée. — Les mêmes mitres placées sur le dos d'un serpent, mais dont la dernière est surmontée d'une tête d'homme. — Sept personnages les bras élevés, placés sous un grand serpent dont le corps forme de nombreux replis. — 3°. Un dieu tenant un sceptre. — Quatre femmes les bras pendans, portant chacune sur la tête une forme cintrée surmontée de quelques hiéroglyphes, et renfermant une figure humaine renversée la tête en bas, les pieds en haut, et appuyée sur les mains.—Trois figures lançant des jets de leur bouche et armées de couteaux, dirigent ces derniers vers des espèces d'arcades qui contiennent trois têtes noires, trois têtes blanches, et enfin, trois Ibis et une chouette. Près de ceux-ci sont tracés des groupes d'hiéroglyphes.

Ce papyrus nous paraît appartenir à un genre de manuscrits *commémoratifs* reconnus par M. Champollion le jeune, qui en a déjà cité des exemples (1).

Largeur, 3 pieds 7 pouces 6 lignes; hauteur, 8 pouces 6 lignes.

1429. Papyrus dessiné au trait.

Côté droit du manuscrit. — Un texte hiéroglyphique composé de trois lignes. — Osiris debout entre un *nilomètre* et un autel chargé d'offrandes : devant lui est une barque dirigée par un pilote, et sur laquelle est *Phré* assis au devant d'un vanneau.

Hauteur 2 pouces; Largeur, 1 pied.

1430. Papyrus au trait.

(1) *Précis du système hiéroglyphique*, etc.; p. 216.

Côté gauche du manuscrit. — Un texte hiéroglyphique, composé de trois lignes. — Une barque chargée de six divinités, à la tête desquelles se trouve *Thoth*.

Largeur, 11 pouces; hauteur, 2 pouces.

1431. Papyrus contenant un grand texte divisé en quatorze pages ou colonnes de caractères hiératiques, dont quelques groupes sont tracés en rouge.

Largeur, 9 pieds; hauteur, 4 pouces.

1432. Papyrus de forme à peu près carrée, et qui contient huit lignes de caractères hiératiques.

Largeur, 6 pouces 8 lignes; hauteur, 5 pouces.

1433. Papyrus de même forme que le précédent, et contenant neuf lignes de caractères hiératiques.

Largeur, 6 pouces 8 lignes; hauteur, 5 pouces.

1434. Papyrus : petit manuscrit hiératique présentant vingt lignes.

Largeur, 2 pouces; hauteur 6 pouces 8 lignes.

1435. Papyrus : un grand manuscrit hiératique qui n'est point déroulé, et qui enveloppe la momie d'un animal sacré.

Hauteur, 1 pied 3 pouces.

1436. Papyrus : un grand manuscrit également roulé.

Hauteur, 8 pouces 6 lignes.

1437. Papyrus : un petit manuscrit fermé, et qui était contenu dans une enveloppe en peau.

Hauteur, 3 pouces.

1438. Papyrus : deux petits manuscrits roulés et unis ensemble par un lien. Cet objet a été trouvé suspendu au col d'une momie.

1439. Papyrus : un manuscrit roulé.
Hauteur, 9 pouces.

1440. Papyrus : un manuscrit roulé.
Hauteur, 6 pouces 8 lignes.

1441. Papyrus : un manuscrit roulé.
Hauteur, 1 pied 2 pouces 6 lignes.

1442. Papyrus : manuscrit roulé.
Hauteur, 5 pouces.

1443. Toile. — Fragment d'un grand manuscrit hiératique, contenant une colonne de texte, surmontée d'une frise dans laquelle sont dessinés au trait, de gauche à droite, un autel portant des offrandes, et, plus loin, une momie humaine couchée dans un lit en forme de lion.
Hauteur, 11 pouces; largeur, 8 pouces.

1444. Toile. — Autre fragment du même manuscrit hiératique, contenant une *page* ou large colonne de texte, surmontée d'une frise présentant les objets suivans.

Côté gauche du manuscrit. — Une momie couchée dans un lit en forme de lion : sous le lit sont indiqués les quatre vases funéraires qui figurent les génies de l'*Amenti*. — Un cynocéphale assis, et qui faisait partie d'une scène comprise dans une déchirure du manuscrit. — Un cippe surmonté d'un œil humain. — Un bœuf couché sur une base, et dont la tête est chargée d'un disque et de deux plumes. — Une espèce de coffre surmonté d'une tête humaine, entouré des têtes des génies de l'*Amenti*.—Une momie debout.

Hauteur, 11 pouces; largeur, 9 pouces.

1445. Toile.—Autre fragment : sur le haut du texte, la forme symbolique de l'âme, et un homme en adoration.

Hauteur, 9 pouces; largeur, 2 pouces.

1446. Toile. — Autre fragment : sur le haut du texte, un homme en adoration.

Hauteur, 8 pouces; largeur, 2 pouces.

1447. Toile. — Fragment d'un grand manuscrit hiératique, contenant trois colonnes de texte : au-dessus de celles-ci, sont tracés sur une frise, et de gauche à droite, les quatre génies de l'*Amenti*.—Une femme, ou divinité femelle, assise sur un petit temple devant lequel se trouve une table chargée d'offrandes, et un homme en adoration. — Un autel sur lequel pose un vase à libation et une fleur de lotus. — Un homme debout, perçant la tête d'un grand crocodile étendu devant lui.

Largeur, 8 pouces 6 lignes; hauteur, 11 pouces 7 lignes.

1448. Toile. — Fragment d'un manuscrit. — Large colonne de texte, surmontée d'une barque, dans laquelle on voit un homme à genoux en adoration devant un disque qui contient neuf divinités assises.

Largeur, 4 pouces 6 lignes; hauteur, 9 pouces 3 lignes.

1449. Toile. — Fragment d'un manuscrit. — Quatre colonnes de texte, et une frise contenant les objets suivans, tracés de gauche à droite. — Un collier, aux extrémités duquel on voit deux têtes d'épervier. — Un vautour ayant les ailes déployées. — Deux espèces de colonnes à fleur de lotus, dans des encadremens.

Largeur, 7 pouces; hauteur, 10 pouces.

1450. Toile. — Neuf autres fragmens de manuscrits hiératiques, dont les parties supérieures représentent diverses scènes symboliques.

STATUETTES ET PLAQUES (XXVIII).

1451 à 1469. Terre cuite. — Dix-neuf statuettes en forme de momies; le pourtour de leurs vêtemens est chargé de légendes hiéroglyphiques parfaitement gravées, et qui offrent toutes des différences entre elles. — Memphis.

Hauteur moyenne, 6 pouces et demi.

1470. Terre cuite coloriée. — Une autre statuette du même genre que les précédentes. — Thèbes.

Hauteur, 6 pouces.

1471 à 1475. Terre émaillée en bleu. — Cinq autres statuettes du même genre. — Thèbes.

Hauteur moyenne, 4 pouces.

1476 et *bis*. Terre émaillée. — Deux autres statuettes du même genre.

Hauteur moyenne, 5 pouces.

1477 à 1479. Terre émaillée, fond blanc, avec hiéroglyphes et autres détails en couleur brune. — Trois statuettes. — Memphis.

Hauteur moyenne, 5 pouces.

1480. Terre émaillée blanche. — Statuette debout, dont les chairs et d'autres détails sont émaillés avec une couleur rougeâtre. — Memphis.

Hauteur, 5 pouces.

1481. Bois. — Statuette : un homme debout et la tête rasée, dont l'orbite des yeux était rempli avec de l'émail.

Sur l'un des côtés de son appui est un bas-relief représentant un homme debout et de profil, levant la main droite, et tenant une palette avec la gauche : devant son visage, est gravée une colonne d'hiéroglyphes. — Thèbes.

Hauteur, 1 pied 7 pouces.

1482. Bois. — Statuette : un homme debout et les bras croisés ; le pourtour de son vêtement est chargé d'hiéroglyphes gravés en creux, et remplis d'un mastic jaunâtre. — Memphis.

Hauteur, 7 pouces 6 lignes.

1483. Bois. — Autre statuette, représentant un homme debout, et les mains posées à plat sur les cuisses. — Memphis.

Hauteur, 5 pouces 6 lignes.

1484. Bois. — Autre statuette : une femme debout,

tenant la main gauche sous son sein, et la droite pendante sur le côté. Ses yeux, qui étaient formés d'une autre matière, sont détruits : sur le devant de la plinthe qui la supporte, sont gravées quatre lignes d'hiéroglyphes. — Memphis.

Hauteur, 8 pouces 6 lignes.

1485. Bois. — Statuette représentant un homme à demi-nu, assis à l'orientale, et portant les mains devant lui. — Thèbes.

Hauteur, 3 pouces 3 lignes.

1486. Bois. — Statuette en forme de momie, tenant deux *fléaux* : sous ses bras, qui sont croisés, est sculpté le symbole de l'âme, et sur la partie inférieure de son vêtement sont gravées neuf lignes d'hiéroglyphes. — Memphis.

Hauteur, 1 pied 1 pouce.

1487 à 1490 et *bis*. Bois. — Trois statuettes en forme de momies : ces figures sont chargées d'hiéroglyphes peints en noir, et chacune d'elles est renfermée dans un petit cercueil également en bois. — Thèbes.

Hauteur, 6 pouces et 9 pouces.

1491. Bois. — Une autre statuette en forme de momie, avec hiéroglyphes et autres détails coloriés. — Thèbes.

Hauteur, 8 pouces.

1492. Bois. — Statuette de même forme : parmi les hiéroglyphes qui la décorent, est gravé un cartouche. — Thèbes. (Trouvé dans le tombeau royal découvert par M. Belzoni.)

Hauteur, 7 pouces 3 lignes.

1493 à 1497. Bois. — Cinq autres statuettes de forme semblable et décorées d'hiéroglyphes. — Thèbes et Memphis.

Hauteur, 9 pouces 6 lignes et 8 pouces.

1498 et *bis*. Bois. — Deux autres statuettes de même forme et sans hiéroglyphes. — Memphis.

Hauteur, 7 pouces.

1499. Serpentine. — Statuette qui représente un homme debout, coiffé en petits flocons, et tenant le *nilomètre* ainsi qu'un autre attribut religieux.

La poitrine de ce personnage est décorée par un petit vase suspendu à un cordon : son vêtement est chargé sur ses différentes faces, de belles légendes hiéroglyphiques, gravées en creux. — Memphis.

Hauteur, 7 pouces 3 lignes.

1500. Serpentine. — Bas-relief représentant un dieu debout sur deux crocodiles : au revers, sont gravées des légendes hiéroglyphiques.

Cette sculpture appartient aux objets de culte, dans lesquels il a été omis. — Abydus.

Hauteur, 20 lignes ; largeur, 6 lignes.

1501. Serpentine. — Un homme debout tenant deux fléaux : à son col est suspendu un petit vase; le pourtour de son vêtement est chargé d'hiéroglyphes gravés en creux. — Memphis.

Hauteur, 5 pouces 3 lignes.

1502 à 1506. Serpentine et lave. — Cinq statuettes en forme de momies dont les vêtemens sont chargés d'hiéroglyphes. — Memphis.

Hauteur moyenne, de 11 pouces 6 lignes à 6 pouces.

1507. Serpentine. — Une plaque de forme carrée, surmontée d'une corniche; sur ses faces, sont gravés les objets suivans :

Première face. — Une barque portant un scarabée (1) qui en occupe le centre; aux extrémités, sont placées *Isis* et *Nephthys*, assises et en regard.

Seconde face. — *Osiris* assis reçoit les hommages d'une figure humaine agenouillée devant lui. — Memphis.

Hauteur, 3 pouces; largeur, 3 pouces 6 lignes.

1507 *bis*. Empreinte en plâtre de la seconde face.

1508. Serpentine. — Autre plaque de même forme.

Première face. — Un chakal couché sur une grande base.

Seconde face. — Un homme accroupi et en adoration : devant lui, sont gravées deux colonnes d'hiéroglyphes. — Memphis.

Hauteur, 2 pouces; largeur, 2 pouces.

1508 *bis*. Empreinte en plâtre de la seconde face.

1509. Serpentine. — Autre plaque de même forme.

Première face. — Un scarabée les ailes dé-

---

(1) Ce scarabée est sculpté en bas-relief.

ployées et surmonté d'un disque (1) : sur l'un de ses côtés, est *Osiris* debout ; sur l'autre, un homme également debout et en adoration.

Seconde face. — Un chakal couché sur un piédestal et surmonté par l'œil d'*Osiris* : devant lui, est *Isis* assise sur les talons et tenant la croix ansée. — Memphis.

Hauteur, 2 pouces et demi ; largeur, 2 pouces et demi.

1509 *bis*. Empreinte en plâtre de la seconde face.

1510. Pâte vitreuse de couleur verdâtre. — Autre plaque de même forme que les précédentes.

Première face. — Une barque portant un scarabée (2), vers lequel *Isis* et *Nephthys* étendent les mains : le fond de cette face est incrusté d'une pâte rouge.

Seconde face. — *Osiris* debout reçoit les hommages d'un homme qui est également debout : entre eux, est tracée une légende hiéroglyphique.

Cette face conserve des traces de dorure. — Memphis.

Hauteur, 2 pouces 6 lignes ; largeur, 3 pouces 3 lignes.

1510 *bis*. Empreinte en plâtre de la seconde face.

1511. Lave. — Un homme debout, et tenant les mains étendues à plat sur les cuisses : l'appui, la

---

(1) Ce disque est incrusté en émail rouge.

(2) Ce scarabée est en jaspe vert, et encastré dans la plaque.

plinthe et le pourtour de cette figure sont couverts d'hiéroglyphes. — Appolinopolis.

Hauteur, 5 pouces 9 lignes.

1512. Lave. — Statuette représentant un homme debout, tenant deux fléaux, et dont le pourtour du vêtement est chargé d'hiéroglyphes gravés en creux. — Memphis.

Hauteur, pouces 9 lignes.

1513. Pierre calcaire. — Une figure assise à terre, enveloppée d'une longue robe et coiffée en flocons : sur le devant de son vêtement sont gravées deux colonnes d'hiéroglyphes. — Abydus.

Hauteur, 9 pouces et demi.

1514. Pierre calcaire. — Un homme assis sur un siége : sur le devant de la plinthe qui le supporte, est gravée une inscription qui paraît être en caractères *démotiques*. — Cette figure a été dorée. — Abydus.

Hauteur, 7 pouces.

1515. Pierre calcaire. — Forme de momie : son vêtement est décoré de huit lignes d'hiéroglyphes fort bien gravés. — Thèbes.

Hauteur, 1 pied.

1516. Pierre calcaire. — Statuette assise et les bras croisés sur la poitrine : cette figure offre quelques parties coloriées ; ses yeux sont en émail, et sur le devant de sa plinthe est tracée une inscription qui paraît être en caractères *démotiques*. — Abydus.

Hauteur, 14 pouces 3 lignes.

1517 à 1519. Pierre calcaire coloriée. — Trois statuettes en forme de momies. — Thèbes.

Hauteur moyenne, 7 pouces.

1520 et 1521. Pierre calcaire. — Deux statuettes en forme de momies et chargées d'hiéroglyphes. — Thèbes.

Hauteur moyenne, 6 pouces.

1522. Pierre calcaire. — Une autre statuette de même forme, et qui est également chargée d'hiéroglyphes. — Thèbes.

Hauteur, deux pouces et demi.

1523. Pierre émaillée. — Une autre statuette de même forme et couverte d'hiéroglyphes.

Cette figure est percée dans sa hauteur. — Memphis.

Hauteur, 15 lignes.

1524 à 1526. Pierre émaillée et albâtre. — Trois autres statuettes de même genre : l'une d'elles est décorée de sept lignes d'hiéroglyphes ; la seconde n'en porte que deux, et la troisième n'en présente aucun. — Memphis et Thèbes.

Hauteur moyenne, 4 pouces.

1527. Grès. — Un grand siége porté par des pieds de quadrupèdes, et sur lequel sont assis un homme et une femme, dont le premier tient à la main un objet qui nous est inconnu.

Entre les personnages, sur le devant du siége, sont gravées de courtes légendes hiéroglyphiques : le derrière de ce siége est couvert par cinq colonnes de caractères du même genre, et qui sont coloriées en bleu.

Les chairs et d'autres détails de ces figures sont coloriés. — Thèbes.

Hauteur, 1 pied 6 pouces; largeur, 10 pouces 6 lignes.

1528. Albâtre oriental. — Statuette. Un homme debout et les bras croisés sur la poitrine : son vêtement, qui est plissé, présente en avant une colonne d'hiéroglyphes. — Memphis.

Hauteur, 8 pouces 6 lignes.

1529. Albâtre oriental. — Un homme debout, et vêtu de long. Cette figure tient deux fléaux. — Memphis.

Hauteur, 7 pouces 6 lignes.

1530. Albâtre oriental. — Une statuette en forme de momie, et décorée d'hiéroglyphes. — Memphis.

Hauteur, 7 pouces.

1531. Basalte noir. — Une femme assise sur un siége de forme cubique : cette figure est enveloppée en partie dans un vêtement; les deux côtés de l'avant de son siége sont décorés par deux personnages debout et de sexes différens. — Thèbes.

Hauteur, 7 pouces 5 lignes.

1532. Basalte noir. — Une figure en forme de momie, dont le pourtour est orné de huit lignes d'hiéroglyphes. — Memphis.

Hauteur, 8 pouces 3 lignes.

1533. Basalte grès. — Autre figure du même genre, et chargée de cinq lignes d'hiéroglyphes. — Memphis.

Hauteur, 7 pouces.

ORNEMENS DE MOMIES. (XXIX.)

1534. Terre émaillée. — Un réseau composé de perles bleues, dont les pointes de section sont réunies par des perles blanches.

Le haut de cet objet est décoré par une tête humaine barbue, dont le visage est composé d'émaux de couleur jaune; au-dessus, est figuré un collier à plusieurs rangs, dont les émaux sont variés de couleurs, ainsi qu'ils le sont également sur les objets suivans, qui couvrent de haut en bas le centre du réseau.

— Un scarabée, les ailes éployées. — La déesse *Netphé* assise sur les talons, et les ailes étendues. — Une divinité debout et ailée. — Les quatre génies de l'*Amenti* rangés en regard deux par deux. — Une colonne d'hiéroglyphes.

Ce réseau, encore unique dans les collections connues, est appliqué sur un fond en toile. — Thèbes.

Hauteur, 3 pieds 8 pouces; largeur moyenne, 9 pouces.

1535. Cartonnage sur toile, de forme circulaire, et chargé d'ornemens peints : cet objet a dû orner la poitrine d'une momie. — Thèbes.

Hauteur, 4 pouces et demi; largeur, 8 pouces 3 lignes.

1536. Vingt-trois objets divers, parmi lesquels on distingue une fort jolie tête en terre émaillée, etc.

CERCUEILS, MOMIES, BAUMES, etc. (XXX.)

1537. Un cercueil richement décoré de peintures qui représentent un grand nombre de divinités, ainsi que des légendes hiéroglyphiques : des inscriptions en mêmes caractères couvrent ses faces intérieures et extérieures, et forment un texte très-considérable. — Thèbes.

Longueur, 5 pieds 6 pouces.

1538. Une momie entièrement enveloppée d'un grand morceau de toile, serré sur elle par des bandes également en toile. — Thèbes.

(Le cercueil précédent renfermait cette momie.)

Hauteur, 5 pieds.

1539. Une momie couverte d'un cartonnage peint, et lacée par derrière.

Cette enveloppe représente une figure imberbe : sur sa tête est peint un scarabée, et son front est décoré par un disque de couleur jaune.

Sur sa poitrine, que couvre un riche collier, est peinte la déesse *Saté*, placée au-dessus du scarabée à tête de bélier, emblême du roi des dieux ; les parties inférieures représentent les objets suivans :

L'épervier de *Phré* les ailes étendues, et placé au-dessus d'une colonne d'hiéroglyphes. — Deux chakals posés sur des enseignes. — Un vautour les ailes éployées, etc.

Sur les côtés, sont *Isis* et *Nephthys*, ailées.

En arrière, deux femmes à demi-assises en regard l'une de l'autre. — Deux éperviers de *Phré* adossés entre eux. — *Hathor* à tête de vache, et portant un petit vase : derrière cette figure, est la même déesse à tête humaine. — Un bélier posé sur une enseigne. — Un très-beau nilomètre. — Un arc, un carquois, etc. — Thèbes.

Hauteur, 5 pieds 3 pouces 4 lignes.

1540. Momie enveloppée dans un cartonnage, et dont le visage est doré. Parmi les ornemens symboliques peints sur l'enveloppe, on distingue les sujets qui suivent :

L'épervier à tête de bélier. — Un épervier les ailes éployées. — *Isis* et *Nephthys* ailées et placées en regard, séparées par une colonne d'hiéroglyphes, etc.

Hauteur, 5 pieds 2 pouces.

1541 *et bis.* Cette momie, dont l'enveloppe peut passer pour le premier cercueil, est couchée dans un second en bois de sycomore, également décoré de peintures : le devant de figure, qui ferme son couvercle, porte sur la poitrine deux bandelettes croisées, qui ressemblent à celles en cuir que l'on découvre quelquefois sur le corps de quelques autres momies. La caisse est entourée de figures de divinités et d'autres représentations mystiques ; son pourtour inférieur est chargé d'hiéroglyphes coloriés en bleu.

Le troisième cercueil de cette momie, qui contenait dans le tombeau les deux précédens, n'est pas exposé dans la galerie, étant trop volumineux, et peint en noir, sans aucune inscription. — Thèbes.

Hauteur, 5 pieds 9 pouces.

1542. Un petit cercueil de forme rectangulaire, dont le dessus présente un peu celle d'une console couchée.

Devant. — Entrée d'un *naos*, décoré par un globe ailé, et dont les chambranles sont chargés d'hiéroglyphes. Sur le champ renfoncé qui figure la porte, est un épervier à demi-couché sur une base : derrière lui, se voit un œil humain.

Dessus. — Les côtés sont ornés par des *Uræus* ailés; le haut, par une espèce de réseau, couvert au centre par une colonne d'hiéroglyphes.

Extrémité inférieure. — Une momie couchée au-dessus de quatre vases funéraires : sur le fond, se détachent des hiéroglyphes sur un fond blanc. — Thèbes.

Longueur, 3 pieds 3 pouces.

1543. Une momie d'enfant, appartenant au cercueil précédent, recouverte d'un cartonnage décoré des sujets suivans :

Une momie étendue sur un lit funèbre : à son côté droit est *Anubis;* six autres divinités sont rangées, trois par trois, près de sa tête et de ses pieds. — Les quatre génies de l'*Amenti.*

Quatre autres divinités. — Deux autres divinités. — Thèbes.

Hauteur, 2 pieds 4 pouces.

1544. Une momie de femme, dont toutes les parties, et même les doigts, sont enveloppées séparément; une amulette en plomb, en forme de pierre de sacrifice, orne sa poitrine, et sur une des bandes qui entourent sa tête, est tracé en couleur et en lettres grecques le nom d'*Hathor*. — Thèbes.

Hauteur, 4 pieds 10 pouces.

1545 *et bis*. Sur le cercueil qui est décoré de peintures représentant des scènes religieuses, sont peintes des inscriptions hiéroglyphiques, dans lesquelles se retrouve aussi le nom précédemment cité.

Longueur, 5 pieds 5 pouces.

1546. Une momie de jeune fille : elle est développée de ses langes, et les mains rapprochées vers le bas du tronc. — Thèbes.

Hauteur, 3 pieds 1 pouce.

1547. Momie d'un jeune garçon : elle est également développée; ses bras sont croisés, et ses mains posent à peu près sur ses épaules. — Thèbes.

Hauteur, 2 pieds 1 pouce.

1548. Momie d'enfant enveloppée et ornée d'un nom grec tracé sur sa poitrine. — Thèbes.

Hauteur, 2 pieds 2 pouces 6 lignes.

1549. Momie développée d'un petit enfant qui porte une chevelure assez longue. — Thèbes.

Hauteur, 1 pied 3 pouces.

1550. Tête d'une vieille femme, recouverte en partie de cheveux blancs. — Thèbes.

Hauteur, 8 pouces 6 lignes.

1551. Tête d'homme : ses yeux sont en émail, et son front est entouré d'une bande de toile nouée en arrière. — Thèbes.

Hauteur, 8 pouces.

1552. Un avant-bras et la main d'une jeune femme. Ce bras appartenait à la momie sur laquelle ont été trouvés divers bijoux qui se trouvent dans la galerie. — Thèbes.

Longueur, 1 pied 6 pouces.

1553 à 1557. Echantillons de cinq baumes différens de momies humaines et d'animaux.

MÉLANGES.

MANUSCRITS HISTORIQUES. (XXXI.)

1558. Papyrus. — Un grand manuscrit hiératique, divisé en vingt-trois pages et une colonne : il contient un grand nombre de cartouches royaux. — Memphis.

Longueur, 16 pieds ; hauteur, 7 pouces 6 lignes.

1559. Papyrus. — Autre manuscrit hiératique trouvé comme le précédent, et qui présente également des cartouches royaux. — Memphis.

Hauteur, 1 pied 6 pouces ; largeur, 7 pouces 6 lignes.

1560. Papyrus. — Un petit manuscrit qui paraît être *démotique*, et contenir le texte d'une lettre particulière : ce manuscrit est terminé par un groupe de caractères que nous croyons former une signature. Il est pourvu d'un cachet en terre, portant un cartouche. — Thèbes.

Hauteur, 11 pouces ; largeur, 4 pouces.

1561. Papyrus. — Autre manuscrit du même genre que le précédent, mais sans cachet. — Thèbes.

Hauteur, 11 pouces ; largeur, 2 pouces 6 lignes.

1562. Papyrus. — Autre manuscrit du même genre. — Thèbes.

Hauteur, 10 pouces 6 lignes ; largeur, 2 pouces 9 lignes.

1563. Papyrus. — Un petit manuscrit grec, contenant une recommandation adressée par un particulier à un autre personnage. Ce manuscrit, plié en forme de lettre, était scellé d'un cachet en terre grise. — Thèbes.

Hauteur, 1 pied ; largeur, 3 pouces 6 lignes.

1564. Papyrus et parchemin. — Fragmens de manuscrits égyptiens, grecs, cophtes, etc.

OBJETS DIVERS EN BOIS, PIERRE ET BRONZE, etc. (XXXII.)

1565. Terre cuite. — Un cachet portant quelques hiéroglyphes, et qui unissait deux bandes de toile placées autour d'une momie. — Thèbes.

1566. Terre cuite. — Un masque de Méduse vu de face : ouvrage grec. — Hermopolis.

Hauteur, 5 pouces.

1567. Terre cuite. — Une femme assise, et qui tient les cuisses très-écartées. Cette figure appartient au bas temps de l'Egypte. — Memphis.

Hauteur, 4 pouces.

1568 à 1570. Terre cuite. — Trois vases. (Ces objets sont omis dans les objets servant aux usages de la vie civile.) — Memphis.

1571. Terre émaillée. — Une forme plate et demi-circulaire : sur son pourtour est peinte en brun une légende hiéroglyphique, dans laquelle est répété un cartouche royal. — Memphis.

Hauteur, 2 pouces 6 lignes; largeur, 5 pouces 9 lignes.

1572 *et bis*. Quatre petites boules percées dans leur axe, et dont l'usage nous est inconnu. — Memphis.

1573. Verre. — Fragment d'un petit cylindre aminci sur l'un de ses bouts, et dont la masse, qui est bleue, est rubanée entièrement en émail blanc. — Thèbes.

1574. Bois. — Un petit bâton de forme cylindrique, chargé d'une colonne d'hiéroglyphes gravés en creux. — Memphis.

Hauteur, 8 pouces 3 lignes.

1575. Bois. — Un petit tube surmonté d'une fleur de lotus, et dont l'une des faces est chargée d'une inscription hiéroglyphique gravée en creux. — Memphis.

Hauteur, 8 pouces 6 lignes.

1576 et 1577. Bois. — Statuettes représentant deux prisonniers debout, et les bras attachés sur le dos. — Memphis.

Hauteur moyenne, 3 pouces.

1578. Bois. — Une espèce de plaque en forme de spatule ; ses faces sont chargées d'ornemens peints : sa partie supérieure est garnie de petites perles en terre cuite, qui sont enfilées. — Thèbes.

Hauteur, 6 pouces.

1579. Ivoire. — Un lion dévorant une gazelle : ouvrage en bas-relief, découpé à jour, et d'un grand style. — Thèbes.

Hauteur, 3 pouces; largeur, 5 pouces 6 lignes.

1580. Ivoire. — Un groupe représentant un roi debout, et qui frappe un ennemi vaincu. — Thèbes.

Hauteur, 2 pouces 2 lignes.

1581. Serpentine. — Un groupe. *(Spintrienne.)* — Memphis.

1582 et 1583. Pierre calcaire. — Deux petites colonnes à fleur de lotus, et de style égyptien, telles qu'on en voit dans les temples, à Hermopolis, Abydus, Thèbes, Ombos, etc, etc.

Chacune d'elles se trouve ornée par une légende hiéroglyphique en creux. — Abydus.

Hauteur, 2 pieds 2 pouces.

1584. Pierre calcaire. — Bas-relief représentant un lion debout et marchant à droite. — Philæ.

Hauteur, 3 pouces 6 lignes; largeur, 6 pouces.

1585. Pierre calcaire. — Forme circulaire, bordée d'un biseau : le dessus et le pourtour sont chargés d'hiéroglyphes sculptés en creux. — Memphis.

Diamètre, 1 pied 9 lignes.

1586. Pierre calcaire. — Bas-relief représentant une femme nue, debout, et les bras pendans. — *Appolinopolis magna*.

Hauteur, 5 pouces; largeur, 2 pouces.

1587. Pierre calcaire. — Un morceau de forme irrégulière, dont les faces opposées sont chargées d'une inscription grecque peinte en noir, et qui paraît appartenir aux temps du Bas-Empire. — Thèbes.

Hauteur, 3 pouces 6 lignes; largeur, 6 pouces.

1588. Basalte noire. — Une tête d'homme, dont la coiffure est partagée en petits flocons tordus. Fragment d'une statue. — Karnac.

Hauteur, 5 pouces.

1589. Matières diverses. — Six paires de doigts accouplés deux par deux, et dont l'emploi nous est inconnu. — Memphis et Thèbes.

Hauteur moyenne, 4 pouces.

1590. Bronze. — Statuette assise sur les talons : sa tête est couverte d'une grande mitre ornée d'un *Uræus*; ses mains, qui sont avancées, tiennent chacune un vase. Cette figure paraît représenter un roi. — Memphis.

Hauteur, 7 pouces 1 ligne.

1591. Bronze. — Autre figure comme la précédente, à demi-assise, et coiffée du *pschent*. — Memphis.

Hauteur, 7 pouces 3 lignes.

1592. Bronze. — Une petite tête d'aigle : en avant de sa base est un doigt humain qui est fléchi. — Hermopolis.

Hauteur, 3 pouces.

1593 et 1594. Cuivre. — Deux plaques talismaniques chargées de caractères grecs, arabes, etc. — Memphis.

Hauteur, 5 pouces. — *Idem* 4 pouces.

1595. Une bande en peau, dans laquelle sont enfilées trois grosses perles en terre émaillée. Cet objet a été trouvé au bras d'une momie. — Thèbes.

1596 *et bis*. Feuilles et branches de sycomore trouvées dans la chambre sépulcrale intacte.

1597. Cinq paquets de branches d'olivier unies ensemble, et découverts dans un tombeau à Thèbes.

1598 *et bis*. Deux tiges de papyrus, surmontées de touffes *d'épillets*. — Thèbes.

Hauteur moyenne, 5 pieds.

DESCRIPTION

DÉTAILLÉE

(PRÉCÉDÉE D'UNE INTRODUCTION HISTORIQUE)

DE LA DÉCOUVERTE

FAITE DANS LA NÉCROPOLIS

DE THÈBES,

PAR M. Jⁿ PASSALACQUA,

D'UNE CHAMBRE SÉPULCRALE INTACTE,

Dont les objets constituans se trouvent placés, dans sa galerie, de même qu'ils l'étaient, pendant tant de siècles, dans le souterrain à porte murée ;

PAR LE MÊME.

INTRODUCTION
HISTORIQUE.

J'espère que le lecteur qui voudra bien s'occuper de la description de ma découverte de la chambre sépulcrale intacte, ne trouvera pas déplacée une introduction qui, rappelant à sa mémoire les révolutions qui ont bouleversé l'Egypte, lui fasse connaître en même temps les contrariétés qui s'y opposent aux découvertes des antiquités. Il pourra, ainsi préparé, juger sous un vrai point de vue, un ensemble d'objets qui jadis sorti des mains de nos premiers maîtres, vient aujourd'hui tout à coup, de l'antiquité la plus reculée, nous frapper de surprise et d'intérêt par sa parfaite conservation, parmi tant de ruines, témoins incontestables du ravage et de la destruction qui le menacèrent de si près.

Personne n'ignore le fanatisme qui guida l'invasion de Cambyse en Egypte. Le voyageur s'arrête interdit devant ces colosses énormes, renversés et mutilés, devant ces monumens bâtis pour l'éternité, dont les restes mêmes semblent encore défier le temps, et à son dépit, le menacer d'une existence de nombre de siècles à venir. On dirait que la fureur d'un torrent de Barbares se soit en vain épuisée pour les détruire, après une série d'années d'inutiles efforts. Mais si les colosses, les obélisques, les temples, et les pyramides lui opposèrent une résistance en partie victorieuse, les nécropolis en portèrent la peine. L'enthousiasme d'une haine fatale, la soif des richesses dominaient les fiers vainqueurs. Ces passions dévastatrices, nourries plutôt qu'éteintes par la résistance opiniâtre de ces monumens magnifiques, dirigèrent tous les efforts et la fureur de l'ennemi, contre les habitations des particuliers, et principalement contre les tombeaux, où les Egyptiens étalèrent tant de luxe. Une destruction générale, un pillage complet, en furent les suites douloureuses.

Le peu de sépultures échappées par hasard aux recherches des Perses, ne furent pas entièrement respectées par les Macédoniens : une remarque répétée nous le témoigne. J'ai découvert plusieurs tombeaux dans lesquels des momies grecques, faciles à distinguer par la différence des enveloppes, par le style de leurs peintures, et surtout par des inscriptions dans leur idiome (1), étaient déposées soigneusement sur les reliques égyptiennes. Des cadavres mutilés, des cercueils en débris étaient épars dans les mêmes tombeaux, sans la moindre trace d'un soin amical porté à leur égard. Que si même de tels tombeaux eussent subi le ravage antérieur de la fureur des Perses, les Macédoniens, en y déposant leurs morts, n'auraient pas permis que les reliques des Egyptiens fussent foulées sous leurs pieds, en cas de leur moindre considération pour elles. Ainsi, sous le règne même des Lagides, l'Egypte ancienne ne fut pas exempte de destruction.

Les Romains, les Arabes, les Turcs et les Chrétiens contribuèrent tour à tour, et de même, à la déprédation des nécropolis, et à la dégradation ou au changement des monumens. Tous y laissèrent quelque indice plus ou moins marquant de leur dévastation.

Les observations faites dans les fouilles modernes en Egypte, et principalement à Thèbes, confirment que les tombeaux des anciens s'y divisaient en ceux des rois, en tombeaux particuliers de familles plus ou moins distinguées, et en tombeaux communs du public. Il paraît en outre, d'après l'inspection des ruines et des souterrains, que chaque rang ou classe de personnes avait une enceinte distincte dans la nécropolis; et comme ces distinctions devaient être bien marquantes au temps de l'invasion de Cambyse, il faut convenir, et les recherches modernes nous le prouvent, qu'on ne doit attribuer qu'au plus grand des hasards si quelque tombeau de conséquence resta inaperçu des Perses, qui se pressèrent d'y porter le pillage. C'est dans ceux-ci, parmi la terre et les ruines, qu'on a le bonheur de découvrir de temps en temps des

---

(1) Particularités qu'on peut remarquer dans ma galerie, sur la momie grecque 1544.

antiquités tantôt fragmentées, tantôt entières, et qui, estimées aujourd'hui par leur rapport avec les anciennes connaissances, étaient méprisées par les Barbares, qui, ne cherchant que des objets dont la valeur intrinsèque pouvait contenter leur cupidité, détruisaient tout le reste, n'abandonnant que par insouciance quelque produit de l'art aux recherches postérieures.

On ne découvre aujourd'hui dans leur état d'intégrité, que tout au plus des tombeaux dans les emplacemens destinés à des classes inférieures du peuple. Ces tombes ne présentent ordinairement aucun intérêt : une distribution symétrique de momies et de quelques objets funéraires, est tout ce qu'on peut espérer d'y trouver; aussi les destructeurs mêmes ne s'occupèrent pas trop à les rechercher.

Voilà les causes principales qui empêchent que les recherches de nos jours soient souvent couronnées de résultats intéressans, comme on pourrait s'y attendre. D'autres, non moins contrariantes, font bien fréquemment échouer les espérances les mieux conçues. Après qu'une longue continuation de fouilles vient soulager l'esprit de l'explorateur moderne, par la vue d'une entrée souterraine, dont les indices extérieurs lui annoncent à coup sûr que personne que lui ne s'en approcha, depuis que les anciens en avaient muré la porte, qui se montre dans sa première intégrité; il s'avance alors plein d'impatience, et, d'une main tremblante, aide à déblayer le passage; mais, hélas! presque toujours il ne fait que contribuer à se désabuser un moment plus tôt, des douces illusions qui, embellissant son imagination, lui présentaient déjà les plus belles découvertes là, où le temps rongeur, aidé par l'humidité, la chaleur concentrée, et le long cours des siècles, ne lui offrent plus, pour reste total des cercueils, des momies elles-mêmes, et de tout ce qui put être détruit par ces causes, que des monceaux de poussière noire, que le vent disperse, comme cette réalité cruelle anéantit ses espérances prématurées.

Les anciens produits de l'art, en bois, en papyrus, et toute autre matière d'une facile altération, si rarement bien conservés dans les endroits mêmes de parfaite sécheresse, ne sont plus reconnaissables dans les ruines et les catacombes de la Basse-Égypte, qui reste presque entièrement submergée par l'inondation du Nil, ou pénétrée par les eaux de la pluie; et depuis Memphis jusqu'en Nubie, on ne peut espérer d'en découvrir tout au plus que près des emplacemens respectifs des grandes villes de l'antiquité, dans les positions élevées, sur les montagnes des deux chaînes qui côtoient l'Egypte supérieure.

Autant de causes destructives rendent les recherches extrêmement douteuses et pénibles; elles démontrent avec évidence en même temps, que le hasard le plus extraordinaire doit les favoriser, pour les dédommager par la découverte d'un tombeau intéressant, de quelque ancien Egyptien de distinction, qui, après avoir échappé aux recherches minutieuses des nations ennemies, ait pu de même se soustraire, pendant tant de siècles, à toutes les causes qui tendaient continuellement à en détruire les objets constituans, surtout si ceux-ci étaient de bois, comme le cas se vérifie dans la chambre intacte que j'ai découverte, parfaitement bien conservée, et heureusement unique dans tout ce qu'elle renfermait.

La magnificence plus ou moins considérable des ruines dans la nécropolis de Thèbes, indique aux explorateurs modernes les endroits où ils peuvent espérer de découvrir quelque tombe intéressante. Tels environs sont tous soigneusement fouillés, et mis récemment sens dessus dessous, depuis l'expédition mémorable des Français. Mais toutes ces recherches ne produisirent que les découvertes d'une infinité de tombeaux jadis ouverts, et spoliés. Le hasard guida mes fouilles, parmi tant de ruines, dans une position des plus bouleversées, où j'ai eu le bonheur de découvrir la chambre sépulcrale murée, et dans son état d'intégrité.

Le tombeau n'avoit pas échappé aux recherches des anciens, qui avaient porté la destruction jusqu'à la porte de cette chambre; mais, creusée dans une position non ordinaire, elle s'étoit soustraite à leur vue par cette heureuse combinaison. Le destin me réserva sa découverte: j'y entrai; et le moment où j'aperçus les objets qu'elle renfermait, fut un des plus délicieux de mon existence.

J. P.

DESCRIPTION

DE LA DÉCOUVERTE

D'UNE CHAMBRE SÉPULCRALE

INTACTE

DES SOUTERRAINS

DE LA NÉCROPOLIS DE THÈBES.

L'INSPECTION des ruines et des tombeaux d'une grande vallée au centre de la nécropolis de Thèbes (1); sa position au pied des montagnes où les anciens Egyptiens déposèrent jadis les dépouilles mortelles des Pharaons, avaient attiré depuis long-temps mon attention. Je me plaisais à revenir chaque jour parmi ses décombres, pour diriger les fouilles d'un nombre assez considérable d'Arabes, que j'avais destinés uniquement pour poursuivre mes explorations dans cette vallée, malgré les marques du plus grand bouleversement, dont ses ruines portaient le témoignage le plus évident. Aussi les recherches employées durant plusieurs années par MM. Drovetti, Salt et Belzoni (2) n'y furent couronnées que très-rarement par quelque relique d'antiquités, éparse et abandonnée dans les tombeaux jadis violés, qu'ils parvinrent à y découvrir. Ces

---

(1) Voyez mes dessins coloriés, exposés dans la galerie, I.

(2) Les deux premiers, consuls-généraux français et anglais en Egypte, ont fait les fouilles les plus considérables à Thèbes, après l'expédition des Français. La collection de M. Drovetti principalement, très-remarquable par les objets colossaux, et les manuscrits qu'elle contient, appartient maintenant au roi de Sardaigne, et contribue à la splendeur actuelle de Turin, où la plupart des étrangers se portent pour la voir et pour l'examiner. Le docte Champollion y est pour l'étudier. Celle de M. Salt, non moins considérable sous le même rapport, a

vérités alarmantes ne m'effrayèrent pas. Animé par l'idée qu'un passage artificiel aux tombeaux des rois, à travers de la roche, devait exister au fond de cette vallée, j'y fis pendant long-temps des recherches inutiles. Contrarié par des obstacles continuels, et trop dispendieux, je me bornai à faire poursuivre mes explorations, par le même nombre d'Arabes, parmi les ruines et les tombeaux de cette vaste enceinte, tandis que le reste de mes ouvriers continuait mes fouilles sur différens autres points de la nécropolis.

Un jour (c'était vers la fin du mois de novembre 1823), parcourant plusieurs souterrains de ladite vallée, autour d'un point (1) où la terre sembloit n'avoir pas été remuée depuis bien long-temps, je conjecturai que ces cavernes praticables n'aboutissaient d'aucune part sous le local indiqué. J'y fis aussitôt creuser un trou par quelques coups de pioche ; et étant parvenu à y enfoncer un bâton jusqu'à environ cinq pieds de profondeur (2), je fus convaincu que la roche était creusée sous mes pieds. Les Arabes se mirent au travail. Cinq à six pieds de fouilles présentèrent en effet le puits ou canal rectangulaire qui annonçait le tombeau, et qui descendait à-plomb, ayant la ligne diamétrale de sa longueur du nord au sud. L'espoir dont une pareille vue avait flatté mon imagination, m'avait trop souvent trompé, pour ne pas craindre de l'être de même ici.

A la profondeur d'environ six pieds dans le puits, on s'aperçut d'une entrée dans la paroi ou extrémité du sud (3). Je la fis déblayer de la terre qui en encombrait le passage; mais y étant entré, je m'aperçus bientôt que les hommes et le feu y avaient tout détruit. L'évidence en était prouvée par des débris de cercueils en partie réduits en charbon, et par des restes de deux momies dans l'état le plus pitoyable, confondus et mêlés avec le sable, la terre et des briques crues, qui jadis bouchaient la porte de cette chambre sépulcrale.

été expédiée successivement à Londres, et une partie s'en trouve actuellement à Livourne. L'infortuné Belzoni a contribué aux explorations de M. Salt. On lui doit la découverte du plus beau tombeau des rois à Thèbes, mais malheureusement jadis violé et spolié, et l'ouverture de la seconde pyramide de Ghizéh, ou Memphis.

(1) Des. col. I, 4.
(2) C'est la manière ordinaire de tâter le terrain dans les fouilles.
(3) Des. col. II, 2.

Les anciens tombeaux de Thèbes, que je nommerai de familles, sont ordinairement comme le précédent : un puits rectangulaire, des dimensions nécessaires pour y descendre horizontalement les cercueils, est creusé dans la roche de grès ou de calcaire. A dix, vingt pieds, plus ou moins, de profondeur, est creusée, dans une des parois des extrémités, la chambre sépulcrale dans l'intérieur de la montagne; et si le tombeau est pourvu de deux chambres, elles se trouvent au même parallèle, dans les deux parois opposées, ayant leurs portes vis-à-vis (1).

Cette observation, consolidée par de nombreux exemples, induisit les Arabes à cesser cette fouille, aussitôt qu'ils s'aperçurent que la tombe, déjà découverte, était spoliée, et que la paroi opposée se présentait exempte d'entrée. Heureusement les anciens qui avaient jadis porté la destruction dans ce tombeau en eurent la même idée. Hélas ! quelques instans de leurs fouilles encore, et c'en était fait des précieuses reliques qui là-dessous n'étaient plus garanties que par un monceau de terre.

Je ne fus pas content d'abandonner ainsi cette exploitation. Ma longue branche de palmier m'informa bientôt qu'il y avait encore de la terre à ôter. Je fis par conséquent continuer la fouille, sans avoir pourtant l'espoir d'y faire une découverte intéressante, qu'à mon tour je croyais impossible dans ce tombeau.

C'était l'après-midi du 4 décembre 1823. Une demi-heure ne s'était pas encore écoulée depuis que les Arabes avaient repris le travail, lorsque, dans la paroi opposée, on aperçut le haut d'une porte murée. Bientôt, par des efforts redoublés, on parvint à la découvrir à moitié. Je ne pouvais revenir de ma surprise : mon cœur battait vivement ; mais je craignais de me livrer trop tôt à ma douce illusion.

Un sentiment inexplicable s'empare de nous lorsque nous sommes sur le point de voir se réaliser un bonheur trop long-temps attendu. L'espoir et la crainte nous tourmentent tour à tour, et nous obligent malgré nous à prolonger les instans d'une cruelle incertitude.

---

(1) Les Egyptiens, jaloux de cacher les tombeaux après avoir déposé les momies dans les chambres sépulcrales des tombes particulières, en muraient les entrées, remplissant le puits de terre et de débris de pierres, jusqu'à en couvrir la surface. Ma découverte de la chambre, que le hasard me réservait dans son intégrité vient à l'appui de cette remarque.

Dans cet état, j'eus la patience de voir exporter toute la terre qui encombrait encore le puits (1). J'étais dans une perplexité étonnante. J'avois une envie démesurée de voir la porte abattue, et je n'osais néanmoins en ordonner l'exécution. Mais le chef des Arabes à cette fouille, m'ayant averti pour la seconde fois que le puits était entièrement vidé, il fallut m'y résoudre. J'y fis descendre Mohammed, domestique qui avait gagné ma pleine confiance par son attachement, lui ordonnant d'ôter avec précaution par le dehors, quelques-unes des briques qui bouchaient la porte, et d'observer si les objets renfermés méritaient que j'allasse l'y rejoindre. A peine eut-il le temps d'introduire un flambeau et sa tête par le trou pratiqué dans le mur, qu'il poussa des cris qui m'épouvantèrent au premier abord, craignant que quelque malheur ne lui fût arrivé. Mais bientôt après, se retirant de l'ouverture, il me fit comprendre sa surprise et sa joie par des exclamations répétées; puis, me pressant de descendre : « Venez, venez, me dit-il, vous verrez les objets » les plus curieux que jamais les fouilles aient découverts dans nos » ruines; » et sa longue expérience, et les traditions des anciens du village le mettaient à même d'en juger ainsi. On peut se figurer si, après une telle invitation, j'eus la patience d'attendre qu'on m'apprêtât des échelles ou des cordes pour descendre au fond du puits. Introduisant successivement mes pieds et mes mains dans les fentes de la roche, sans égard à la terre qui tombait d'en haut, et sans donner aux Arabes étonnés le temps de m'aider, je fus d'un clein-d'œil devant la porte encore aux deux tiers murée. Guidé par la plus vive impatience, je me presse de contenter mon regard avide; mais mon œil, choqué par le passage rapide du grand jour aux ténèbres du tombeau, trompe mon attente, et exige une pose. Je me hâte d'élargir l'entrée : je m'introduis non sans gêne, et me voilà enfin dans la chambre sépulcrale, où une chaleur étouffante vient aussitôt m'accabler d'une forte transpiration.

La chambre était très-basse; il fallut me tenir courbé. Elle n'était creusée que d'une capacité nécessaire pour contenir les objets auxquels elle était destinée : aussi ne pouvais-je m'avancer sans craindre de déplacer ou gâter quelques parties de ces précieux restes de l'antiquité la plus reculée.

Dans le transport de la joie la plus pure dont j'étais saisi, j'allais m'emparer du premier objet que j'avais devant mes yeux; mais à l'instant même un sentiment d'un respect religieux s'empara de moi, et me

---

(1) Des. col. II, 1.

retint. Je n'osais toucher ces précieuses reliques qui, par la bizarre combinaison des événemens d'ici-bas, attachaient, par mon entremise, un anneau du présent à une chaîne brisée, et couverte par au moins trente siècles d'oubli ! Comment décrire l'agitation douce et profonde que mon âme éprouva dans ce moment délicieux, où le flambeau, qui me servait pour éclairer la tombe, dissipait devant moi une nuit dont la durée contenait tous les fastes et les chutes qui enrichissent l'histoire, depuis Busiris jusqu'à nos jours ! Que de nations, que de règnes s'étaient suivis ! Que de peuples s'étaient disputé l'empire du monde, et étaient rentrés dans le néant, presque devant la porte de ce sanctuaire de l'antiquité, où des types de nos connaissances, faibles produits des hommes les premiers civilisés, avaient néanmoins bravé les siècles, et étaient parvenus intacts jusqu'à nous, en dépit du temps, du ravage et de la destruction ! Quel contraste frappant entre les ruines immenses des œuvres gigantesques *en granit* du dehors, et l'intégrité des objets *en bois* dans ce souterrain, que le destin semblait m'avoir légués dès la nuit des temps qui se perd dans le vaste horizon de l'histoire !!

Revenu de mon transport, mon premier soin fut de tracer le plan et les dessins du tombeau, et de cet ensemble d'objets qui forment la découverte de nos jours la plus intéressante, et la plus curieuse dans les recherches des antiquités égyptiennes (1).

Je m'empressai aussi de faire appeler M. John Madox, de Londres, que la curiosité retenait à Thèbes, et le sieur Janny d'Atanasy, agent

---

(1) Les explorations des respectables savans de l'expédition d'Egypte, tarirent la source de toute nouvelle découverte dans ce pays classique. La topographie, l'architecture, la zoologie, la botanique, et enfin toute science connue qui pouvait trouver un sujet digne d'attirer son attention, y ont moissonné les plus beaux fruits de leurs recherches, et forment l'ouvrage immortel qui est peut-être le trophée le plus intéressant que jamais une expédition militaire ait remporté de ses conquêtes.

Les seules fouilles dans les nécropolis pouvaient encore faire espérer quelque nouvelle découverte, puisque les savans qui avaient si bien employé leur temps jusqu'au dernier moment de leur trop court séjour en Egypte, furent par cela même empêchés de s'en occuper sérieusement. Né à Trieste, presqu'à la même époque de leurs estimables travaux dans la terre des Pharaons, ce ne fut qu'environ vingt ans après

aux fouilles de M. Salt, afin qu'ils pussent profiter d'une vue si touchante. Leur surprise égala la mienne, et leurs félicitations s'unirent à celles des Arabes qui s'étaient rassemblés en foule autour du tombeau, dont je passe à donner une description détaillée.

Sous cinq à six pieds de terre et de sable, commençait le puits rectangulaire et parallélogramme, creusé à-plomb dans la roche de calcaire (1). Dans sa paroi, ou extrémité du sud, à environ six pieds de profondeur, se trouvait l'entrée de la tombe jadis ouverte et brûlée (2). Le sommet de la porte murée était dans la paroi opposée, presqu'à la même profondeur où celle de la première finissait. La chambre sépulcrale intacte qu'elle renfermait avait plus de largeur que le puits, et était creusée quelques pouces plus bas que lui, de manière que, passant du puits à l'intérieur, on descendait une petite marche. Ayant enlevé entièrement les briques crues qui en muraient l'entrée, la tombe se présenta dans son état d'intégrité, avec toute sa pompe primitive (3). Cette chambre sépulcrale, creusée dans la montagne pour les objets que j'y découvris, n'avait que les dimensions nécessaires pour les contenir (4). Au milieu, à égale distance des deux parois latérales, quoique très-proche de celle opposée à l'entrée, étaient placés, ornés de riches pein-

---

que le sort me guida en Egypte. Mes recherches dans ses anciennes ruines, sans autre appui que mes propres et très-faibles moyens, y furent néanmoins couronnées du plus heureux résultat; et je dois au hasard une collection d'antiquités qui diffère de toute autre réunion ou cabinet de ce genre en Europe, par la variété de nombreux objets inconnus de l'art égyptien, et surtout par cet ensemble de ma chambre sépulcrale intacte, qui, sans contredit, forme la découverte la plus bizarre et la plus intéressante dans l'exploration des antiquités souterraines en Egypte, après le départ de l'armée française.

(1) Longueur, 9 pieds; largeur, 3 pieds 8 pouces; profondeur, 12 pieds. Voyez Des. col. II.

(2) Hauteur, 3 pieds; largeur, 3 pieds 6 pouces; profondeur, 8 pieds 6 pouces. Voyez Des. col. II.

(3) Des. col. III. Le lecteur pourra se convaincre de la fidélité de ce dessin colorié, en se plaçant vis-à-vis des objets mêmes qui en composent l'essence, et qui se trouvent placés dans ma galerie, absolument dans la même position respective dans laquelle les siècles et la destruction les ont respectés dans le tombeau à Thèbes.

(4) Haut., 4 pieds; larg., 5 pieds 6 pouces; profondeur, 9 pieds 6 pouces.

tures, trois grands cercueils en bois (1), concentriques ou emboîtés l'un dans l'autre, dont le dernier renfermait la momie. Aux deux côtés, étaient placés les objets suivans, déposés par terre, le long des cercueils; à droite, en entrant (2) : une tête naturelle de bœuf appuyée de face, au fond, de même que quatre grands vases de terre, sur la paroi à droite. Deux bâtons de bois se trouvaient placés près de la première, qui avait devant elle tous les os de l'épaule droite du bœuf, avec l'omoplate, etc.; et dans l'espace qui séparait les vases des cercueils, se trouvaient, près des os, deux grands plats de terre l'un sur l'autre, remplis d'une espèce de petits gâteaux de pâte noirâtre, placés sur des lits de petites branches de sycomore, garnies de leurs feuilles, dont la conservation, non moins parfaite que celle de tout l'ensemble de cette tombe, était, et est étonnante. Entre ces deux plats, et un troisième garni de même, et placé tout-à-fait au devant, se trouvait une statuette en bois représentant une femme debout.

Du côté gauche (3) étaient placés, le long de la paroi et des cercueils, et de même par terre, une autre statuette, comme la précédente, entre deux barques, dont nous verrons la description plus bas, avec celle des autres objets.

Entre l'extrémité du grand cercueil et la paroi de la chambre, on avait laissé au fond l'espace nécessaire pour y placer un chevet en bois.

La momie mâle, déposée dans le troisème cercueil, et pourvue de quelques ornemens, avait une petite statue en bois sur son cœur (4).

Toutes ces antiquités étant numérotées ensuite du catalogue, j'en donnerai la description particulière à chacune, suivant leur numéro, indiquant la suite des dessins respectifs que j'en ai fait sur lieu, et qui représentent ces objets tels que je les ai découverts, et tels qu'ils sont placés dans la galerie, sur un plan élevé, portant la longueur et la largeur positives de la chambre sépulcrale qui les contenait (5).

---

(1) Des. col. VIII, IX et X.
(2) *Id.* V.
(3) *Id.* VI.
(4) *Id.* XVI, 1 et 2.
(5) Le second et le troisième cercueils, de même que les objets déposés anciennement dans ce dernier, étant jadis dans l'intérieur du plus grand, sont nécessairement exposés séparés dans la galerie. Ils seraient cachés par le cercueil extérieur, si je les avais placés de même que je les ai découverts.

Objets à droite du cercueil.

1599. *Tête naturelle de bœuf.* — Il est facile de s'apercevoir qu'elle n'a pas eu les honneurs de l'embaumement. Loin d'être la tête d'Apis, taureau sacré, elle ne l'est que d'un bœuf immolé au salut du défunt, duquel les Égyptiens pensaient détourner par-là tout le mal à venir, chargeant d'imprécations la tête de la victime, sur laquelle tout le malheur prédestiné devait s'accomplir.

1600. *Os de son épaule droite.* — Celle-ci étoit une offrande ordinaire aux divinités, comme on pourra l'observer sur plusieurs bas-reliefs et peintures dans ma galerie. Il paraît qu'elle fut déposée dans ce tombeau comme telle, pour impétrer la clémence des dieux en faveur du mort.

1601 et 1602. *Deux bâtons en bois* (1), dont l'un est orné à son extrémité supérieure par un croissant ou deux cornes. Dans les représentations des convois funèbres, peints ou sculptés dans plusieurs tombeaux à Thèbes, on voit de tels bâtons dans les mains des prêtres.

1603 à 1606. *Quatre grands vases de terre*, larges de ventre, et de forme presque ovale, ayant un col étroit, surmonté d'un bouchon de terre (2). — On reconnaît aisément le limon du Nil dans les restes qu'ils contiennent au fond; ce qui prouve qu'ils furent jadis déposés dans ce tombeau rempli d'eau de ce fleuve, laquelle, en s'évaporant, déposa la terre et le sable dont elle est toujours plus ou moins remplie.

1607 à 1609. *Trois grands plats*, ou larges coupes de terre (3), remplis d'une espèce de gâteaux de pâte noirâtre, déposés sur un lit de petites branches de sycomore garnies de leurs feuilles. — Hérodote et Diodore de Sicile nous apprennent « que, durant les quarante ou soixante-dix » jours de deuil, depuis le décès du défunt jusqu'à son inhumation, les » parens du mort s'abstenaient de vin et de toute nourriture délicate. » Il paraît que les parens du défunt ont déposé dans cette chambre sépulcrale les susdits vases remplis d'eau, et ces plats de pâte, pour témoins de leur pieuse abstinence.

1610. *Statuette en bois de sycomore, et peinte*, représentant une femme (4) debout, tenant d'une main un vase à libation, et soutenant de l'autre, sur sa tête, une boîte en forme de pyramide tronquée et renversée, sur

---

(1) Hauteur moyenne, 3 pieds 9 lignes.
(2) *Idem*, 1 pied 8 pouces.
(3) Diamètre moyen, 1 pied 1 pouce.
(4) Hauteur, 2 pieds 1 pouce.

laquelle on voit en relief l'offrande de l'épaule de bœuf, et sur son pourtour trois légendes d'hiéroglyphes peints. Elle n'est vêtue que par une jupe blanche, serrée à la ceinture, et soutenue aux épaules par deux bretelles. Sa poitrine se présente nue, et sur son front sont peintes des marques de boue, dont les Égyptiens se salissaient le visage et la tête à la mort d'un parent. Ces signes de deuil, indiqués par Hérodote, rendent d'autant plus remarquable cette statuette.

1611. *Chevet en bois* placé derrière le cercueil, et qui, sans doute, aura servi au défunt, de son vivant.

Objets à gauche.

1612. *Autre statuette en bois de sycomore, et peinte* (1). — Femme dans la même attitude que la précédente, et avec les mêmes signes de deuil, ayant de plus, pendant de son bras gauche, un objet en bois qui représente un miroir recouvert de la peau de bœuf : elle porte un vase à libation à la main, une pareille boîte que la précédente sur sa tête, et qui est ornée au-dessus par la peinture de différentes offrandes : plusieurs caractères la distinguent, et font entrevoir que jadis on a voulu, par elle, indiquer une parente du mort plus distincte que la précédente : peut-être doit-elle représenter sa femme, et l'autre sa fille. Elle est plus haute que le 1610; et on sait que les Égyptiens distinguaient le rang élevé d'un personnage par sa grandeur comparative dans les bas-reliefs et dans les peintures. Sa jupe est peinte en rangs d'écailles successivement rouges et vertes; caractères qui distinguent ordinairement, dans les tombeaux de Thèbes, les habits des déesses et des reines. Sur ces bras, sont peints de riches bracelets, et le bas de ses jambes est orné de même; ses pieds sont chaussés de sandales. — L'autre statuette, au contraire, a la jupe blanche, ses bracelets très-simples, et les pieds tout-à-fait nus. En outre, les légendes hiéroglyphiques sont tracées en noir sur la boîte de celle-ci, tandis que celles sur la plus grande le sont en rouge (2). J'observerai, en passant, qu'ayant découvert, dans la cham-

---

(1) Hauteur, 2 pieds 5 pouces.

(2) Ce dernier caractère distinctif, qui donne le dessus au rouge sur le noir, paraît devoir nous prouver définitivement que les inscriptions de la première couleur, entremêlées dans presque tous les manuscrits égyptiens, tant démotiques que hiératiques et hiéroglyphiques, dont le texte est toujours tracé en noir, doivent contenir des noms, ou des passages les plus marquans et les plus respectés de ces écritures.

bre supérieure et brûlée de ce tombeau, les restes de deux momies, je crois pouvoir conjecturer, d'après ces deux statuettes, répétées en attitude de désolation près de la momie, sur la barque 1613, que les deux parentes du défunt, qu'elles doivent représenter, ayant à leur tour payé le tribut à la nature, ont été ensevelies dans cette chambre, creusée postérieurement dans le même tombeau, pour elles, dans un parallèle non ordinaire.

1613 et 1614. *Deux barques* sculptées en bois de sycomore, et peintes, pourvues de leurs agrès, et surmontées de figurines.

Quoique presque chaque objet que j'ai découvert dans la chambre sépulcrale intacte ait des formes et des caractères inconnus dans les antiquités égyptiennes, on devra sans doute avoir un égard particulier pour les mêmes avantages qui se vérifient dans ces deux modèles des premières barques, qui nous donnent une idée positive de la plus ancienne navigation sur le Nil, à l'appui de laquelle nous n'avons que des transcriptions trop générales et vagues, ou des peintures et bas-reliefs sur les anciens manuscrits et sur les monumens (1), qui n'aident que très-peu nos observations par un dessin trop incomplet, et par la représentation de barques allégoriques du culte égyptien, qui diffèrent beaucoup, comparaison faite, de celles jadis réellement en usage près des Égyptiens.

Le 1613 (2) nous fait connaître les barques qui servaient sur le Nil au transport des momies d'une ville à l'autre. Le 1614 (3) est le modèle de celles qui servaient jadis pour voyager. Toutes deux représentent un convoi funèbre sur l'eau. Elles n'ont de commun, en outre, que la proue, et la poupe très-élevée, et le fond de la quille ou corps de la barque aplati, comme l'ont ordinairement toutes celles des fleuves, même de nos jours.

Le 1613, servant au transport des momies, a deux grands bras de bois fortifiés debout, l'un sur la proue, l'autre sur la poupe, tout-à-fait à leurs extrémités, qui finissent presque en pointe. Il paraît évident que ces deux bras servaient pour attacher la corde par laquelle, au besoin, on tirait la barque en remontant le fleuve, afin d'empêcher qu'on troublât

---

(1) Voyez, pour exemple : les représentations des barques peintes et sculptées sur les manuscrits déroulés 1425 à 1430, sur le cercueil 1541, et sur les stèles 1364 et 1385.

(2) Distance directe de l'extrémité de sa proue à celle de sa poupe, 2 pieds 8 pouces 6 lignes.

(3) *Ut suprà*, 3 pieds 1 pouce.

le repos du défunt par le bruit des rameurs ; dont elle est par conséquent dépourvue, de même que de mât pour la voile. Quels soins touchans, quels égards religieux n'avaient-ils pas, ces Égyptiens respectables, pour les dépouilles mortelles mêmes de leurs chers parens ! « L'âme reste attachée au corps jusqu'à son entière dissolution. » Ce dogme de religion leur servait de garantie pour l'importance de tant de pieuses formalités.

Au centre de la barque, se trouve la momie mâle, étendue sur un sofa, dont les quatre pieds présentent les quatre jambes d'un lion ; un dais, de la forme des *Naos*, la défend des rayons du soleil ; il est orné au-dessus d'une légende d'hiéroglyphes, et soutenu par six bâtons peints successivement en rouge, noir, blanc et vert. Placées debout aux deux extrémités de la momie, deux femmes, dont l'une a les cheveux tombans sur le visage, étendent leurs bras sur elle, et semblent indiquer par leur attitude la désolation qui les domine. Quatre prêtres sont assis par terre, aux quatre angles du sofa ; un autre debout, tenant un manuscrit déroulé devant lui, semble lire l'oraison funèbre, tandis qu'un sacrificateur, le couteau à la main, immole le bœuf, qui gît lié à ses pieds. Tout-à-fait à la proue, un homme debout, et le bras droit étendu, semble inspecter le libre passage de la barque. Le patron (1) à la poupe la dirige, assis entre deux gouvernails, dont la forme est celle de deux grandes rames très-larges, aplaties, presque ovales dans la partie du bas, et prolongés, en forme de mât, d'un tiers de leur longueur jusqu'aux extrémités supérieures, qui se trouvent ornées de têtes d'éperviers, de même que celles de deux mâts ou supports très-élevés qui les soutiennent aux extrémités. Ils descendent, des deux côtés de la poupe, en ligne diagonale dans l'eau ; deux leviers, fortifiés dans un trou dans leurs parties supérieures, viennent s'unir aux deux bouts d'un bâton, placé horizontalement dans les mains du patron, qui, par lui, fait jouer les deux gouvernails. Cette barque est peinte en vert au dehors, avec la distinction d'une nuance beaucoup plus foncée à ses extrémités. Servant aux cérémonies religieuses, elle porte peints et encadrés dans un fond jaunâtre, aux deux côtés de la partie antérieure, deux grands yeux d'*Osiris*, première divinité de l'*Amenti*, ou enfer, qui sont répétés sur les

---

(1) A juger de sa longue tunique blanche, il paraît un prêtre, tandis que le patron, debout au gouvernail de l'autre barque, n'a qu'une jupe ou une espèce de caleçon, comme ses matelots.

parties plates des gouvernails, ornés de fleurs de lotus. Dans la barque, l'on voit déposés la planche pour descendre à terre, les piquets pour l'amarrer, et la massue pour les enfoncer.

Il est à remarquer que cette barque, qu'on doit présumer tirée, en cas de besoin, par une corde attachée au devant, a la proue sensiblement plus haute que la poupe, tandis que la seconde, 1614, qui va aux rames et à la voile, a la partie inférieure plus élevée que le devant.

La barque 1614 est pourvue d'un mât et de deux vergues pour la voile (1), mais mis bas, réunis, et placés de son long, posant d'un bout sur la proue, et soutenus au centre à une hauteur sensible, par un support planté droit dans le trou destiné pour le mât au centre de la barque. Le patron, debout à la poupe, la dirige par un seul gouvernail dont la forme est celle des précédens, mais de dimensions beaucoup plus fortes. Cette différence est la même dans le support qui le soutient à l'extrémité supérieure, le laissant tomber en pente dans l'eau, appuyé au milieu de la poupe. Un levier, comme dans la barque précédente, descend du haut du gouvernail, et est retenu par le patron. Des feuilles et des fleurs de lotus ornent la partie inférieure du second; mais le gouvernail et la barque se trouvent de même dépourvus de l'œil d'Osiris et de toute autre représentation allégorique, excepté des légendes hiéroglyphiques qui sont tracées en noir sur le devant de chaque personnage des deux barques (2). Seize matelots, assis successivement huit de chaque côté, le dos tourné vers la proue, sont supposés conduire celle-ci, les rames à la main. Sur le devant, un homme debout et le bras gauche étendu, semble faire attention au passage, comme celui sur la proue de l'autre barque. Entre les matelots, l'on voit une femme occupée à laver un linge blanc, dans un lavoir carré, ayant sur le devant un récipient rond, pour recevoir l'eau sale. Derrière elle, un homme debout tient les mains croisées dans une large coupe soutenue par une espèce de tonneau. Un autre, enveloppé dans une tunique blanche, est assis sur un siége très-bas, mais qui se distingue par sa couleur de ceux des matelots, dans une petite chambre à voûte, fortifiée vers la poupe, entre les derniers matelots, et sur laquelle on a indiqué au dehors, et en peinture, la peau du bœuf sacrifié, et liée sur la paroi gauche.

---

(1) Un mât seul, et deux vergues d'égale longueur, nous prouvent que la voile de telles barques était carrée.

(2) Voyez Des. col. VII.

Tous les hommes, sur les deux barques, ont le teint rouge, tandis que les femmes et la momie l'ont d'une couleur jaunâtre. Cette distinction du sexe et des personnages marquans, se voit souvent dans les anciennes peintures égyptiennes.

Tous les susdits détails de cérémonies et de manœuvres, unis à l'observation qu'aucune figure allégorique ne se trouve sur les deux barques, prouvent qu'elles sont les modèles fidèles de celles réellement en usage chez les Égyptiens; avec la représentation de la cérémonie complète d'un convoi funèbre sur le Nil.

La rapidité de son courant empêche qu'on remonte ce fleuve aux rames, desquelles on ne se sert que pour descendre le Nil ou pour le traverser. En suivant le courant, on descend le mât, et l'on ne se sert de la voile que pour monter le Nil, ou pour passer d'un rivage à l'autre (1). Ces faits prouvent qu'on a voulu jadis indiquer par les dispositions de la barque 1614, qu'elle provenait d'une ville située plus haut que Thèbes, où la momie a été transportée par la barque 1613; qui de même semble suivre le courant, abandonnée au fleuve, et dirigée par conséquent avec plus de force par deux gouvernails (2).

Hérodote, liv. II, dit « que les parens et les amis du défunt laissaient croître leurs cheveux durant le temps prescrit du deuil. » Sur les deux barques, non-seulement les matelots, mais les prêtres mêmes, remarquables principalement par leurs longues tuniques

---

(1) Il n'y a que les grosses barques arabes de transport qui gardent une de leurs trois ou quatre voiles en descendant le Nil, et dont elles se servent principalement pour s'éloigner des rivages, qu'elles redoutent à cause de leur poids énorme, et de la mollesse du limon, dans lequel une fois engagées, on ne les retire qu'avec une peine extrême.

(2) Il est certain qu'on transportait jadis des momies des autres villes de l'Egypte, pour avoir l'avantage recherché d'être ensevelies à Thèbes. M. Salt y découvrit dans ses fouilles une momie sur laquelle on avait déposé un manuscrit grec qui la regardait, et qui le prouve. « Un individu d'Hermontis écrivait au gendre du défunt, lui rappelant » sa promesse, faite au temps de son mariage avec la fille du mort, de » procurer, au décès du père, son inhumation près du temple de Memnon; qu'il lui envoyait pour cela les dépouilles mortelles de la personne en question, par le patron tel, auquel il avait déjà payé le » passage. » Cette momie fut réellement découverte près du temple susdit. Le manuscrit doit se trouver dans le musée de Londres.

blanches, ont la tête couverte de longues chevelures. Cette observation ne pourrait-elle pas nous démontrer que c'était un de leurs collègues, supérieur et distinct, qu'ils sont censés pleurer et accompagner à la tombe? Les deux bâtons de prêtre déposés dans ce tombeau, comme d'autres objets d'art, près de plusieurs momies, pour indiquer leur profession de leur vivant, semblent venir à l'appui de cette hypothèse. Aussi voit-on les hiéroglyphes symboliques de *grand-prêtre* (1) sur le manuscrit que l'individu tient dans ses mains devant la momie, sur la barque 1613. Ces hiéroglyphes sont répétés plusieurs fois sur les trois cercueils, avec les noms de différentes divinités (2) dont le défunt semble avoir porté le grade de ministre religieux.

D'après toutes ces observations, je crois pouvoir hasarder la conjecture que *la chambre sépulcrale, découverte dans son intégrité, était celle d'un grand-prêtre d'une ville placée au-dessus de Thèbes.* Je soumets, du reste, mes faibles dissertations aux talens éclairés des savans qui s'occupent de l'antiquité, m'estimant très-heureux de pouvoir contribuer, par les découvertes dont le hasard favorisa mes recherches, à rappeler sur l'ancienne Egypte l'attention des savans de la fameuse expédition; flatté de l'intérêt et des suffrages que déjà plusieurs de ces estimables Messieurs, et plusieurs de leurs savans collègues de l'Institut de France et d'autres académies littéraires, ont bien voulu accorder à mes découvertes (3).

---

(1) Inscription de Rosette, et tableau explicatif du précis des hiéroglyphes, par M. Champollion le jeune, 306.

(2) Selon le même précis de M. Champollion.

(3) On devra sans doute considérer comme un témoignage valable de tels suffrages, les notices et les comparaisons scientifiques, les traductions et les analyses chimiques sur mes antiquités, dont se sont occupés plusieurs savans respectables, et qui se trouvent insérés à la fin de ce catalogue; sans excepter les articles très-flatteurs qui ont paru sur mes recherches dans presque tous les journaux littéraires de Paris; un rapport très-étendu sur mes antiquités, par M. le chevalier Alexandre Lenoir, présenté par lui-même à Sa Majesté, etc. etc.

Rendant un hommage de reconnaissance aux suffrages des savans, j'ajouterai que la Société royale académique des Sciences de Paris, dans sa séance du 9 décembre passé, a bien voulu me décerner une médaille, et m'honorer du titre de son membre associé, après avoir entendu le rapport d'une commission nommée *ad hoc*, pour examiner les pro-

Objets placés au milieu et le long de la chambre.

1615 à 1617. *Trois grands cercueils en bois*, et richement peints, emboîtés l'un dans l'autre, et jadis déposés à égale distance des deux parois latérales de la chambre sépulcrale.

L'extérieur des cercueils égyptiens présente ordinairement l'effigie des momies elles-mêmes (1). Quelques-uns furent découverts de forme rectangulaire, ayant cependant les couvercles bombés ou cintrés, comme celui du coffre extérieur de la pharmacie 506. Mais jusqu'à présent tous les cercueils en bois ou en pierre, et même les sarcophages en granit, etc., qu'on a pu arracher à l'oubli, ne portent peintes ou sculptées que les représentations plus ou moins variées des scènes funéraires ou religieuses, des offrandes aux divinités, etc., accompagnées de légendes hiéroglyphiques (2). Aussi le père de l'histoire nous apprend-il que « les cercueils, chez les Egyptiens, étaient préparés » d'avance, et qu'on les achetait au besoin. » Les trois cercueils de ma chambre sépulcrale diffèrent totalement de tout ce qu'on a découvert en ce genre. Leurs formes particulières, et la peinture de ce détail d'objets qui les ornent de tous côtés, paraissent avoir un rapport direct avec la momie qu'ils contenaient, et semblent indiquer évidemment qu'on les avait jadis préparés exprès pour elle.

1615. *Grand cercueil extérieur en bois de sycomore* (3).

Il est de forme rectangulaire. Son couvercle, quoique de surface plate, l'a inclinée de la tête aux pieds. L'extrémité supérieure, qui est arrondie, a 3 pouces 9 lignes de hauteur, tandis qu'à la partie opposée il descend à 1 pouce 1 ligne; il présente ainsi la forme du dessus des *naos* ou dais, sous lesquels plusieurs divinités reçoivent les hommages et les

---

duits de mes découvertes, et que la Société Linnéenne de Paris et celle de Bordeaux m'ont également conféré le diplôme d'associé. J'atteste ici d'être vivement pénétré de cette extrême indulgence de la part d'autant d'estimables savans, auxquels j'adresse mes humbles remercîmens.

(1) Voyez le 1537.
(2) Voyez, pour exemple, les 1537, 1539 à 1542 et 1545.
(3) Hauteur, 3 pieds 3 pouces 6 lignes, et 3 pieds 1 pouce 1 ligne; largeur, 2 pieds 6 pouces; longueur, 7 pieds 4 pouces 6 lignes, et 7 pieds 7 pouces.

offrandes des fidèles (1). Cette partie saillante n'est guère plus large et longue que la caisse du cercueil lui-même ; mais le couvercle s'élargit en plinthe au-dessous, et présente une corniche sur le pourtour des quatre parois. Six tringles carrées en bois soutiennent le cercueil à quelques pouces du pavé, en travers de sa largeur, étant disposées deux à deux au-dessous des extrémités, et deux autres à distance égale au centre. Des peintures d'une conservation étonnante et d'un style admirable (2) ornent ce cercueil de tous côtés, extérieurement et au dedans.

Peintures extérieures.

Trois légendes hiéroglyphiques, d'une grandeur proportionnée au couvercle, l'ornent au-dessus et de son long ; d'autres, de la même grandeur, encadrent les quatre parois, divisant celles des deux flancs latéraux en trois parties égales par quatre colonnes d'hiéroglyphes, qui renferment la triple représentation d'un édifice ou d'un palais, avec portes, colonnes, piliers, balcons, fenêtres et terrasse. Ce dessin, d'une architecture d'habitation particulière, ornée d'une bizarre distribution de couleurs, est le seul qui, dans ce genre, nous soit parvenu de l'antiquité. Il se trouve répété de même aux parois des deux extrémités ; de manière que l'on voit huit fois la même représentation au pourtour du cercueil, dont cependant la première du flanc gauche, du côté de la tête, diffère des autres par la peinture de deux portes au lieu d'une, au-dessus desquelles se trouvent deux grands yeux d'Osiris (3).

Intérieur.

Couvercle. — Soixante-cinq colonnes de petits hiéroglyphes rouges et noirs, au trait, encadrés par une bande peinte successivement en rouge, vert, jaunâtre, etc. Ce même ornement de couleurs se trouve sur les extrémités supérieures et latérales de chaque paroi (4).

Paroi ou extrémité supérieure. — Légende de grands hiéroglyphes peints, au-dessous de laquelle deux larges frises contenant des vases et

---

(1) Voyez, pour exemple, de telles représentations sur les stèles 1362 et 1372.

(2) Les grands hiéroglyphes peints des trois cercueils peuvent servir de modèle, tant leur style est beau et leur dessin franc et correct.

(3) Voyez le 1615 même, et les des. col. VIII, IX et X.

(4) Dessins col. XII. 3.

des objets emblématiques, surmontés de leurs noms respectifs en petits hiéroglyphes au trait. Cette particularité exclusive, répétée dans les trois cercueils, doit mériter toute l'attention des savans antiquaires. Dix-neuf colonnes d'hiéroglyphes finissent de remplir le dessous de cette paroi (1).

Paroi ou flanc droit. — Quatre-vingts colonnes de petits hiéroglyphes au trait, surmontés par une frise qui contient la représentation de plusieurs objets inconnus, des vases, des habits, des parures, un chevet, et accompagnés de leurs noms en hiéroglyphes au trait. Au-dessus, une longue légende des mêmes caractères, mais grands et peints (2).

Paroi ou flanc gauche. — Dans la partie supérieure, et le long de la paroi, une légende de grands hiéroglyphes peints, comme sur la précédente. Au-dessous, à gauche, la représentation d'un édifice avec deux portes, et les yeux d'Osiris, comme à l'extérieur. A sa droite, et au-dessous de la légende, large frise dans laquelle se trouvent peints des colliers, des armes, des sceptres, etc., et toujours une petite légende hiéroglyphique au trait au-dessus de chaque objet. Au-dessous, à gauche, nombreuses offrandes, telles que tête, épaule, entrailles de veau, oiseaux, pains, oignons, fleurs de lotus, vases à libations, etc., etc. A droite, trente-huit colonnes, desquelles neuf remplies d'hiéroglyphes au trait, et vingt-neuf divisées en deux compartimens, qui contiennent autant de vases que de colonnes. Chacun de ces cinquante-huit petits vases porte, dans la partie supérieure de la colonne qui les renferme vers sa base, une légende plus ou moins étendue d'hiéroglyphes au trait; et au-dessous, des numéros et des petites lignes qui paraissent indiquer par leur répétition la quantité des vases qu'on y a voulu marquer (3).

Paroi ou extrémité inférieure. — Vases, croix ansées, et deux paires de sandales, avec leurs noms en hiéroglyphes au trait au-dessous d'une légende de grands hiéroglyphes peints. Partie inférieure, dix-neuf colonnes de petits hiéroglyphes au trait (4).

Fond. — Quatre-vingts colonnes de petits hiéroglyphes au trait rouge et noir, divisés par une bande verte, qui de même les encadre aux extrémités, et qui partout est couverte d'un zigzag noir (5).

Il est à remarquer qu'au dehors, comme au dedans, les légendes hié-

---

(1) Des. col. XII. 2. — (2) Des. col. XI. 1. — (3) Des. col. XI. 2. — (4) Des. col. XII. 1. — (5) Des. col. XIII.

roglyphiques de ce cercueil commencent toujours du côté de sa tête ou extrémité supérieure; de manière que, d'un côté, l'écriture va de droite à gauche, et de l'autre, de gauche à droite. Il suffit, pour s'en convaincre, de faire attention à la posture des animaux dans les légendes hiéroglyphiques : il est connu qu'ils sont toujours placés à l'envers de l'écriture; c'est-à-dire, qu'ils sont tournés de gauche à droite, si l'écriture est tracée de droite à gauche, et à l'envers en sens contraire, la tête toujours tournée vers le côté où l'écriture commence. Cette vérité trouve une application pratique dans l'intérieur du grand cercueil. Sur la paroi de l'extrémité inférieure (1), on remarque facilement que le scribe traçant les hiéroglyphes des dix-neuf colonnes, y a commencé l'écriture de gauche à droite. Les premières colonnes à gauche, vers où toutes les têtes d'animaux sont tournées, ont les hiéroglyphes tracés d'une proportion égale et suivie, tandis que dans la dernière colonne l'écrivain, se voyant serré par l'espace, a diminué tout-à-fait la grandeur de ces signes, qu'on y voit beaucoup plus petits et plus nombreux que dans les précédentes. On pourra faire la même observation à l'envers, par l'inspection de ladite particularité sur les soixante-cinq colonnes d'écriture du couvercle (2), qu'on s'apercevra avoir été tracées, par la même raison, de droite à gauche.

Pour se convaincre de la nécessité de faire cas, dans de tels examens, des plus petites particularités des peintures et des bas-reliefs égyptiens, si mystérieux, on n'aura qu'à faire attention à la distribution des couleurs, vert de deux nuances, rouge, jaunâtre, etc., de l'intérieur du cercueil au contour des parois. Elles se succèdent, de concert avec l'écriture, dans le même ordre que celle-ci, se suivant de gauche à droite, ou de droite à gauche, comme elle.

1516. *Second cercueil en bois très-dur et très-lourd* (3).

Sa forme est rectangulaire, comme celle du précédent, mais son couvercle est tout-à-fait plat. Ses dimensions sont plus petites, puisque le premier le contenait, comme celui-ci contenait le troisième.

Peintures extérieures. — Le couvercle est orné en dessus par trois légendes de grands hiéroglyphes peints de son long, comme sur celui

---

(1) Des. col. XII. 1. — (2) Des. col. XIII.
(3) Hauteur, 3 pieds 5 pouces 9 lignes; largeur, 1 pied 11 pouces; longueur, 5 pieds 9 pouces. Voyez Des. col. VIII.

du précédent, avec la différence que sur le premier cercueil la base de tous les hiéroglyphes est du côté du flanc gauche, tandis que sur le couvercle en question (1) deux bandes l'ont du même côté, et une vers le flanc droit. Des légendes de grands hiéroglyphes, et des représentations d'une architecture particulière, ornent ses parois, comme celles du 1615; mais les peintures sont ici plus compliquées, et les portes des édifices représentées soigneusement barricadées. Sur le flanc gauche on voit, sur le même endroit du cercueil précédent, les deux yeux d'Osiris; et les deux parois des extrémités, au lieu de présenter le dessin, ou peinture d'architecture, ne sont ornées que par des bandes successives en vert de deux nuances, entourées de légendes d'écriture (2).

Intérieur.

Couvercle. — Le couvercle, qui est très-massif et très-lourd, est creusé intérieurement, étant concave de tout son long, avec une bordure plane d'environ trois pouces tout à l'entour. Cette cavité est remplie par soixante-sept colonnes de petits hiéroglyphes au trait rouge et noir (3).

Paroi ou extrémité supérieure. — Les frises des carrés, rouges, verts, orangés ou jaunâtres, se succèdent comme dans le cercueil 1615, à l'entour et aux extrémités supérieures et latérales de chaque paroi. Une légende de grands hiéroglyphes peints horizontalement, se trouve sur celle-ci au-dessus de sept grands vases, qui sont accompagnés de petites légendes d'hiéroglyphes au trait. Au-dessous, entre dix-sept colonnes d'écriture semblable, on voit représenté un chevet, sur lequel semblent poser des cercles rouges et concentriques (4).

Paroi gauche. — Tout-à-fait à gauche, est peinte, sous la légende en gros caractères qui suit le dessus de la paroi de tout son long, la même représentation d'architecture, avec les yeux d'Osiris, déjà désignés. Le reste de la paroi est orné par cinquante-huit colonnes de petits hiéroglyphes au trait, sur lesquelles des offrandes suivies de sceptres, haches, arcs, flèches, etc. peints de proportions très-marquantes, et accompagnés de leurs noms au trait. Ce qui rend encore plus remarquable cette dernière particularité dans cet intérieur, sont des caractères indiquant des milliers et des centaines qui se trouvent près de chaque objet, pour indiquer leur quantité, qui devait nécessairement avoir un rapport direct avec le défunt (5).

---

(1) Des. col. X. 2. — (2) Des. col. VIII. 2. — (3) Des. col. XV. 3. — (4) Des. col. XV. 2. — (5) Des. col. XIV. 1.

Paroi droite. — Longue légende horizontale de grands hiéroglyphes peints, au-dessous de laquelle, de grandeurs marquantes et de couleurs variées; armes, ceintures, tuniques ou jupes, colliers, ornemens, etc. tous surmontés de petites légendes hiéroglyphiques au trait, près de chacune desquelles on voit les numéros 2300 et 3300, du même caractère. Dans la partie inférieure, soixante-neuf colonnes de petits hiéroglyphes au trait noir (1).

Paroi ou extrémité inférieure. — Deux croix ansées, deux vases, deux haches, une scie, deux perçoirs, etc. de grandes porportions, surmontés de leurs noms et de caractères numériques, entre une légende de grands hiéroglyphes peints au-dessus, et treize colonnes de petits hiéroglyphes au trait au-dessous (2).

Fond. — Il est couvert de colonnes d'hiéroglyphes, partagées de leur long par une bande verte qui les encadre aux extrémités. Le frottement du troisième cercueil a effacé une bonne partie de l'écriture, du côté de la tête; de manière qu'on ne voit sur le fond que cinquante-deux colonnes d'hiéroglyphes (3).

Il est à remarquer que la formule hiéroglyphique représentée par un serpent le corps étendu horizontalement, la tête élevée et la queue tombante, accompagné d'un trait au-dessous, exprimant: *Ceci est l'aspect... la présence*, etc. (4), qui se trouve au commencement de toutes les colonnes de l'intérieur du cercueil précédent, ne se voit dans le second que sur celle de son fond. Les colonnes sur l'intérieur du couvercle en étant privées, on devra conclure que le texte qu'elles contiennent est d'un sujet tout-à-fait différent de celui des colonnes du 1615 (5). Aussi pourra-t-on observer une autre différence remarquable dans les deux cercueils. Les animaux, dans les hiéroglyphes du premier, sont tous tournés vers la tête du cercueil; dans le second, les textes hiéroglyphiques des colonnes aux parois sont tracés partout indifféremment de droite à gauche (6).

1617. *Troisième cercueil* (7).

Sa forme est celle du second, c'est-à-dire rectangulaire et de surface

---

(1) Des. col. XIV. 2. — (2) Des. col. XV. 1. — (3) Des. col. XV. 4. — (4) *Précis des Hiéroglyphes*, par M. Champollion le jeune, pag. 84. — (5) Voyez les Des. col. XI à XV. — (6) Voyez les Des. col. *idem.* — (7) Hauteur, 1 pied 7 pouces 8 lignes; largeur, 1 pied 4 pouces; longueur, 5 pieds 11 pouces.

aplatie. A l'exception des légendes hiéroglyphiques, son extérieur a les mêmes peintures et caractères de l'extérieur du grand cercueil 1615, avec la différence cependant que les dessins d'architecture des deux flancs sont ornés par deux portes, au lieu d'une. Du reste, la même distribution de couleurs, et les yeux d'Osiris sur la paroi gauche (1).

Ma curiosité était extrême lorsque, pour la première fois, j'ôtai le couvercle de ce troisième cercueil qui contenait la momie. Contre l'ordinaire,

1618, une pièce entière et grande de toile, ornée de franges, la couvrait de son long, et

1619, plusieurs rouleaux de toile, de couleur brun foncé et rougeâtre, qui se trouvaient entre elle et les parois du cercueil, semblaient y avoir été placés de cette manière pour empêcher que la momie ne fût dérangée par les secousses du transport. Cette particularité paraît prouver, d'accord avec les barques, que le convoi funèbre venait à Thèbes de loin.

La momie trompa mon attente par sa simplicité; mais elle me soutint par-là même dans l'idée conçue ensuite, que ce défunt était un prêtre, dont la simplicité des parures personnelles, de son vivant, devait trouver son analogie dans ses enveloppes funéraires. La tête était ornée d'un masque en cartonnage de toile, enduit de couleurs, avec la barbe, caractère distinctif du sexe des personnages (2). Sa poitrine était ornée au-dessus de tout bandage par

1620, un collier très-simple en terre émaillée, ayant aux deux extrémités, vers les épaules, deux têtes d'éperviers, emblème du dieu *Phré*. Le corps de la momie n'était du reste qu'enveloppé de bandages de toile sans inscriptions et sans peintures, quoique jadis imbues d'un baume de couleur brun-rougeâtre. A l'extérieur de la momie était placée sur son cœur

1621, une statuette en bois dur de deux nuances, représentant un homme debout, orné d'une coiffure pareille à celle du masque de la

---

(1) Des. col. VIII. Il me paraît se trouver une analogie remarquable entre cette représentation des yeux d'Osiris, placés toujours sur le flanc gauche de chacun des trois cercueils, et l'incision du même côté gauche du ventre des cadavres, prescrite pour l'extraction des entrailles. Aussi l'œil d'Osiris modelé en cire se trouve-t-il souvent avec les quatre génies de l'*Amenti*, dans le ventre des momies, remplaçant les viscères.

(2) Des. col. XVI.

momie. Elle n'est vêtue que d'une jupe serrée à sa ceinture. Son bras gauche pend droit sur la cuisse, et l'autre est plié en avant. Elle porte dans sa main un vase à libations. Au devant, sur sa plinthe, sont gravées quatre lignes d'hiéroglyphes (1).

Le corps de la momie était entièrement détruit, quoique l'extérieur des enveloppes, par leur épaisseur, conservât ses premières formes. Mais les secousses pour sortir les cercueils du tombeau, et l'impression de l'air, décomposèrent l'ensemble ; et, au premier déplacement, les os et la poussière, seuls restes du défunt, se mêlèrent et se confondirent (2).

Je fis ensevelir ces reliques, ayant le soin le plus scrupuleux pour la conservation de tout le restant des objets précieux de la chambre sépulcrale qui, grâce aux précautions prises à son égard, vient se présenter dans son intégrité en Europe, après avoir bravé les siècles et les dévastations qui nous séparent du faste de la ville aux cent portes, et les dangers du voyage et du transport, depuis les ruines de l'ancienne Thèbes jusqu'au centre de Paris, l'émule d'Athènes et de Rome.   J. P.

---

(1) Hauteur, 7 pouces. Voyez Des. col. XVI. 1 et 2.

(2) M. Geoffroy-Saint-Hilaire, et avec lui plusieurs autres savans, attribuent la destruction interne des momies, dont les enveloppes extérieures et les cercueils se trouvent plus ou moins bien conservés, aux parfums ou aromates trop recherchés, et employés en trop grande quantité dans leurs embaumemens.

NOTES
ET OBSERVATIONS HISTORIQUES

FAITES

DANS LES TOMBEAUX

ET SUR SES DÉCOUVERTES,

PAR M. JOSEPH PASSALACQUA;

SUIVIES DE LA DESCRIPTION D'UN ÉVÉNEMENT AFFREUX, ARRIVÉ
PENDANT LE COURS DE SES FOUILLES A THÈBES;

PAR LE MÊME.

PRÉFACE.

L'OBSERVATEUR savant et philosophe, versé dans l'étude des antiquités, réfléchissant aux difficultés qui s'opposent, dans les fouilles en Égypte, à la découverte d'objets intéressans et variés, et considérant que dans toutes les collections d'antiquités égyptiennes de l'Europe, il faut passer sur une foule d'objets avant que d'en observer un qui mérite un examen digne de ses recherches, devra sans doute conclure, en examinant ma galerie, où presque chacune des nombreuses antiquités qui la composent mérite son attention et son étude; qu'il était impossible qu'une seule personne ait pu la réunir *par ses seules et propres recherches*, sans avoir découvert en même temps une quantité bien plus grande d'objets fragmentés et d'autres de peu d'importance, dont elle est presque exempte: aussi doit-on appeler ma collection *le choix* de mes découvertes.

Mes recherches en furent tellement couronnées d'importantes et nouvelles à Thèbes, que les Arabes mêmes, frappés de la diversité des objets trouvés, me nommèrent ingénieusement *le consul des antiquités*; et l'on doit convenir que, quoiqu'ils soient bien loin d'être des antiquaires éclairés, il faut néanmoins leur accorder une connaissance pratique d'autant plus juste, que tout ce qui a été découvert de nos temps est passé entre leurs mains dans nos fouilles. Ayant toujours conservé ces objets inconnus, et, au surplus, ceux qui, parmi les antiquités connues, étaient remarquables par leur parfaite conservation ou netteté de style, et qui servaient à me compléter leurs différentes branches, je parvins, dans plusieurs années, à former cet ensemble qui, sous le rapport *de l'étude pratique des arts et des mœurs* des anciens Égyptiens, ne craint aucune rivalité en Europe. J'ai cédé en

Égypte même, et expédié en France et en Italie, à plusieurs reprises, de nombreuses antiquités doubles en objets déjà connus (1), sacrifiant en même temps sur le lieu une grande portion de mes antiquités pour en tirer des observations et pour m'instruire, de manière que ma collection se réduit, comme je viens de le dire, au choix de mes découvertes et à leur quantité mineure, mais essentiellement distincte.

J'ai cru devoir insérer cette préface avant mes notes qui suivent, afin qu'on ne m'accuse pas de hasarder l'assertion des faits généraux sur des exemples, bien souvent isolés dans ma galerie.

J'espère que les savans me sauront bon gré d'avoir respecté leurs connaissances, en ne venant leur soumettre que tout ce que j'ai pu découvrir de plus digne de leur estimable examen, sans leur apporter une immense quantité d'inutiles antiquités, plus propres à les dégoûter qu'à mériter leur étude utile à la propagation des arts et des sciences.

J. P.

---

(1) Quelques objets très-remarquables et très-rares m'ont cependant échappé. Je nommerai notamment un grand manuscrit *sur toile*, que j'ai découvert sur une momie de Memphis, et qui est possédé actuellement par S. Exc. le duc de Blacas; deux grands scarabées *en bois*, couverts d'hiéroglyphes, qui se trouvent de même à Paris; quelques statuettes très-recommandables par leur style, etc., etc.

IDÉE GÉNÉRALE

SUR LES RECHERCHES D'ANTIQUITÉS EN ÉGYPTE,

SERVANT D'INTRODUCTION AUX NOTES.

Pour entreprendre des fouilles dans les ruines des anciennes villes de l'Égypte, la permission du pacha de ce pays est le premier obstacle qui arrête un voyageur. Lorsqu'il est parvenu à le surmonter, il a le choix de hasarder sa fortune à Alexandrie, Canope, Tanis, Bubaste, Héliopolis, Memphis, Antinoe, Hermopolis, Panopolis, Lycopolis, Abydus, Tentira, Thèbes, Latopolis, Élythias, Apollinopolis, Ombos, Syène, Éléphantine, Philæ, etc., etc.

Des obélisques, des colonnes, des pyramides, des temples magnifiques lui démontrent la grandeur qui jadis y régna ; leurs ruines l'instruisent des ravages qui y succédèrent, et ne lui laissent aucun espoir pour ses recherches parmi leurs restes. S'il persiste, l'expérience le lui prouve bientôt à ses propres dépens (1). Les tombeaux attirent alors son attention, et les nécropolis des villes les plus célèbres deviennent le but de ses voyages. Choisissant les points qui, sous le climat totalement sec de la Haute-Égypte, réunissent la position élevée au-dessus du plus haut niveau des eaux du Nil, aux fastes des villes les plus marquantes dans l'histoire, il fixe ses opérations sur les nécropolis de Memphis, d'Hermopolis, d'Abydus, et principalement sur celles de Thèbes. Il établit le nombre de ses ouvriers, les partage en compagnies, dont chacune est commandée par un chef qui doit la diriger. La situation topographique des tombeaux ne lui présentant point de règle positive pour en suivre les traces, il reconnaît que les anciens Égyptiens n'observaient aucune symétrie dans leurs distributions, et que les tombeaux se suivent sans ordre et sans proportions respectives. A travers cet ensemble de montagnes qui conservent toujours l'empreinte de la nature sauvage et aride, remplie de précipices et de vallées, le voyageur n'a pour guide que les caractères distinctifs des ruines qui indiquent à son

---

(1) Les environs du temple de Karnac à Thèbes sont les seuls qui font exception : on y découvre quelquefois des statuettes en bronze.

raisonnement et à ses conjectures l'emplacement des sépultures les plus distinguées; il fouille au hasard et d'après ses idées. La terre, les débris des pierres, les ruines, sont enlevés à vingt, trente pieds et plus de profondeur; la mine ouvre des passages forcés dans la roche, qui, au fond de ses cavités artificielles, retentit sous les coups des Arabes; des masses énormes que la vétusté ou les dévastations ont détachées des sommets qui couvrent les tombeaux qu'on y suppose au-dessous, sont obligées de céder, par leur propre contre-poids, aux leviers et aux efforts réunis d'une centaine de bras. Elles se précipitent de rocher en rocher, jusqu'au pied des montagnes qu'elles dominaient jadis; et leur chute semble annoncer la hardiesse de l'entreprise, par un tonnerre, dont l'écho et la solitude du désert augmentent l'horrible fracas. On aperçoit enfin quelques traces de l'ouvrage des hommes; on les suit; des cavités, des puits, des galeries, des chambres sépulcrales se présentent. Mais, hélas! quel ravage frappe vos yeux, à la lueur des flambeaux, dans ce séjour de la mort! A chaque pas, les tristes restes de nos premiers maîtres, et les vestiges de leurs sciences, vous attestent, par des cadavres et des fragmens, mutilés, coupés en morceaux et brûlés, les ravages du fer et du feu, que la fureur d'un ennemi insensé a portés jusque dans ces paisibles et sombres souterrains. Quelques détails curieux, quelques objets de peu d'importance échappés à ces recherches, et que le hasard seul vous fait découvrir dans la terre, sont bien souvent l'unique dédommagement de l'infatigable travail de plusieurs semaines, même de plusieurs mois.

Dans la solitude de mon exil volontaire, isolé sous les ruines de la magnificence égyptienne qui m'environnait, réunissant les siècles devant moi, je méditais souvent sur le souffle de mon existence; et, insensible aux charmes de la vie que le souvenir me rappelait ailleurs, je mettais tout mon bonheur dans les découvertes que je pouvais faire. Trois mois éternels s'écoulèrent au commencement de mes recherches à Thèbes, sans que le moindre résultat vînt animer mon esprit accablé de tristesse, et prêt à se livrer au découragement. Cependant un grand nombre d'Arabes s'occupait continuellement à mes fouilles. Pendant plusieurs années de recherches, le hasard me fut de temps en temps très-favorable; mes travaux ne furent totalement couronnés que le 4 décembre 1823.

J. P.

NOTES
ET OBSERVATIONS HISTORIQUES

FAITES DANS LES TOMBEAUX, ET SUR SES DÉCOUVERTES,

PAR M. JOSEPH PASSALACQUA.

DIVINITÉS ET LEURS ATTRIBUTS, ETC.

(I.) CIRE, BITUME, TERRE CUITE, ETC., 1 à 30 (1).

Les petites divinités, telles que les quatre génies de l'*Amenti*, et d'autres amulettes et ornemens *en cire dorée*, ne se trouvent que sur les momies grecques (2). Elles les ont toujours sur le haut de la poitrine, et tout-à-fait au-dessus de la dernière enveloppe de toile. On peut en voir un exemple sur la momie grecque 1544, qui a son nombril et le bout des seins couverts de cire dorée. Les 1 à 5, 15 à 18, et 22 à 26, ont été découverts à Thèbes sur deux momies grecques qui se trouvaient dans le même tombeau que la précédente, mais qui étaient en très-mauvais état.

Les quatre génies de l'*Amenti*, en cire *non dorée*, se trouvent presque toujours accompagés d'un œil d'Osiris, première divinité de l'enfer égyptien, qui a des proportions très-grandes en comparaison des premiers (3). Il semble que les anciens Égyptiens leur attribuaient la con-

---

(1) Les notes se suivent ici selon l'ordre du catalogue.
(2) A son lieu j'indiquerai les caractères qui les distinguent.
(3) On sait que les Egyptiens distinguaient le rang plus élevé d'un personnage ou d'une divinité, par la hauteur comparative de ses proportions : ainsi voit-on sur les temples de Thèbes le héros, dans la représentation d'un combat, cinq à six fois plus grand que ses soldats et que ses ennemis.

servation des entrailles humaines, puisque les vases funéraires, dits *Canopes*, qui portent leurs quatre têtes différentes, contiennent ordinairement les viscères des momies, et puisqu'on ne trouve ces divinités en cire modelée, avec l'œil d'Osiris, que dans le ventre vidé des momies humaines, bien entendu dans celles dont les intestins sont remplacés par le baume ou parfums de la qualité du 1554. Elles ne paraissent plus dans les momies dont les cavités se trouvent remplies par le baume 1555, qui, ayant été versé chaud dans les cadavres, devait nécessairement les avoir fondues, si on les y avait placées. J'ai découvert à Thèbes, dans le ventre de quatre momies différentes, les 6 à 8, 11 à 14, 19 à 21, 11, 19, 21, avec l'œil respectif qui les accompagne, et le 20 avec le petit vanneau 10.

Je remarquerai ici qu'on n'a jamais découvert les quatre génies de la façon des 11 à 14, c'est-à-dire, avec les bras et les jambes détachés (1).

(II.) TERRES ÉMAILLÉES, 31 à 115.

Les figurines, divinités, amulettes en *terre émaillée*, qui toutes sont percées par derrière, se trouvent enfilées en colliers au cou des momies. Il est à observer qu'elles se trouvent beaucoup plus fréquemment à Memphis et à Hermopolis qu'à Thèbes, et que même le dessin en est plus correct dans les deux premières villes. Les petits scarabées étaient placés de même sur les momies, enfilés et au cou. Quelquefois on les trouve aux doigts avec un anneau, ou dans le poing fermé. Dans ce dernier cas, toujours dans la main gauche, jamais dans la main droite des momies.

(III.) BOIS, 116 à 138.

Ces divinités et leurs attributs étaient placés près ou au-dessus des cercueils; et les représentations d'hommes et de femmes se trouvent ordinairement dans l'intérieur des cercueils, et quelquefois sur le cœur des momies, au-dessus des enveloppes de toile.

J'ai découvert la stèle 117 à Thèbes, dans une niche creusée dans le roc, au bout et dans la paroi d'un tombeau, au-dessus de l'extrémité

---

(1) On les trouve quelquefois modelés en bois, mais sans extrémités apparentes, peints ou dorés, sur des simples filets en verroterie qui couvrent les momies ordinaires égyptiennes, comme celles du 1538. Dans ce cas, les quatre génies placés sur la poitrine sont accompagnés d'un scarabée ayant les ailes déployées.

FAITES DANS LES TOMBEAUX.

supérieure d'une momie. Il est à remarquer que c'est le seul monument égyptien qu'on ait trouvé dans ce genre, et qui ait une représentation mobile des battans d'une porte égyptienne.

(IV.) PIERRES, 139 à 282.

Les amulettes et petites divinités en pierre se trouvent placées de même que celles en terre émaillée, et les divinités de moyenne grandeur, dans les cercueils, et celles de dimensions plus fortes, par terre, dans les tombeaux ou dans les niches (1).

Les grands scarabées *avec hiéroglyphes* sont placés presque toujours sur la poitrine des momies et sur la chair, au-dessous de tous les linges, et quelquefois au-dessous des oreilles ; les scarabées *sans hiéroglyphes*, sont dans le ventre des momies, et noyés dans le baume noir dont elles sont remplies, et dont on ne les extrait qu'avec peine. Ceux qui sont fournis d'un collier, l'ont à leur place au cou des momies, le scarabée pendant sur la poitrine.

Le buste de *Tafné*, en granit, 146, a été trouvé parmi les ruines de Karnac. Il est remarquable qu'en fait de statues de divinités en granit, de grandeur humaine, on n'en découvre que de cette déesse.

(V.) MÉTAUX, 283 à 317.

Les statuettes, divinités en bronze, se trouvent le plus fréquemment à Karnac, dans la terre près du grand temple, parmi des ruines dont la construction en briques de terre ne peut donner que l'idée des habitations particulières. Mais ces bronzes y sont tellement oxydés par l'humidité que donnent les eaux du Nil, filtrant avec facilité à travers du terrain extrêmement sablonneux, que le plus grand nombre de ceux qu'on y trouve est presque totalement détruit. Ces statuettes se trouvent très-rarement dans les tombeaux à Thèbes, mais plus fréquemment dans ceux de Memphis et d'Hermopolis. Les amulettes en or et argent ornent le cou des momies, toujours enfilées, et sur la chair au-dessous de tout bandage.

(VI.) SUBSTANCES ANIMALES, 318 à 321.

Les espèces de bretelles en peau se trouvent croisées sur la poitrine des momies, telles qu'on les voit peintes sur le cercueil 1541.

---

(1) Les fouilles faites dans les temples ne produisent ordinairement que des fragmens de statues.

(VII.) ANIMAUX SACRÉS, 322 à 442.

Les animaux embaumés n'étaient point ensevelis avec les corps humains. Leurs sépultures étaient séparées, et bien souvent chaque espèce avait le sien. J'ai eu occasion de faire ces remarques à Memphis, à Hermopolis et à Thèbes. Dans la première, une tombe immense d'ibis renferme des milliers de vases soigneusement bouchés; mais il est inutile de vouloir y trouver, parmi les oiseaux qu'ils renferment, même un seul qui fût bien conservé. Une poussière noire et quelques fractures d'os est tout ce qu'on y trouve lorsqu'on sépare les linges aux trois quarts pourris qui les enveloppent (1).

Quoiqu'on en trouve beaucoup dans cet état, même à Hermopolis et à Thèbes, néanmoins on y en rencontre quelquefois de très-bien conservés. Ceux qu'on peut voir dans ma collection le prouvent.

J'ajouterai ici une particularité exclusive aux momies d'ibis. Sauf quelques petites exceptions, voilà les différences qui les distinguent dans les tombeaux des trois nécropoles de Memphis, d'Hermopolis et de Thèbes. Dans la première, on ne les découvre que dans des vases comme celui sous le 344 *bis*; à Hermopolis, on les déposait dans de petits cercueils oblongs en bois, ou calcaires, tels que le 345, excepté que celui-ci est un des plus rares qu'on y ait découverts, étant orné partout de légendes hiéroglyphiques, dont les autres sont presque toujours totalement privés; à Thèbes, enfin, ils n'ont que leurs enveloppes de toile, telles que les 340 à 344. Les momies 329 et 335, dont les formes extérieures présentent celles des momies humaines, ayant cependant, la première une tête d'ibis, et la seconde celle d'un épervier, mériteraient un examen particulier. Ce sont les seules qu'on ait découvertes de cette façon dans les tombeaux respectifs des animaux sacrés dont elles portent les têtes.

Les momies d'animaux ne se trouvent jamais ornées d'amulettes ou divinités. Cependant le dieu Lune, sous la forme de cynocéphale 39, a été trouvé près de la momie du monstre humain 364, que les anciens placèrent au rang des animaux sacrés, puisqu'ils la déposèrent dans un tombeau des momies de singes, parmi lesquelles je l'ai découverte dans la nécropole d'Hermopolis. Ces deux particularités sont très-singulières et très-remarquables. Ayant trouvé ce monstre dans un tom-

---

(1) Il en est de même des momies humaines à Memphis.

beau de cynocéphales, et embaumé dans l'attitude que les anciens leur donnaient dans ce procédé, je l'ai pris pour la momie d'un singe ; et l'ayant gardé de préférence, vu la particularité de l'amulette à ses côtés, je manque d'un de ces animaux dans ma collection. Ayant tout-à-fait développé cette momie, M. Geoffroy Saint-Hilaire reconnut en elle un monstre humain, que ce savant a classé sous le nom d'anencéphale (1).

Hormis les ibis, ainsi que je l'ai dit, il est très-rare de trouver des momies d'animaux déposées dans des cercueils. Elles sont, du reste, toujours soigneusement enveloppées dans du linge, quelquefois même de plusieurs couleurs, comme les crocodiles 351 et 354, et les chats 369, 371 et 372. J'ai développé des animaux sacrés de différentes espèces, afin qu'on puisse les observer dans leurs divers états. Un jour, développant un paquet trouvé dans mes fouilles à Thèbes, quelle fut ma surprise d'y voir les petits oiseaux, les souris, les musaraignes et les crapauds 379 à 425, mêlés, embaumés et bien conservés avec la couleuvre 440, le scarabée 441, et la mouche 442! Aucune découverte précédente ne pouvait me faire espérer de trouver les espèces des premiers ; encore moins les souris et les rats à Thèbes, même ville où j'avais trouvé des chats embaumés, et généralement censés respectés par les anciens pour leur destruction envers ces petits ennemis des maisons, comme les ibis pour celle des serpens (2). L'aigle et la chouette sont de même deux animaux qu'on n'avait pas encore découverts dans les tombes égyptiennes.

Il semble, selon toutes les recherches qu'on a faites jusqu'à présent,

---

(1) Voyez la notice scientifique par M. Geoffroy-Saint-Hilaire à la fin du catalogue.

(2) Les anciens historiens nous ont transmis plusieurs raisons qu'on alléguait à leur époque pour justifier en Egypte le culte qu'on y rendait aux animaux. Le partage des opinions suivantes prouve que les prêtres mêmes, ne savaient pas à quoi s'en tenir, pour justifier un culte si bizarre :

1°. Que les dieux, jadis en très-petit nombre, se dérobant à la multitude des hommes impies et scélérats, se retirèrent en Egypte, où ils se cachèrent sous les formes de différens animaux : de là ce culte qui leur fut rendu.

2°. Que les Egyptiens, combattant anciennement sans ordre, imaginèrent des étendards surmontés des enseignes d'animaux, qui leur servirent à se reconnaître dans la mêlée, et à se rallier. Ayant ensuite

que les Egyptiens n'embaumaient pas les animaux qui servaient à leur nourriture. Ces anciens respectables ne mangeaient aucune tête d'animal, peut-être parce que la plupart de leurs divinités en avaient pour caractère distinctif. Les 322 et 323 viennent à l'appui de ces deux observations, puisque les béliers qu'ils représentent, et dont les têtes seules, emblème du dieu Ammon, sont embaumées, n'ont les corps que seulement remplis de joncs, enveloppés de linges; et si l'on trouve l'Apis embaumé, on ne découvrira pas de même les restes des taureaux ou des veaux que les anciens immolaient au salut des défunts, ou qu'ils gardaient pour leur nourriture. Aussi la tête de taureau 1599, et les os de sa jambe antérieure 1600, se sont trouvés, dans ma chambre sépulcrale intacte, posés près des cercueils, et sans être embaumés ni enveloppés; et l'on n'a jamais trouvé embaumées ni l'oie, ni la gazelle, etc., qu'on voit dans les bas-reliefs, sur mes stèles, mêlées avec le veau, les pains, les fruits, etc., comme offrandes et prémices, tous censés servir de nourriture aux Egyptiens. On trouve plus que partout ailleurs des chats et des chiens à Thèbes, et des ibis et cynocéphales à Hermopolis. Les œufs d'ibis se trouvent, quoique rarement entiers, comme le 347, dans les tombeaux de ces oiseaux, dans des vases de terre de différentes formes, à Hermopolis. Il est extrêmement rare de trouver des momies d'animaux, et surtout des momies d'oiseaux, bien conservées; et, parmi ces derniers, l'épervier 332 est certainement des plus remarquables.

---

remporté plusieurs victoires par ce moyen, ils firent de ces animaux l'objet de leur vénération.

3°. Une troisième raison qu'on apporte de ce culte extravagant, est puisée de l'utilité que les Egyptiens tiraient de la plupart de ces animaux pour les besoins de la vie, et pour la destruction d'autres espèces qui étaient nuisibles à l'homme.

4°. Qu'on leur rendait un culte divin, parce qu'ils étaient les symboles vivans de plusieurs divinités.

Ce culte était porté à un tel point de superstition, que si quelqu'un tuait exprès un des animaux que l'on adorait, il lui en coûtait la vie. Bien plus, celui qui aurait tué, même par mégarde, un chat ou un ibis, eût été à l'instant même massacré: c'est ce qui arriva à un soldat romain, du temps de Diodore de Sicile, malgré l'intérêt qu'avaient alors les Egyptiens de ménager la république de Rome. Voyez Hérodote, Diodore de Sicile, Géographie ancienne par Gibrat, etc.

OBJETS EMPLOYÉS AUX USAGES DE LA VIE CIVILE.

(VIII.) INSTRUMENS D'AGRICULTURE ET DE PÊCHE, FRUITS ET CÉRÉALES, etc.,
443 à 463.

Il paraît certain que la politique exclusive qui divisait le commun du peuple égyptien en trois classes fixes, et perpétuelles par succession (1), étendait son influence jusque dans les tombeaux destinés aux momies humaines, et qu'on y déposait près du défunt, artisan ou artiste, les *instrumens* qui avaient servi à sa profession de son vivant, pour en perpétuer ainsi la mémoire. C'est par-là que l'on parvient à connaître les métiers des individus du peuple et des artistes, de même que, par les objets de luxe qui accompagnent d'autres morts égyptiens, le rang plus ou moins distingué d'un personnage, dont on parvient à découvrir les dépouilles mortelles dans les souterrains et les ruines de l'ancienne Egypte.

Les pioches en bois 453 et 444 que j'ai découvertes près de deux momies de Thèbes, et le filet pour la pêche 445 sous la tête d'une autre, dans la même nécropolis, nous attestent que les premiers étaient jadis deux laboureurs, et le troisième un pêcheur. Leur extérieur se rapprochait de celui de la momie 1538.

Je crois avoir observé que les *produits* des arts déposés près des morts ne servaient pas, de même que leurs instrumens, pour indiquer le métier du défunt près duquel on les découvre, puisqu'on les trouve indifféremment près des momies des deux sexes, et près de celles qui sont accompagnées des objets qui sont censés avoir servi à l'exercice de leur profession. Ainsi trouve-t-on, par exemple, près des momies déjà fournies d'un ou plusieurs instrumens d'art ou métier, des vases à parfums, des paniers contenant différens objets, des fruits, etc., qui attestent les usages particuliers des morts dans leur vivant, de même que les témoignages de piété des parens, plutôt que la présence de la momie d'un potier, d'un vannier, ou de celle d'un laboureur.

J'ai découvert dans des tombeaux les différens fruits et le pain 447 à 463, contenus dans des paniers et des coupes, déposés près de plusieurs momies, dans leurs cercueils, ou à terre près d'elles, comme les plats de pâte 1607 à 1609. Je crois qu'on doit les considérer comme

---

(1) Diodore de Sic., liv. I.

témoins de l'abstinence prescrite aux parens des morts durant le temps du deuil (1).

(IX.) FILATURE, TISSUS, VÊTEMENS, etc., 464 à 471.

« Les hommes, dit Hérodote en parlant de l'Egypte, se renferment dans » leurs maisons, et travaillent la toile, tandis que les femmes vont sur » place, et s'occupent du commerce. » Il paraît qu'ils s'occupaient aussi à filer, puisque j'ai découvert les quenouilles avec leurs fuseaux respectifs 466, 467 et *bis*, dans les cercueils de deux momies de Memphis, qui étaient détruites, mais dont les barbes extérieures des couvercles en bois, m'indiquèrent que c'était jadis *deux hommes* que ces cercueils renfermaient (2). Il y aurait vraiment de quoi être étonné de cette bassesse de la part des hommes d'une nation qui a produit les types de presque toutes nos connaissances, si on ne savait pas quel intérêt avaient les prêtres égyptiens, à tenir dans l'ignorance un peuple aveuglé par leurs prestiges, et esclave de leur suprême despotisme.

Les deux peignes en bois 464 et 465, qui servaient jadis à diviser le chanvre, et dont l'un porte encore des filasses, étaient dans le même cercueil avec le 466 et *bis*.

Parmi les nombreuses momies que j'ai fait développer, aucune n'était *vêtue* d'une tunique ou chemise, telle que les 468 et 469. Les anciens les déposaient pliées parmi les bandelettes de toile des momies, les plaçant le plus souvent au-dessus de leur poitrine. C'est ainsi que j'ai découvert, entr'autres, les deux tuniques, 468 et 469. Des particularités très-remarquables et exclusives, accompagnent la découverte de la tunique 470. Elle diffère d'abord des précédentes par son tissu, et par quelques ornemens qui leur manquent. Une petite caisse blanche, et sans inscription, la renfermait, et elle enveloppait à son tour les os ramassés d'un individu qui avait été brûlé. Les tresses de cheveux, 575, et probablement de la femme, ou parent du mort, étaient placées, selon l'usage de quelque ancienne nation, près de ces tristes restes. Au-dessous de la caisse, se trouvait une large coupe de terre cuite, remplie de toutes les dattes 448. J'ai découvert cette caisse à Thèbes, près d'une momie

---

(1) Voyez mon observation, page 124, aux numéros 1607 à 1609.
(2) Les Arabes d'aujourd'hui, et surtout ceux de Thèbes, filent, plus encore que leurs femmes, le lin, le coton et la laine, par une analogie remarquable de plusieurs usages entre eux et leurs anciens prédécesseurs.

grecque, pareille au 1544, mais sans cercueil, et dans un très-mauvais état de conservation.

Les trente différens échantillons de toile 471 furent pris parmi les enveloppes de presque autant de momies humaines et d'animaux de Thèbes et d'Hermopolis. Il est à observer qu'on ne trouve jamais de la toile parfaitement blanche autour d'elles.

(X.) CHAUSSURES, 472 à 490.

On s'aperçoit facilement, en observant par le dessous les quinze paires de sandales et souliers 472 à 486, que la plupart d'entre eux ont été portés, et un peu usés. J'en ai réuni et conservé autant de formes différentes qu'il m'a été possible d'en découvrir. Ils étaient placés par paire aux côtés de plusieurs momies de Thèbes et de Memphis.

Les semelles 487 à 490, faites pour orner les morts, étaient placées aux plantes de leurs pieds, au-dessus des enveloppes de toile, et quelquefois directement sur la chair (1).

Le père de l'histoire nous apprend qu'il n'était permis aux prêtres d'Egypte d'avoir d'autres habits et d'autres chaussures, que des robes de lin ou de coton, et des sandales ou souliers de *byblus*. Les paires de sandales ou de souliers 474 à 477, 484 à 486, qui paraissent de la qualité dont Hérodote parle, semblent donc avoir appartenu à des prêtres égyptiens, de même que les tuniques 468 et 469 indiquées dans la note précédente.

(XI.) OUVRAGES DE VANNERIE, 491 à 505.

Les plus petits entre les paniers 491 à 504 contenaient des fruits, et les plus grands étaient vides. Tous étaient déposés près ou dans autant de cercueils de différentes momies de Thèbes et de Memphis. Le tabouret 505 se trouvait près d'une autre, dans un tombeau de la nécropolis de Thèbes.

(XII.) MÉDECINE ET CHIRURGIE, 506 à 539.

Si l'on réfléchit à ce que l'histoire nous a transmis de la médecine égyptienne, dont les docteurs ne pouvaient soigner individuellement qu'une seule maladie, on en déduira aisément que la pharmacie de chaque médecin devait être peu considérable en quantité de remèdes. C'est

---

(1) Voyez pour le 490 ma note XXXI.

ainsi que le 506 et *bis* se présente au dix-neuvième siècle de notre ère, comme unique exemple de ces petites pharmacies égyptiennes du temps des Pharaons. Elle était placée par terre dans un tombeau de Thèbes, près d'une momie, dont aucun caractère ne la distinguait de celles qu'on y découvre le plus souvent, tel que le 1538, quoique ayant été déposée dans un cercueil moins riche en peintures que le 1537. On sait aussi que les médecins étaient des prêtres du dernier ordre en Egypte.

J'ai découvert la plus grande partie des vingt-quatre instrumens de chirurgie en métal 507 à 530, dans le ventre de presque autant de différentes momies. Cette particularité me fait douter qu'on les ait jadis placés ainsi plutôt comme ayant jadis servi à l'autopsie, ou extraction d'entrailles et du cerveau des mêmes cadavres dans lesquels je les ai trouvés, qu'en qualité de signes de la profession des morts, ainsi qu'on découvre d'autres instrumens d'arts, mais placés près des momies, et non dans leur corps.

C'est pour cela même qu'il me semble qu'on doit, par une conjecture opposée, penser que les neuf instrumens en silex 531 à 539 que j'ai découverts *tous* réunis dans une boîte en bois, à demi-pourrie, et qui était placée près des restes presque méconnaissables d'une momie, indiquaient que c'était jadis celle d'un de ces Egyptiens qui, avec de tels instrumens, ainsi que le dit Diodore, coupaient le flanc aux cadavres, pour les livrer ensuite aux saleurs et aux embaumeurs.

(XIII.) ARMES, 540 à 550.

Le couteau en bois 540 provient des tombeaux de Memphis, de même que les trois en silex 541 à 543, qui se trouvaient dans la susdite boîte, avec les 531 à 539 de la note qui précède.

Les Arabes dans la Haute-Egypte, parcourant les endroits déserts, s'arment le plus souvent, pour leur défense contre les hyènes ou les voleurs, d'une lance ou d'un *nabout*, gros bâton qui se rapproche beaucoup du 544, qui est orné d'une inscription hiéroglyphique, et qui était placé près d'une momie dans une catacombe de Thèbes. L'arc avec les douze flèches 546 étaient déposés dans l'intérieur d'un cercueil, le long d'un autre mort de la même nécropolis. Quelques pointes de ces flèches étaient armées de silex très-aiguisé à son extrémité, présentant deux petites cornes très-pointues. Malheureusement ces pièces se détachèrent, et furent égarées dans le transport.

La lance 546 était placée près des restes d'une momie de Memphis, qui était peut-être jadis un soldat.

Le poignard 550 est l'arme la plus belle et la plus riche qu'on ait trouvée de nos temps dans les fouilles en Egypte. La découverte de la momie mâle qui l'avait sur elle, mérite une description particulière. Tout-à-fait au-dessous des enveloppes de cette momie, étaient placés les objets suivans, dont plusieurs nous présentent des formes inconnues en leur genre dans les antiquités égyptiennes : le poignard 550, presque caché par son fourreau 550 bis, était placé entre ses cuisses, la pointe tournée vers les genoux; la hache 549, avec la pierre à aiguiser 806, se trouvaient sur sa poitrine, et le grand bracelet en ivoire 611 ornait son poignet gauche Au-dessus de ses enveloppes, et dans le cercueil se trouvait le beau petit vase 664, qui contient une matière minérale dont se servent encore aujourd'hui les dames cophtes pour se teindre les yeux. Le contenu de ce vase, dont on peut déduire l'usage par analogie, offre un contraste choquant avec le poignard et la hache, qui devaient indiquer la présence d'un homme d'armes, ou d'un sacrificateur.

Cependant cette momie si riche en objets marquans, et déposée dans un cercueil couvert de belles peintures, n'était pas placée dans un tombeau creusé dans la roche. Elle fut découverte dans la nécropolis de Thèbes, sous cinq à six pieds de débris de pierres, provenant des anciens travaux et excavations environnantes. Cette particularité, unie à celle des objets qui accompagnent cette momie, et qui prouvent que les moyens ne lui manquaient pas pour avoir une tombe dans la montagne, me fait croire qu'elle doit être du nombre de ces morts dont parlent les anciens historiens, et qui étaient privés d'une sépulture honorable par un arrêt du peuple, au jugement des actions d'un défunt, en présence de son cadavre, et au moment de son inhumation. Bien souvent la preuve de manque de piété envers les animaux sacrés, envers les chats, les ibis, suffisait pour attirer ce châtiment aux morts.

(XIV.) INSTRUMENS ET MATIÈRES APPARTENANT A LA PEINTURE ET A LA CALLIGRAPHIE, 551 à 564.

Quoique la palette 551 soit la plus complète, et la seule à *sept* couleurs qui nous soit parvenue de l'antiquité égyptienne, elle se trouvait néanmoins dans le cercueil d'une momie (sans doute quelque peintre de distinction) que j'ai découvert mêlé dans un tombeau de Thèbes avec des momies de la lie du peuple, sans cercueils et presque sans enveloppes, et dont les os seuls attestaient la présence antérieure de momies embaumées sans aucuns préparatifs recherchés, et jadis trop dispendieux pour leurs parens (1). Cette observation me rendit sombre au moment de la découverte, et je payai le faible tribut d'une larme au mérite méconnnu de ce peintre; mérite que je me plaisais à lui accorder, et que la palette la plus riche en variété de couleurs qui l'accompagnait semblait me l'indiquer.

Si le 551 servait pour la peinture, la palette 552 devait appartenir à un scribe, puisqu'elle n'est fournie que des couleurs rouge et noire, dont sont tracés presque tous les manuscrits égyptiens. Les styles qui les accompagnent, et qui correspondent sur la palette 551 au nombre de ces couleurs, sont formés d'un jonc très-fibreux. Les anciens Egyptiens ne posant dans leurs peintures qu'une couleur près de l'autre, et suppléant en certaine manière, par leur frappante distribution, l'art des artistes modernes de fondre les couleurs les unes dans les autres, n'avaient pas besoin des pinceaux que l'art de peindre produisit ensuite, et rendit indispensables en se perfectionnant. Ainsi que nos pinceaux diffèrent de grosseur entre eux, les styles des palettes égyptiennes se trouvent plus ou moins pointus, et d'autres, du même diamètre, de tout leur long, sur la même palette. Cette variété dans les sept styles du 551 mérite l'attention des observateurs instruits.

Il semble que les boîtes 555 et 556 contiennent la même substance gypseuse, qu'on voit induite par couches, sous les peintures égyptiennes sur bois, et dont il y a plusieurs exemples dans ma collection.

La palette 553 a été découverte avec la susdite boîte 555, près d'une momie de Memphis; et tout le restant des objets de peinture, était placé dans les cercueils d'autres momies mâles, de Thèbes et de Memphis.

(XV.) INSTRUMENS DE MUSIQUE, 565 à 570.

Plusieurs tombeaux anciens en Égypte, et surtout ceux des rois à Thèbes, ont leurs parois ornées de peintures ou de bas-reliefs, dans lesquels paraissent souvent, des danseurs et des joueurs d'instrumens. On y voit dans leurs mains, le sistre, la lyre, la harpe, le tambour, le téorbe, etc.; mais dans tous les nombreux tombeaux et temples que j'ai examinés et parcourus, aucun ne porte la représentation d'un instrument de musique *à archet*. Aussi le 566 et *bis* que j'ai découvert à Thèbes,

---

(1) Par une vérité remarquable, les deux extrêmes dans les embaumemens produisaient le même effet, c'est-à-dire la destruction des momies. Voyez la note 3, à la page 138.

à côté d'une momie, est le seul qu'on y ait découvert de ce genre; et si les instrumens de musique, et surtout ceux à corde, doivent leur origine à l'arc, dont la corde, servant d'abord à lancer la flèche, donna l'idée de son application pour les vibrations mélodieuses, le mien, qui en porte tout le caractère, devait être l'un des premiers instrumens de musique de cette qualité, qui, remplacé par d'autres peu à peu perfectionnés, fut ensuite totalement oublié.

Il est très-remarquable que cet instrument devait avoir la propriété singulière de donner un double son, produit par la vibration chantante des cordes jadis fortifiées à ces extrémités, et par celle de basse continue de la bande en peau de son archet 566 *bis*, au moment du frottement.

Le 567 n'est qu'un simulacre de sistre, qui paraît avoir été déposé près de la momie de Thèbes, où je le découvris, pour indiquer que c'était celle d'un musicien. J'attribue la même destination au chalumeau 565 que j'ai découvert sur une autre.

Il me paraît que l'objet en bois 569 devait appartenir à une danseuse qui y est représentée jouant sur une espèce de téorbe, et dont elle se servait sans doute, en présentant aux spectateurs le devant creusé en forme de coupe, pour y recevoir la récompense de son exercice.

La baguette 570 était accompagnée de son tambour, formé par une grande coupe de terre cuite, d'environ 15 pouces de diamètre, jadis couverte d'une peau qui était collée au pourtour de son orifice, mais dont quelques faibles restes seulement, annonçaient sa présence antérieure. Je dois la perte et la cassure irréparable de cet instrument, à la maladresse d'un de mes Arabes, qui le laissa tomber de ses mains en le transportant à mon habitation, du tombeau de Thèbes où je l'ai découvert, placé près d'une momie très-simple.

(XVI.) OBJETS DE TOILETTE ET JOYAUX, 571 à 667.

La considération et le respect que les Égyptiens avaient pour le beau sexe se montrent dans les ornemens et les parures qui distinguent de préférence les momies de femmes. Les cercueils de ces dernières, de même que leurs enveloppes et les objets de toilette qui les accompagnent, sont incomparablement plus beaux et plus recherchés que ceux des hommes. Mais si les ornemens riches que l'on découvre sur les premières, démontrent la partialité des Égyptiens à leur égard, ils ne prouvent pas moins que la coquetterie ou le desir de se parer dominait le beau sexe ancien comme celui de nos jours. Les femmes, à ce qu'il paraît, portaient avec elles dans le tombeau les parures qu'elles affectionnaient le plus; et les soins donnés à leur embaumement nous les présentent parées comme de leur vivant (1), ayant à leur usage et à leur place respective, sur la chaîne, et au-dessous des enveloppes de toile, les boucles d'oreilles, les colliers, les bagues, les ceintures, les bracelets, etc. (2). C'est ainsi que j'ai découvert, placés sur différentes momies de femmes, les objets de toilette marqués parmi les 571 à 667, à l'exception de quelques-uns que j'indiquerai plus bas. Leur coiffure correspond aussi au restant des ornemens, et je n'ai pas observé une seule momie de jeune femme ornée de quelque parure, qui n'ait eu des cheveux nattés d'une des trois façons qu'on pourra observer sur les trois tresses différentes, 573 à 575, appartenant jadis à trois jeunes Égyptiennes.

Je donnerai ici un exemple pratique du goût et de la toilette des dames qui vivaient environ *trente siècles* avant nous, en décrivant celle qui, avec ses accessoires, ornait la momie à laquelle appartenait le bel avant-bras et la main 1552 : exemple, dans ce genre, peut être le seul si considérable et si complet sur une même momie.

Sa chevelure, la rotondité et la surprenante régularité de ses formes me prouvèrent, au premier coup-d'œil, qu'elle était une beauté de son temps, descendue au tombeau à la fleur de son âge. Ses cheveux étaient soigneusement arrangés, et les tresses 574 tirées de sa tête sont là pour le prouver à nos dames qui, de nos jours, ne nattent pas mieux leur chevelure. Les vingt épingles 571 y étaient entremêlées, comme les fleurs le sont aujourd'hui dans les cheveux de nos beautés. Le col-

---

(1) C'est ainsi que l'observateur scrupuleux et attentif, ayant devant lui les momies entourées de leurs ustensiles, de leurs instrumens, de leurs parures, se trouve transporté au milieu des Égyptiens des siècles reculés, et en déduit les usages et les mœurs par ce qu'il voit, par ce qu'il touche sur et à l'entour d'eux-mêmes. Il lit dans chaque objet une page la plus incontestable de l'histoire des habitudes anciennes, qu'il ne trouve que là, et que le temps semblait couvrir d'un voile éternel. L'importance de telles découvertes anime l'explorateur dans ses recherches, et le soutient dans ses travaux.

(2) Il faut cependant observer que toutes les momies de femmes qu'on découvre, ne se trouvent pas pourvues de quelques parures. Le nombre de celles qui en manquent, est beaucoup plus grand, que celui des momies, qui sont ornées de quelques bagues, bracelets, colliers, ou autres objets pareils.

lier 594, peut-être le plus beau qu'on ait jamais découvert, ornait son col; mais comme si les trois rangs de petites divinités et amulettes en or et pierres fines qui le composent, ne suffisaient pas pour parer la beauté du sein, deux autres colliers 587 et 589 l'accompagnaient, moins riches, mais dont les perles et les rosettes en or, lapis-lazuli et cornaline, se trouvent distribués avec beaucoup de goût et de symétrie. Les deux grandes boucles d'oreilles en or 601 pendaient à ses oreilles; et le très-petit scarabée, cerclé en or 257, fortifié avec un cordon gentiment natté, ornait, en forme de bague, l'index de sa main gauche. Une ceinture élégante, en or, lapis-lazuli et cornaline, et à peu près du même dessin et façon que le collier 599, serrait le milieu de son corps, et un bracelet à double fil de petites perles en pierre fine et en or, comme le collier 595, ornait son poignet gauche; mais ces deux objets me furent volés à Thèbes même, sans que j'aie jamais su ce qu'ils étaient devenus.

Cette surprenante momie, ainsi parée, avait été du reste enveloppée toute nue dans les bandelettes ordinaires de toile, mais imbibées d'un baume qui leur donnait une couleur foncée, brun-rougeâtre. Le cercueil était très-simple, et de la forme de celui décrit sous le 1537, mais couvert de peintures différentes, quoiqu'elles fussent également religieuses et sans vernis. Il renfermait à son tour les autres objets suivans, appartenant à la toilette de la défunte, et qui ne sont pas moins remarquables. Sous la tête de la momie, comme pour la soutenir, était placé le miroir métallique 659, qui est, sans contredit, le plus beau qui soit sorti de toutes les fouilles faites en Egypte de nos temps. Près de lui se trouvait le petit coffre en terre émaillée 842, orné de bas-reliefs. Il renfermait le collier 591 qui mérite d'être placé au nombre des plus curieux, par les anneaux en ivoire, extrêmement petits, dont il est presque entièrement composé, ayant, au surplus, quelques perles en or, lapis-lazuli et en cornaline. Le long de la momie, étaient placés le 853, espèce de cuvette carrée, en bois, qui probablement aura servi à notre beauté ancienne pour se laver le visage par quelque eau préparée; et les 677, 678 et 685, trois petits vases d'albâtre, de formes différentes. Le 677, garni de son couvercle, contient une quantité assez remarquable de baume ou parfum, jadis liquide. Le 678, accompagné de même par son couvercle, avait en outre un bouchon en toile, qui cachait de l'antimoine pour teindre les yeux, qu'on peut encore voir dans l'intérieur de ce vase, et dont l'usage est prouvé par celui des dames coptes d'aujourd'hui, en Egypte, et par un instrument en bois, arrondi à l'une de ses extrémités, que j'ai trouvé dans le vase même, et qui est placé sur lui dans la galerie. Le 685 paraît aussi avoir contenu quelque parfum, mais il n'en reste que de faibles traces. Tous ces objets, de même que la momie, étaient strictement collés au fond du cercueil par un baume qu'on y avait versé, et jadis rendu liquide par le feu. C'est pour cela que l'albâtre des trois vases susdits a une teinte jaunâtre, et non propre à cette stalactite.

La jeune beauté des siècles passés, qui était si extraordinairement parée, et qui peut être placée au rang des découvertes d'antiquités les plus curieuses, se trouvait aussi embaumée dans une attitude très-gracieuse et non ordinaire. Sa main droite 1552, ayant de même les doigts gracieusement pliés, semblait indiquer avec l'index le bas de son ventre, vers lequel le bras droit était mollement étendu. Le gauche se trouvait plié en avant, sa main étendue sur le sein opposé, de manière qu'elle avait à peu près la pose de la Vénus de Médicis.

L'extérieur de cette momie ne correspondait nullement à tant de particularités qui l'environnaient au dedans du cercueil; elle n'était pas même déposée dans un tombeau creusé exprès pour elle. C'est dans un tombeau public que je l'ai découverte, et dont nous verrons quelques détails à sa place dans ma *Note générale sur les Momies*. Cette simplicité du dehors de cette momie, et les objets trouvés dans son cercueil, m'induisirent à la faire totalement développer. A la vue d'une jeune femme de si belles proportions, et qui était certes, sous ce rapport, la momie la plus remarquable de toutes celles que j'avais vues, et dont le nombre n'était pas petit, j'étais resté immobile devant elle, fixant avec un mélange de surprise et de tristesse ses belles formes et ses parures. Dans cet intervalle, un de mes Arabes, croyant me témoigner son zèle, lui casse le bras et la main gauche pour me présenter le scarabée, et le bracelet qui les ornaient. Cette action me troubla l'esprit, et fut cause que je n'ai apporté de cette beauté que son avant-bras, avec la main droite 1552. Le restant du corps fut soigeusement inhumé; mais la particularité des belles proportions de cette momie et sa parfaite conservation, avaient tellement frappé les Arabes mêmes, qu'ils la déterrèrent à plusieurs reprises pour la faire voir, quoique mutilée, à leurs femmes et à leurs voisins.

La distribution des différens objets de toilette sur la momie précédente, peut donner une idée du placement du restant des colliers, boucles d'oreilles, bracelets, bagues, etc. (1), de ma collection, et que j'ai

---

(1) Les bagues *en terre émaillée*, telles que les 626 à 643, ne se trouvent pas sur les doigts des momies, mais dans quelques enveloppes dans leurs cercueils.

découvert sur presque autant de momies différentes de femmes, à l'exception des deux colliers très-remarquables 598 et 599, qui étaient au cou de deux momies d'hommes. Le premier se distingue par ses grosses perles en verre émaillé, et surtout par le grand scarabée en serpentine qui y est suspendu, scarabée qui a des particularités inconnues dans les antiquités égyptiennes, pour avoir la tête et les mains humaines. Le 599 fait aussi exception dans tout ce qu'on a découvert dans son genre, par ses ornemens en pierres fines et en or, et par le grand scarabée en jaspe, couvert d'hiéroglyphes comme le précédent, et orné de bandes en or.

Les colliers, qui sont composés de *coquilles naturelles* ou *coquilles figurées*, en or, argent, pierres fines, etc., méritent une attention particulière. Ils ne se trouvent jamais sur les grandes momies d'hommes ou de femmes, et ce n'est que sur celles d'enfans, et surtout de jeunes filles, qu'on peut espérer de les découvrir. C'est ainsi que j'ai découvert les colliers placés sous les numéros 581, 585, 588 et 596.

Les différentes pierres gravées 646 à 656, et les quarante-deux polies et préparées pour la gravure, classées sous le seul n° 657, ont été trouvées presque toutes dans la terre, en faisant des fouilles dans les différentes nécropoles. On n'en voit presque jamais sur les momies et dans leurs cercueils; et celles qu'on y trouve quelquefois, comme les 648, 651, 652 et 658, sont ornées d'hiéroglyphes ou de figures de divinités égyptiennes.

(XVII.) VASES, COUPES, etc., 668 à 780.

Les cent douze vases et coupes d'usage, en terre cuite, albâtre, serpentine, etc., qui forment cette branche d'antiquités dans ma collection, présentent presque autant de formes différentes, et toutes celles que j'ai pu réunir dans quelques années de mes recherches. Plusieurs, parmi ces vases, sont plus ou moins remplis de baume et de parfum, et indiquent par-là même l'usage qu'on en faisait. Les plus petits se trouvent dans les cercueils des momies, comme les 677, 678 et 685 déjà indiqués dans la note précédente. (XVI.) D'autres ayant contenu des liquides qui se sont évaporés, étaient déposés par terre près de plusieurs morts. Il est à remarquer que c'est à Élithya qu'on découvre le plus souvent des vases en *albâtre*; et le plus grand nombre de ceux en terre cuite, dans les tombeaux de Memphis à Sakarah. Cette observation regarde les vases *ayant servi à l'usage de la vie civile des Égyptiens*. Quant aux vases, dit *canopes*, étant indiqués parmi les objets funéraires, nous verrons à sa place ma note qui doit en parler.

Plusieurs coupes, parmi les quinze objets compris dans les 755 à 769, contenaient des fruits et du pain dans différens tombeaux où elles étaient placées par terre, près d'autant de momies.

(XVIII.) SCEAUX, 781 à 789.

Les grands sceaux en terre cuite, tels que les 781 à 787, se rencontrent dans les fouilles à Thèbes, épars dans la terre, et parmi les débris de pierres. Il paraît, d'après la comparaison faite de quelques-uns avec les empreintes qu'on voit sur beaucoup de briques égyptiennes en terre crue, que de tels sceaux servaient pour les marquer.

Le sceau en bronze, 788, et qui a été découvert parmi les ruines de Karnac, paraît être un sceau national ou royal de l'ancienne ville de Thèbes, puisque, selon les précis des hiéroglyphes de M. Champollion jeune, il porte le titre de *demeure d'Ammon*, qu'on voit indiqué par les caractères qui le composent, sur plusieurs temples de ladite ville, et qui paraît jadis avoir porté ce nom.

Le sceau 789, en terre émaillée, était dans une boîte déposée dans un tombeau de Memphis, près d'un monceau de poussière noire, seul reste d'une momie.

(XIX.) POIDS, 790 à 793.

Ils furent trouvés dans la terre à Memphis.

(XX.) INSTRUMENS DE JEU, 794 à 795.

Les quatre dés sous le même numéro 794, furent aussi découverts dans la terre, mais tous séparément, tant à Philae qu'à Thèbes.

C'est dans le cercueil 1542 de la momie de petit enfant 1543, que j'ai trouvé à Thèbes (1), la balle à jouer 795, renfermée dans le panier, 494 avec quelques fruits qui se trouvent mêlés dans les 447 à 450 (2).

(XXI.) INSTRUMENS PROPRES A DIVERS ARTS MÉCANIQUES, 796 à 840.

Plusieurs momies de Thèbes avaient auprès et au dedans de leurs cercueils, les maillets et les instrumens 596 à 805, sans doute pour l'indication des branches d'industrie auxquelles les défunts appartenaient de leur vivant.

---

(1) Par erreur, on a mis *Memphis* à la page 42, au 795.

(2) Le raisin 458 était aussi dans un petit panier, placé dans le cercueil d'un autre enfant, par les derniers soins de ses parens.

Il est remarquable que des amulettes, qui représentent des formes d'équerres et d'aplombs, tels que les 807 à 824, ne se trouvent que dans les environs des grandes pyramides de Memphis.

La petite scie 825, en silex, se trouvait dans la même boîte qui contenait les instrumens en silex, 531 à 539, propres à l'ancienne autopsie des cadavres, et indiqués dans la note XII.

Aucun des ouvrages de menuiserie égyptienne qu'on a découverts jusqu'à présent, n'est fortifié par des cloux métalliques; cependant, on trouve dans les tombeaux de Memphis, de temps à autre, des cloux en bronze, tel que le 827. Les planches de bois qui composent les cercueils des momies sont toujours réunies par une colle très-forte, ou par des cloux ou chevilles en bois. On peut en remarquer plusieurs exemples dans ma galerie, mais principalement sur le grand cercueil, 1615, dont les chevilles sont ôtées, et placées sur la pièce de toile 1618.

La momie près de laquelle j'ai découvert le câble 828, en écorce de palmier, devait être celle d'un arpenteur égyptien. La longueur de presque 50 pieds, et les extrémités soigneusement entrelacées de cette corde, paraissent l'indiquer. D'un côté, elle est terminée par une *main*, qui nécessairement doit avoir servi pour l'arrêter à un bâton planté dans la terre; et de l'autre, elle finit par un nœud bien natté, et saillant, pour empêcher qu'en l'étendant, elle ne glissât des mains, au moment où l'on s'en servait pour mesurer les terrains. Aussi les anciens historiens disent-ils qu'on se servait de cordes, en Égypte, dans de tels procédés.

Dans le cours de mes recherches, je n'ai jamais découvert à Thèbes, ou ailleurs, des moules d'oiseaux, tels que les 831 à 839, qui proviennent des tombeaux où ils étaient placés près des restes d'une momie qui jadis était un mouleur, à ce qu'il paraît.

(XXII.) COFFRES, BOÎTES, etc., 841 à 844.

Le 841, qui paraît une armoire égyptienne en miniature, renfermait plusieurs petits scarabées, et la pierre gravée, 648, couverte d'hiéroglyphes. Ce petit meuble était déposé dans le cercueil d'une momie de femme, qui avait à son cou le collier 593. J'ai découvert cette momie dans le même tombeau, et tout-à-fait près, et en contact de celle très-remarquable n° 1552, dont j'ai parlé dans la note XVI, et qui était si extraordinairement parée, ayant notamment près d'elle le coffre 842.

(XXIII.) OBJETS DIVERS, 845 à 853.

Les nations se succèdent dans le cours des siècles, et transmettent insensiblement à la postérité leurs usages et leurs mœurs. Combien d'analogie ne trouvons-nous pas, par exemple, dans beaucoup d'usages entre les anciens Égyptiens et les Arabes d'aujourd'hui, de la partie la plus reculée de l'Égypte, de même qu'entre les premiers et les cophtes, même du Caire et d'Alexandrie, quoique les usages aient dû traverser les siècles, et malgré les changemens de domination des Perses, des Grecs, des Romains et des Turcs! Sans m'étendre ici dans l'énumération des nombreux exemples que je pourrais produire à l'appui d'une telle assertion, énumération qui serait déplacée dans cette note, je me bornerai à y citer les deux qui la regardent.

1°. Plusieurs peuplades nomades de l'intérieur de l'Afrique se servent, de nos jours, de chevets en bois pour dormir, tout-à-fait semblables aux 846 et 847, sur lesquels posaient les têtes des deux momies que j'ai découvertes dans cet état à Thèbes. On peut observer un pareil chevet 1611, par l'ensemble des objets découverts dans la chambre sépulcrale intacte, où il se trouve placé derrière le grand cercueil, comme meuble ayant servi au défunt de son vivant.

2°. La clef en bois 851, et jadis déposée dans le cercueil d'une momie de Memphis, est absolument de la même façon que les clefs arabes d'aujourd'hui, excepté que les dents de celles-ci sont en fer, et que le 851 les a en bois.

La clef en bronze 849, qui se rapproche beaucoup de la conformation de la précédente, se trouvait déposée avec l'instrument qui l'accompagne, dans le cercueil d'une autre momie mâle de Thèbes; ce qui prouve, d'accord avec la découverte du 851, que là comme à Memphis, la présence d'une clef près d'un défunt devait servir pour indiquer son état analogue, comme les instrumens d'arts placés près des momies attestent la profession qu'elles ont exercée de leur vivant. Peut-être les deux Égyptiens dans les cercueils desquels j'ai trouvé ces clefs, étaient-ils jadis deux gardiens?

(XXIV.) MONNAIES, 854 à 1361.

Je n'ai jamais découvert des monnaies sur les momies, ni dans leurs tombeaux, excepté quelques-unes mêlées dans la terre, et parmi les ruines, dans ceux déjà ouverts, et spoliés. Aussi ne connaît-on point de monnaies du temps des Pharaons, qui, à ce qu'il paraît, n'en ont point battu. Cette vérité fait dûment présumer que jadis, en Égypte, tout le commerce se faisait par échange. Presque toutes les monnaies 851 à 1361, qui ne sont que grecques, romaines, et arabes, ont été trouvées à Memphis et dans la Basse-Égypte, dans de petits vases, ou éparses dans la terre.

OBJETS FUNÉRAIRES.

(XXV.) STÈLES FUNÉRAIRES, PYRAMIDES, etc., 1362 à 1408.

Les anciens historiens en transmettant à la postérité le récit des mœurs et des usages de l'Egypte sous les Pharaons, ont été tous très-concis sur ce point. Hérodote et Diodore de Sicile même, qui s'étendent le plus sur de tels détails, sont bien loin d'avoir épuisé cette matière. Presque chaque objet sorti des mains des Egyptiens, et que nos recherches modernes arrachent à la terre, et à l'oubli auquel il semblait condamné pour toujours, nous le prouve, en remplissant, à chaque nouvelle découverte, une lacune dans l'histoire de la science, des mœurs et des usages de la plus haute antiquité. Nous en avons des preuves non équivoques dans les descriptions et les notes précédentes, et principalement dans les dissertations scientifiques des savans, à la fin de ce catalogue.

Mais si les différens instrumens d'art, et les produits de l'industrie des anciens Egyptiens, et dont l'existence inaltérée a pu parvenir jusqu'à nous, nous servent de témoins palpables des connaissances d'un peuple qui nous les a transmises, et en même temps de preuves de mœurs inconnues, et qui tiennent aux usages de sa vie civile, les objets purement funéraires ne nous dévoilent pas moins des cérémonies qui regardent les derniers devoirs que les Egyptiens rendaient à leurs parens et à leurs amis, et que nous n'arrivons à connaître que par-là.

C'est principalement sous ce dernier rapport que je soumets à mes lecteurs les notes suivantes, qui résultent des observations sur mes découvertes des antiquités énumérées sous le titre d'*Objets funéraires*, et leurs analogues (1).

Les Egyptiens, considérant la vie comme un pèlerinage, appelaient les tombeaux « des maisons éternelles, » et y étalaient peut-être plus de luxe que dans leurs propres habitations. Aussi leur piété envers les morts ne trouve aucun exemple parmi leurs nations contemporaines, ni parmi celles qui les ont suivies (2). Non contens de déposer leurs défunts, déjà soi-

---

(1) J'ai déjà dit dans la préface, pag. 142, que j'ai découvert une quantité considérable d'autres antiquités, mais de peu d'importance; et que je les ai cédées et expédiées à plusieurs reprises en Europe, durant le cours de mes recherches en Egypte. J'avais aussi acheté plusieurs objets d'antiquités des Arabes, et de quelques particuliers européens qui en avaient, mais je n'en ai presque pas conservé, en formant ma collection actuelle.

(2) On ne doit pas même en exclure celle des nations d'aujourd'hui,

gneusement embaumés et enveloppés, dans des cercueils couverts de riches peintures religieuses, dans des tombeaux ornés de bas-reliefs analogues; ils faisaient, de plus, placer *près* des momies, des *stèles* ou pierres funéraires, ainsi que, de nos jours, nous les déposons, ornées d'épitaphes, sur les tombes de nos amis et de nos parens, avec la différance pourtant que, sur celles-ci, les sujets principaux sont le nom et le rang du défunt, qui ne se trouvent que comme accessoires sur les stèles des Egyptiens. Les scènes sculptées ou peintes sur ces dernières, servent principalement à éterniser la qualité et la quantité des offrandes présentées et immolées aux différentes divinités pour le salut du mort, avec la représentation des parens en adoration devant elles, priant pour leurs proches décédés, dont les noms et les bonnes actions de leur vivant, semblent indiqués dans les textes hiéroglyphiques qui suivent ordinairement ces scènes (1). De plus, de telles stèles n'étaient pas exposées aux regards curieux des vivans, comme elles le sont, de nos jours, au-dessus des souterrains; mais elles servaient uniquement pour orner le séjour des morts. Toutes celles que j'ai découvertes avaient été jadis déposées à 10 ou 20 pieds plus ou moins de profondeur, dans des tombeaux taillés dans la roche, et souvent riches en bas-reliefs sur leurs parois. Cette dernière particularité, et la présence d'une stèle dans le même souterrain, semblent prouver que de tels tombeaux étaient préparés d'avance pour des momies quelconques; ainsi que les cercueils ordinaires, dont parlent les historiens, et qu'on achetait déjà prêts; et que les stèles seules servaient, dans ces deux cas, pour indiquer des représentations peintes,

---

quoique la magnificence de nos mausolées soit si frappante. Bien souvent la vanité seule préside à leur érection. Les tombeaux des grands de nos jours imposent aux vivans. Le plus grand nombre d'entre eux est plus fait par ostentation de la richesse des familles auxquelles ils appartiennent, que pour témoignage réel de piété envers leurs défunts. Ces tombeaux semblent même insulter les dépouilles mortelles de nos ancêtres, par le contraste douloureux d'un extérieur pompeux, avec la vermine du petit emplacement qu'occupent les tristes restes des décédés. Près des Egyptiens, les tombes avaient un caractère tout-à-fait opposé. Rien n'indiquoit leur emplacement à l'extérieur, et toute la pompe, tous les témoignages des derniers soins rendus à un parent, à un ami chéri, se trouvaient cachés avec lui sous terre et dans l'intérieur des montagnes.

(1.) Voyez-en les exemples sur les différentes stèles de la collection.

ou sculptées *exprès* pour les défunts, près desquels on les découvre. Il est cependant remarquable, par suite des observations faites sur les lieux, que cet usage était beaucoup plus répandu à Memphis, et même à Abydus, qu'à Thèbes. C'est dans les tombeaux des premiers, et principalement dans ceux de Memphis, près des pyramides de Sakarah, qu'on découvre les stèles ou pierres funéraires les plus grandes et les mieux gravées, quoique bien souvent, là même, en débris et à peine reconnaissables, mêlées avec la terre et les ruines. Dans les tombeaux de Thèbes, on n'en trouve que très-rarement, et alors même elles sont le plus souvent en *bois peint*, telles que les numéros 1402 à 1404, que j'y ai découvertes. Il paraît que, dans cette dernière ville, les riches manuscrits sur papyrus, placés sur les morts distingués, remplaçaient les pierres funéraires d'Abydus et de Memphis (1).

Les quarante-cinq stèles de ma collection sont les plus considérables et les plus variées qu'on ait pu réunir, tant pour leur quantité et grandeur non ordinaires, que pour les divers sujets qu'elles contiennent. Elles appartenaient à presqu'autant de tombeaux différens, où je les ai découvertes, tantôt debout dans les niches creusées exprès pour elles, et tantôt abattues et mêlées dans les ruines, mais toujours à une profondeur considérable. Les représentations en creux, en relief ou peintes, diffèrent sur chacune de ces stèles, puisqu'elles appartenaient jadis à autant de momies différentes. Chacune forme en elle-même un ensemble complet et isolé, à l'exception des 1378, 1405 et 1406. Ces trois pierres ne sont point des *stèles monolithes* comme les autres. Elles faisaient partie des bas-reliefs de trois chambres sépulcrales de Memphis, sur les parois desquelles elles étaient appliquées (2), et d'où je les ai fait détacher pour cela même, et à cause de quelques détails particuliers qui y sont gravés.

Sans nous arrêter sur ce qu'il peut y avoir de remarquable et d'important sur chacune des autres stèles, sous le simple rapport des repré-

---

(1) C'est ainsi que les riches peintures, et les longs textes d'hiéroglyphes sur les trois cercueils 1615 à 1617, semblent suppléer les uns et les autres dans l'ensemble de la chambre sépulcrale que j'ai découverte dans son intégrité, et dans laquelle je n'ai trouvé ni stèle, ni un manuscrit séparé sur toile, ou sur papyrus.

(2) C'est une exception particulière à peu de tombeaux, puisque ceux qui sont ornés de bas-reliefs, les ont ordinairement sculptés sur la roche même dans laquelle les premiers sont taillés.

sentations, et indépendamment du contenu des textes hiéroglyphiques, j'indiquerai, comme remarquable et digne d'intérêt, celle sous le 1375. Elle ne paraît pas avoir eu la même destination que les précédentes. Un long texte hiéroglyphique la remplit du haut en bas, sans aucune représentation religieuse ni funéraire, du genre de celles qui se voient sur beaucoup d'autres qu'on découvre dans les tombeaux. Il paraît donc que cette stèle n'a pas été sculptée pour un mort; peut-être contient-elle quelque ordonnance ou décret public. Ce qui me donne cette idée, c'est que je ne l'ai pas découverte dans une tombe, mais brisée vers le milieu, et ensevelie dans la terre et les ruines, à une profondeur moyenne.

La stèle *funéraire* 1401 est la seule que je connaisse *sculptée en relief* sur bois.

Les deux petites pyramides 1407 et 1408 étaient placées, l'une près d'une momie découverte dans les souterrains d'Abydus; la seconde près des restes d'un mort de Memphis. Il serait difficile d'en assigner la destination; on ne peut tout au plus les placer définitivement qu'au rang des monumens funéraires, y trouvant une certaine analogie entre leur présence dans les tombeaux, avec la destination, quoique douteuse, qu'on donne aux grandes pyramides, et qu'on croit avoir été bâties pour y déposer les dépouilles mortelles des rois d'Egypte, Chéops ou Chemmis, Cephren ou autres (1).

(XXVI.) VASES, 1409 à 1424.

Ces vases *funéraires*, dits *canopes*, diffèrent principalement par leurs couvercles à têtes humaines et d'animaux, de ceux qui servaient uniquement aux usages de la vie civile (2). Ils se trouvent, au surplus, *toujours* réunis quatre par quatre, ainsi que le sont les quatre génies de l'*Amenti* ou enfer égyptien : *Amset, Hapi, Satmauf* et *Nasnès* (3), dont ils portent ordinairement les têtes respectives qui les caractérisent, c'est-à-dire : *humaine, de cynocéphale, de chacal et d'épervier* (4), ainsi que les quatre sous les 1409 à 1412, et les quatre 1421 à 1424.

---

(1) Voyez les notes sur Hérodote, par Larcher, tom. 11, pag. 406, note 393.

(2) Voyez ces derniers sous les 668 à 780.

(3) Voyez *Précis du Système hiéroglyphique*, par M. Champollion le jeune.

(4) Voyez ces quatre génies modelés en cire, réunis et répétés sous les

On les découvre aussi quelquefois ayant leurs quatre couvercles égaux, et à tête humaine, ainsi que les ont les quatre 1413 à 1416, et de même les 1417 à 1420. Cette dernière réunion me parut d'abord suspecte, et j'étais tenté de l'attribuer à une répétition casuelle de la même tête du génie *Amset*, jusqu'à ce que, ayant découvert la stèle 1386, j'ai aperçu sculptés sur elle, au lieu des quatre génies à *têtes différentes*, et placés comme ils le sont assez ordinairement sur une fleur de lotus, les mêmes à *têtes égales et humaines*, ainsi que les portent les susdits vases. Cet exemple, le seul cependant que je connaisse, prouve néanmoins qu'une telle particularité sur les vases canopes, est due à la mythologie égyptienne.

Nous avons déjà vu à ma note (I.) quel rapport avaient ces quatre génies modelés en cire, avec les entrailles humaines. Nous en trouvons l'analogie dans les vases *canopes*, qui contiennent ordinairement les viscères humains embaumés (1). C'est ainsi remplis, et quelquefois entièrement vides, qu'on les découvre, dans la quantité indiquée, déposés par terre dans les tombeaux, à l'entour de quelques momies ou dans des coffres faits exprès pour eux, avec quatre cases pour les contenir. Cet usage était plus fréquent à Memphis que dans les autres villes de l'Egypte, puisque c'est là qu'on découvre ces vases le plus souvent. Ils y étaient cependant taillés plus fréquemment en pierre calcaire ordinaire, qu'en albâtre, comme le sont les seize sous les 1409 à 1424 (2).

---

11 à 14, 15 à 18, 19, 20 et 21, ainsi que peints sur les manuscrits 1425, 1426 et 1427, etc., et sculptés et peints sur les stèles 1381, 1403, 1404, etc.

(1) Les entrailles des animaux sacrés étaient aussi quelquefois embaumées séparément, mais déposées dans de petites boîtes, ainsi qu'on peut le voir sous le 346. J'ai déjà dit en son lieu que les momies d'animaux sacrés ne sont jamais acompagnées d'aucune amulette ou emblème de divinités; ces animaux ayant été eux-mêmes l'objet d'un culte. C'est pour cela aussi que leurs entrailles ne se trouvent pas déposées dans des vases canopes qui sont surmontés de têtes de divinités du second rang.

(2) On trouve aussi quelquefois chacun des quatre vases canopes, taillé dans un seul bloc de pierre, sans vide ni séparation de couvercle. Dans ce cas, comme dans celui des vases vides, on doit les considérer comme remplaçant des statuettes des quatre génies protecteurs, placés près des momies du second rang, dont parle Hérodote, liv. II, LXXXVII, et dont on n'ôtait pas les intestins dans l'embaumement, ou près de celles dont les intestins étaient jetés dans le fleuve, ainsi que l'attestent Plu-

(XXVII.) MANUSCRITS FUNÉRAIRES, 1425 à 1450.

On distingue facilement les manuscrits *funéraires* par les peintures de scènes religieuses qui accompagnent leur texte, et par celles des processions funèbres, dans lesquelles paraissent les momies. C'est à Thèbes où l'on a le plus souvent le bonheur de les découvrir, et où, par conséquent, il était d'usage plus qu'ailleurs de les déposer dans les tombeaux ; mais là même on en était avare, puisque la plus grande partie des momies en est dépourvue.

Les Egyptiens les plaçaient d'ordinaire roulés sur la chair des morts, avant que de les envelopper de bandelettes de toiles, au-dessous desquelles on les découvre encore aujourd'hui dans un état de parfaite conservation, à moins que la momie même n'ait été détruite par le long cours des siècles, par l'humidité, ou par d'autres causes semblables.

Ces manuscrits n'avaient pas d'emplacement fixe sur les corps des cadavres, puisqu'on trouve les plus volumineux, tantôt sur leur poitrine, tantôt entre les flancs et les bras, et quelquefois entre les jambes, et même entre les pieds (1). Les petits, *roulés*, ainsi que le 1437, étaient placés au-dessous des têtes des momies, ou au-dessous de leurs oreilles, et ceux *pliés* et *attachés* à un cordon, ainsi que les deux sous le 1438 (2), se trouvaient placés en colliers au cou des momies.

Quelquefois, mais c'est très-rare, le papyrus se trouve au-dessus des enveloppes de la momie, déroulé sur elle dans son cercueil.

Les manuscrits sur toiles, tels que les 1443 à 1450, enveloppent ordinairement les momies mêmes ; mais de tels manuscrits sont extrêmement rares, et ne se trouvent qu'à Memphis.

Si quelquefois on trouve dans les tombeaux des manuscrits *funéraires* sans être placés directement sur les momies, on ne les découvre que dans les corps vidés des statuettes en bois placées debout par terre, et représentant *Osiris mitré* (3), ainsi que le 122, et dans lequel se trouvait roulé et caché le

---

tarque et Porphyre. (Voyez note 277 de M. Larcher, sur Hérodote, tom. II, pag. 331.)

(1) C'est dans ces différentes positions que j'ai découvert à Thèbes les manuscrits sur papyrus 1426, 1427, 1436, 1439, 1440, 1441, 1442, etc., etc.

(2) Voyez-en deux semblables *déroulés* sous les 1429 et 1430.

(3) C'est ainsi que la *statuette* d'Osiris accompagne dans les tombeaux les quatre vases canopes, ainsi que l'*œil* d'Osiris accompagne les quatre génies modelés en cire, dans le ventre des momies. Voyez ma note (I.) sur les 1 à 30.

grand manuscrit 1425, qui a la particularité remarquable d'une double inscription *hiéroglyphique* et *hiératique*. Jamais les papyrus ne se trouvent dans les corps des statuettes de caractères différens à ceux que je viens d'indiquer, pas même dans celles d'*Osiris non mitré*, et portant sur sa tête un disque et deux plumes, ainsi que le 121. Ces dernières font cependant une exception à toute autre statuette en bois, puisque, après celle d'*Osiris mitré*, on ne rencontre des manuscrits sur papyrus que dans elles, mais non à la place et dans les corps, ainsi que dans les précédentes, mais uniquement dans leurs *plinthes*, comme j'en ai découvert plusieurs, ainsi que les deux sous les 1432 et 1433, qui se trouvaient réunies dans la *plinthe* d'une pareille et même statuette.

Le manuscrit *démotique* 1435, serré par des bandelettes en toile, enveloppe probablement une momie d'un animal sacré, puisque c'est dans un tombeau de ces animaux que je l'ai découvert à Thèbes. La crainte d'en gâter l'ensemble m'a empêché de faire un examen plus étendu sur cet objet d'antiquité. Cet exemple d'un manuscrit sur papyrus dans une tombe consacrée aux animaux, est le seul que je puisse produire : il mérite une remarque particulière de la part des antiquaires éclairés.

Les trente manuscrits de ma collection se présentent dans ma galerie en partie roulés et en partie déroulés. Je les ai placés ainsi, afin qu'on puisse observer les uns dans l'état dans lequel on les découvre sur les momies, en même temps que, sur les autres, leurs inscriptions et leurs peintures variées.

(XXVIII.) STATUETTES ET PLAQUES, 1451 à 1536.

Hérodote, liv. II, LXXVIII, dans le passage suivant, paraît parler des statuettes en forme de momies, analogues à celles classées sous la plus grande partie des numéros de cette note.

« Aux festins qui se font chez les Egyptiens riches, on porte, après le
» repas, autour de la salle, un cercueil avec une figure en bois, si bien
» travaillée et si bien peinte, qu'elle représente parfaitement un mort ;
» elle n'a qu'une coudée, ou deux au plus. On la montre à tous les con-
» vives tour à tour, en leur disant : jetez les yeux sur cet homme, vous
» lui ressemblerez après votre mort ; buvez donc maintenant, et vous
» divertissez. »

Il est probable que quelques-unes des figures en bois, et même en terre cuite et en pierre, représentant des momies, que j'ai découvertes dans la terre et dans les tombeaux de Memphis, de Thèbes, etc., et dont les plus belles et les plus remarquables se trouvent dans ma collection actuelle, aient pu servir à l'usage qu'Hérodote indique ; mais je crois aussi devoir en déduire d'autres emplois, d'après plusieurs observations.

Il paraît hors de doute, par le passage même de cet historien respectable, que de telles statuettes servaient uniquement pour représenter des effigies de momies, n'ayant d'ailleurs aucun rapport avec les différens caractères distinctifs des divinités égyptiennes, pour les en croire du nombre.

On les rencontre fréquemment dans les tombeaux, et même réunies en quantité considérable, quoique dans ce cas très-petites, et moulées pour l'ordinaire en mauvaise porcelaine, et déposées près des morts dans des boîtes ou dans des coffres ; de manière qu'on doit pour cela même leur attribuer une autre destination que celle qu'elles pouvaient avoir, isolées, ainsi que le dit Hérodote. Une hypothèse se présente, à ce propos, à mon imagination, ensuite de plusieurs comparaisons.

Bien souvent, comme je viens de le dire, ces statuettes, représentant des momies, se trouvent en *grand nombre* près d'un *seul* mort, ayant creusées ou peintes sur elles des inscriptions hiéroglyphiques *variées* (1). Ne pourrait-on pas déduire par-là, que les amis et les parens d'un défunt, voulant témoigner leur attachement au décédé, se faisaient déposer ainsi en effigie de momies, avec leurs noms respectifs, et différentes invocations aux divinités, dans les tombeaux des morts, auxquels ils pensaient témoigner de cette façon la durée de leur attachement au-delà du tombeau et de leur vie ?

Ce qui paraît d'autant plus venir à l'appui de cette hypothèse, c'est l'immense quantité de telles statuettes en forme de momies, il est vrai, grossièrement sculptées en bois, mais presque toutes variées dans leurs hiéroglyphes, qu'on voit dans une des chambres du tombeau royal découvert par Belzoni à Thèbes, et dont le peu d'importance de la matière et de travail a occasionné leur abandon, et l'insouciance de les exporter, de la part des anciens qui ont jadis ouvert et spolié ce magnifique tombeau (2). Cette quantité remarquable de plusieurs milliers de ces

---

(1) Voyez pour exemple les dix-neuf, sous les 1451 à 1469, que j'ai découvertes dans un même tombeau, avec plusieurs autres semblables, et lesquelles, quoique de dimensions égales, ont néanmoins leurs inscriptions différentes.

(2) La statuette 1492 est du nombre de celles qu'on voit dans ce tombeau ; c'est la seule que j'en aie apportée, m'étant aperçu qu'elle se trouvait ornée par deux cartouches royaux. Parmi les milliers d'autres du

images de momies, dans la tombe d'un roi, n'a-t-elle pas une analogie respective avec le petit nombre comparatif de quelques centaines d'elles tout au plus, qu'on trouve quelquefois dans les tombeaux des particuliers? Il est vrai que souvent les légendes hiéroglyphiques sont tout-à-fait les mêmes sur toutes celles qu'on trouve dans un même tombeau (1), ou que de même des statuettes en manquent totalement (2); mais dans ces cas, je crois qu'on doit attribuer de telles exclusions à la pauvreté des *amis* du mort, qui se procuraient, par économie, à l'occasion, des figures représentant des momies préparées d'avance par les mouleurs, ou par les sculpteurs pour de telles cérémonies, et pour éterniser ainsi dans les tombeaux, la présence des vivans près des décédés.

Les plus belles de ces statuettes en bois, en calcaire ordinaire, en albâtre, en serpentine, en pierre dure, etc. (3), ne se trouvent jamais réunies en nombre remarquable dans le même tombeau, mais presque toujours isolées, quoique souvent mêlées avec les communes. Peut-être cette destination, plus riche et remarquable sur des images isolées, servait-elle pour indiquer un témoignage particulier d'attachement des seuls parens ou des amis intimes d'un défunt près duquel on les découvre.

On trouve aussi quelquefois enterrées devant l'entrée murée des tombeaux (4) des configurations de momies déposées dans des petits cercueils respectifs, ainsi que les trois sous les 1487 à 1490. Mais je crois que dans ce cas elles représentent les momies elles-mêmes, et servent pour indiquer celles qui se trouvent dans les tombeaux, devant lesquels

---

même genre déposées dans le même souterrain, j'ai en vain cherché à en trouver quelques-unes qui eussent de même cette distinction, sans laquelle elles ne présentent aucun intérêt pour les conserver.

(1) Voyez pour exemple les quatre sous les 1471 à 1474, qui ont les mêmes hiéroglyphes. Je les ai trouvées, avec beaucoup d'autres tout-à-fait semblables, dans un seul tombeau.

(2) Voyez les trois sous les 1498, 1498 *bis* et 1526, qui manquent d'inscriptions.

(3) Ainsi que les 1486, 1491, 1494, 1497, 1502, 1503, 1505, 1506, 1515, 1519, 1532, 1539, etc., etc.

(4) J'ai déjà dit, pag. 115, qu'on découvre, de nos jours, de temps en temps, des tombeaux intacts, mais de peu d'importance, et placés dans des enceintes des nécropolis jadis destinées aux momies des classes inférieures du peuple.

on les avait placées. Je suis porté à le supposer, puisque j'ai découvert les susdites avec une quantité d'autres toutes différentes en grandeurs et inscriptions *devant* la porte d'un tombeau public, dont nous verrons quelques détails dans la note sur les momies, et dans lequel j'ai eu le bonheur de faire presque toutes les découvertes qui ont enrichi ma collection des instrumens d'art. Les amis et les parens des morts de ce tombeau y auraient déposé leurs images successivement, près des décédés qui leur étaient chers, sans attendre le temps qu'il aura fallu nécessairement pour combler cette tombe, pour placer leurs effigies au dehors, plutôt que dans l'intérieur du souterrain, comme on les découvre ordinairement. Il est vrai que quelquefois les parens ou les amis déposaient près des morts, en témoignage de leur attachement, des statuettes qui les représentaient tels qu'ils étaient, debout et censés en vie, ainsi que nous voyons l'effigie de deux parentés dans les deux statuettes en bois, 1610 et 1612, du tombeau que j'ai découvert intact. Mais de tels exemples (1), quoique plus ou moins différens, sont très-rares, et forment une des exceptions qu'on observe dans presque tous les usages funéraires des Égyptiens. Ils servent pourtant de preuve incontestable que les individus de cet ancien peuple se plaisaient à éterniser, par une copie autant que possible exacte, la présence de *leurs propres personnes* dans les *tombeaux de leurs défunts chéris*, ainsi que de nos jours, par un usage tout-à-fait opposé, nous nous empressons de conserver *dans nos habitations* les portraits de nos parens et de nos amis *décédés*.

Il ne faut pas cependant confondre les statuettes *représentant des personnages debout ou assis*, qu'on trouve déposées près et à l'entour des cercueils des momies, avec celles qu'on parvient à découvrir une à une sur les momies, dans l'*intérieur* des cercueils. Ces statuettes semblent être les effigies, de leur vivant, des morts mêmes, puisque j'ai observé qu'outre plusieurs caractères analogues qui les distinguent, ces statuettes sont toujours représentées du même sexe que les momies sur lesquelles on les découvre. C'est ainsi, par exemple, que j'ai trouvé distinctement sur deux momies d'hommes les statuettes barbues 1482 et 1483, et sur une femme celle sous le 1484, qui est figurée du même

---

(1) Les statuettes 1481, 1514, 1516, 1527, 1531, etc., sont de ce nombre. Observez aussi l'intérieur du cercueil 1537, dans lequel on voit peint de son long une femme avec la poitrine découverte, en signe de deuil, tandis que ce cercueil est barbu, et appartient à une momie mâle.

sexe; plus, la statuette 1621, qui était placée dans le dernier des trois cercueils concentriques 1615 à 1617, est représentée dans un costume qui est celui d'un prêtre; et la momie sur le cœur de laquelle je l'ai déverte était jadis de même un prêtre, selon tous les indices tirés des objets environnans, et selon les inscriptions hiéroglyphiques qui l'accompagnent (1).

On doit donc conclure, d'après les observations précédentes:

1°. Que les statuettes en *forme de momies*, qui se trouvent répétées, et en grand nombre, près d'une seule momie, sont les effigies de ses amis, déposées par ces derniers mêmes, près de ses dépouilles mortelles, en témoignage d'attachement;

2°. Que celles qui, parmi les précédentes, ne se distinguent que par la matière plus recherchée dont elles sont formées, et par leurs riches inscriptions, doivent de même être considérées comme les images des parens ou des amis du mort, quoique pourtant des plus intimes, ou des plus riches d'entre eux;

3°. Que les *configurations de momies enterrées* devant la porte d'un tombeau, servaient pour indiquer les morts qui étaient déposés dans l'intérieur du même souterrain;

4°. Que les statuettes représentant des Egyptiens ou Egyptiennes *debout* ou *assis*, et par conséquent supposées en vie, et qu'on découvre à *l'entour des cercueils* dans un tombeau, sont également les effigies des amis et des parens du défunt près duquel on les découvre;

5°. Que les statuettes semblables, mais de plus petites dimensions, qu'on trouve quelquefois dans *l'intérieur* des cercueils, et directement *sur les momies* mêmes, servent pour les représenter telles qu'elles étaient de leur vivant.

Si ces conclusions sont justes, quel contraste bizarre ne trouve-t-on pas entre les deux premières et la cinquième! Les Egyptiens représentaient par-là, par une passion presque innée de l'homme, qui fait estimer de préférence à ce qu'on possède, ce qui ne se trouve pas dans

---

(1) Voyez ma description aux p. 129 et 130, et la notice de M. Champollion-Figeac, à la fin du catalogue. On pourra, au surplus, observer le même nom de ce prêtre, *Mandoufiep*, indiqué sur les trois cercueils 1615 à 1617, et répété sur la plinthe de la statuette en question, par sept caractères d'hiéroglyphes *phonétiques*, ainsi que l'indique le savant susdit, et qu'on peut observer dans le *Précis du Système hiéroglyphique*, par M. Champollion le jeune.

le présent : dans le premier cas, les *vivans morts* ; et dans le second, les *morts vivans*.

Les plaques, telles que les quatre sous les 1507 à 1510, se trouvent ordinairement attachées par un cordon au cou des momies, mais toujours placées sur leur poitrine, au-dessous de toute enveloppe. Par les représentations des divinités, et des légendes hiéroglyphiques qui y sont peintes ou gravées, on doit les considérer comme des amulettes, telles que les grands scarabées couverts d'hiéroglyphes, qu'on trouve sur d'autres momies, placés dans la même position. D'ailleurs, de telles plaques ont ordinairement dans leur centre la représentation en relief d'un scarabée, ainsi que l'a celle sous le 1507, ou hétérogène et encastré, ainsi que sur le 1510.

(XXIX.) ORNEMENS DE MOMIES, 1534 à 1536.

Quoique les petites divinités en terre émaillée et en pierres fines, de beaucoup d'autres objets déjà indiqués dans les articles précédens, servent en même temps d'amulettes et d'ornemens aux momies, on a cru néanmoins devoir donner cette dernière classification à part, aux antiquités désignées sous les 1534 à 1536, et notamment aux vingt-trois placées sous le même 1536, qui n'ont aucun caractère analogue aux divinités ou leurs attributs, et qui pourtant sont des amulettes, et ornaient en même temps le cou de plusieurs momies, enfilées dans des cordons à un ou plusieurs rangs, ou qui étaient placées dans leur main gauche, au-dessous des enveloppes. On y remarque des espèces de tiges et fleurs de lotus en pierres fines, des *coquilles naturelles* qui se trouvaient sur une momie d'enfant, des amulettes en cristal de roche, dont la forme approche de celle d'un cœur, etc., etc.

Les momies de quelque distinction, mais qui n'ont point d'enveloppes d'un cartonnage en toile, ainsi que l'ont celles des 1539, 1540, 1543; et qui par conséquent ne se trouvent qu'enveloppées de seules bandelettes en toile, ainsi que la momie 1538, sont assez souvent ornées par un réseau de perles en verre émaillé, quoique ne représentant le plus souvent qu'un simple filet en verroterie, qui couvre la partie supérieure de la momie dans l'intérieur du cercueil, et au-dessus des enveloppes de toile, depuis les épaules jusqu'aux pieds. Les quatre génies de l'*Amenti* avec un grand scarabée sans hiéroglyphes, en bois peint ou doré, ou en terre émaillée, se trouvent alors fortifiés vers la partie supérieure du filet. Quelquefois, mais c'est assez rare, des petits scarabées ou des petites divinités se trouvent enfilés sur le dernier fil de l'extrémité près du cou des momies, présentant ainsi un collier de quelques amulettes au-dessus des enveloppes, ainsi qu'on le découvre ordinairement au-dessous d'elles, et sur les cous nus des morts. Plus rare encore est leur ornement de quelque scarabée ou divinités, nattés par des émaux de plusieurs couleurs, ainsi qu'on en voit sur le réseau 1534; mais ce réseau est jusqu'à présent le seul qu'on ait découvert si complet, et figuré de telle façon sur une momie, et la cachant de tout son long, depuis la tête jusqu'aux pieds; représentant la tête du défunt ornée par-dessous d'un riche collier; la poitrine et le restant du corps couverts de divinités et légendes hiéroglyphiques; le tout natté avec goût par des émaux de différentes couleurs.

(XXX.) CERCUEILS, MOMIES, BAUMES, etc., 1537 à 1557.

Fidèle à mon système de ne réunir et de ne garder, en formant en Egypte ma collection actuelle, que ce que je pouvais découvrir de plus intéressant et d'inconnu, ou qui servait à rendre chacune des branches d'antiquités variée et digne de l'étude et des observations des savans antiquaires de l'Europe, j'ai aussi conservé les neuf momies et les deux têtes placées sous les 1537 à 1557, non moins que les divers baumes qui y sont compris, pour autant d'exemples de différentes particularités les plus remarquables, qui regardent *directement* les momies. C'est sous ce rapport que je présente aux observateurs éclairés celles que je viens de citer; bien loin de vouloir les faire considérer comme objets de simple curiosité, rapport sous lequel elles ont presque cessé d'intéresser, vu que chaque cabinet d'antiquités égyptiennes de l'Europe en possède, et vu que les découvertes les plus communes dans les recherches d'antiquités dans quelques nécropolis de la Haute-Egypte, sont les momies mêmes, quoique le plus souvent sans autre intérêt que celui que l'explorateur patient et attentif peut tirer des différens caractères d'embaumement, et des enveloppes qui les distinguent entre elles.

Les trois momies *développées*, d'une jeune fille, d'un garçon et d'un enfant, placées sous les 1546, 1547 et 1549, tout en présentant plusieurs caractères communs à toutes les momies, en offrent d'autres variés sur chacune, servant pour indiquer trois attitudes les plus remarquables que les Egyptiens donnaient aux morts, dans l'opération de l'embaumement, ainsi que nous le verrons plus bas.

Les quatre momies *enveloppées*, 1538, 1539, 1540 et 1543, présentent toutes un extérieur de même bien distinctement varié; et j'indiquerai ensuite le rapport que chacune de leurs enveloppes avait chez les Egyptiens, avec les rangs plus ou moins distingués des décédés.

Les deux momies *enveloppées*, 1548 et 1544, nous servent de témoignage de l'embaumement des morts *grecs* en Égypte, dans deux époques différentes, ainsi qu'on pourra en juger par mes observations sur cette particularité remarquable.

Quant aux deux têtes de momies, aux avant-bras, et aux cinq baumes différens, désignés sous les 1550 à 1557, je les citerai à leurs places respectives comme exemples des différentes remarques que j'indiquerai à mes lecteurs dans le cours de cette note.

OBSERVATIONS GÉNÉRALES

SUR LES MOMIES HUMAINES, ET SUR LEURS TOMBEAUX.

1°. *Leurs embaumemens, et les différentes attitudes données à leurs corps.*

Dans la notice sur les embaumemens, insérée à la fin de ce catalogue, et rédigée par M. Delattre, docteur en médecine, se trouvent détaillés les trois procédés que les Egyptiens employaient pour préserver les cadavres humains de la corruption. C'est tout ce que l'histoire nous a transmis là-dessus. Je me bornerai donc à indiquer certaines particularités que les anciens historiens ne citent point, et que je suis parvenu à déduire par mes propres observations sous ce rapport, dans le cours de mes explorations parmi les ruines des nécropolis de l'ancienne Égypte.

Il paraît que l'extraction des entrailles n'appartenait pas *exclusivement* au premier mode d'embaumer les cadavres, ainsi qu'Hérodote semble l'indiquer (1), puisque les momies du peuple, sans cercueils, déposées et réunies quelquefois par centaines dans des tombeaux publics, sans aucun indice de la moindre opulence, et privées de tout autre ornement que de très-simples enveloppes de toile, portent presque toujours les marques non équivoques de l'incision et coupure de leur flanc gauche, et de la privation des instestins (2); et il n'est pas présumable que les parens de tels morts aient eu les moyens de procurer

---

(1) Liv. ii, LXXXVI, LXXXVII et LXXXVIII.

(2) Voyez pour exemple le flanc gauche de la momie développée 1547, qui est de ce nombre. J'observerai en passant que l'incision pour l'extraction des intestins est toujours sur le flanc gauche des momies, ainsi que l'indique Diodore de Sicile, liv. i, XXXIV.

à leurs décédés le premier mode d'embaumement qui était si cher, selon les historiens. La différence dans ce procédé devait donc se trouver dans la variété des baumes et des parfums qu'on y employait. C'est ce que j'ai cru avoir réellemment observé. Les momies *les plus simples*, privées de leurs intestins, les ont *toujours* remplacés par un asphalte, tel que celui sous le 1555, dont leurs corps sont entièrement imprégnés et noircis, ainsi que l'est la momie développée 1547. Mais quoique des morts de quelque distinction soient de temps à autre embaumés de la même façon, ce ne sont que ces derniers, et surtout les plus soignés dans leurs enveloppes et dans leurs ornemens, qui ont leur ventre rempli d'une réunion de débris de bois odoriférans et de natrum, etc., ainsi que celle sous le 1554. Aussi de telles momies se présentent-elles avec des formes arrondies, et ayant la peau d'une teinte presque naturelle, et à peu près pareille à celle du petit enfant 1549 ; et, loin d'être noires et ridées comme les précédentes, elles prouvent par-là qu'elles ont été embaumées par un procédé et avec des baumes tout-à-fait différens. Ainsi, la diversité distincte des baumes sert plus que l'incision des cadavres, et l'extraction de leurs entrailles, pour indiquer et pour attester le premier mode d'embaumement pratiqué sur les morts, qui se trouve surtout incontestablement prouvé par la présence, dans le ventre des momies, de débris de bois odoriférans, par celle du natrum, ou par celle de tout autre parfum sec, semblable à ceux placés sous le 1554 qui accompagnent uniquement les momies les plus belles et les plus soignées dans leurs enveloppes.

Mais si le procédé de l'extraction des entrailles présente une certaine analogie entre les momies les plus soignées et celles du dernier rang, le second mode d'embaumement, peu dispendieux, et indiqué par Hérodote, qui s'opérait par l'injection de la liqueur du cèdre, sans ôter les intestins aux morts, ne trouve pas moins son application sur des momies très-riches en ornemens. Une preuve, entr'autres, en est la momie dont le bras se trouve dans ma galerie sous le 1552. Elle était embaumée de cette façon, sans coupure sur le flanc, et cependant c'était une momie des plus riches en parures qu'on ait découvertes, ainsi que nous l'avons vu dans ma note XVI. De tels exemples plus ou moins remarquables sont cependant trop rares pour ne pas les attribuer au seul choix du second mode d'embaumement préféré au premier, par quelque individu riche, pour des raisons peut-être d'économie, ou pour éviter l'incision du cadavre d'un parent ou d'un ami trop chéri.

L'attitude que les Egyptiens donnaient à leurs morts dans les embaumemens était toujours la même quant à la tête, au corps et aux jambes, c'est-à-dire étendus de leur long en ligne droite (1). Toutes les variations, sous ce rapport, consistaient dans les différentes postures des bras, qu'on voit, tantôt étendus droits sur les flancs et sur les cuisses; tantôt placés ainsi sur le devant, les mains réunies; tantôt avec les avant-bras croisés autant que possible sur la poitrine; et quelquefois un bras seul plié de cette manière, et l'autre étendu droit de l'épaule à la cuisse (2). Quoique ces variations se trouvent indifféremment répétées sur toutes les momies d'hommes, de femmes et d'enfans, j'ai cru néanmoins m'apercevoir d'un procédé assez souvent suivi; savoir : que les hommes et les très-jeunes enfans ont le plus souvent les bras étendus en long sur les flancs, ainsi que les a là momie 1544 (3); que les femmes d'un certain âge ont un bras croisé sur la poitrine, et l'autre droit de côté, ou tous les deux pliés sur le sein, ainsi que les a placés la momie développée 1547, qui est pourtant celle d'un garçon; et que finalement les jeunes filles les ont presque toujours étendus en avant, avec les mains réunies au-dessous du *pubis*, comme on les voit disposées sur la momie de celle placée sous le 1546.

La position des mains, ou, pour mieux dire, des doigts des mains des momies, suit aussi une règle presque toujours constante : d'une manière, sur les morts des plus anciens Égyptiens; d'une autre, sur ceux des Grecs. Les premiers ont toujours la main droite étendue, et la gauche fermée en poing, ainsi qu'on pourra l'observer sur les trois momies développées

---

(1). Voyez-en pour exemple toutes celles des différentes momies de ma collection; et si le petit enfant développé 1549 ne se trouve pas tout-à-fait étendu de son long, il faut l'attribuer plutôt à une négligence de la part de ces anciens embaumeurs, qu'à une exception volontaire et presque sans exemples répétés.

(2). Il ne faut pas confondre cette attitude assez fréquente d'un bras croisé sur la poitrine, et la main placée sur l'épaule opposée, et l'autre pendant tout-à-fait droit de son côté, sans aucune disposition gracieuse, avec l'attitude remarquable et extrêmement rare que j'ai indiquée dans ma note XVI, et qui a une certaine analogie avec celle de la Vénus de Médicis.

(3) Cette momie est celle d'une *femme* grecque; mais, outre que les momies des femmes égyptiennes ont quelquefois leurs bras pendans des deux côtés, de même que les ont ordinairement les hommes, il faut que je fasse observer ici que les morts grecs, du caractère de la précédente, ont toujours cette même attitude, de tout sexe et de tout âge.

1546, 1547 et 1549 (1). Aussi n'est-ce que sur la main gauche des momies, et dans son poing fermé qu'on trouve des bagues ou des amulettes, lorsque cette partie des morts égyptiens en est pourvue. Quant aux momies grecques, nous verrons à son lieu la particularité qui les regarde sous ce rapport.

2°. *Enveloppes des momies égyptiennes, et leurs cercueils.*

Je ne connais point d'exemples de la découverte d'une momie, sans une épaisse enveloppe de bandelettes de toile (2), seule (3), ou accompagnée par un cartonnage extérieur (4). Cette observation reconnue incontestable, comment expliquer le passage suivant de Diodore de Sicile (5), dans lequel il dit, après avoir parlé des embaumemens : « Plusieurs Egyptiens ayant conservé par ce moyen toute leur race dans » des cabinets faits exprès, trouvent une consolation qu'on ne peut ex- » primer, à voir leurs ancêtres dans *la même attitude et avec la même* » *physionomie* que s'ils étaient encore vivans, » à moins qu'on ne suppose que les Egyptiens préféraient garder quelquefois chez eux leurs ancêtres chéris, et *sans enveloppes, dans des cabinets faits exprès dans leurs propres habitations, qui n'existent plus*, plutôt que de les faire déposer enveloppés dans les tombeaux des différentes nécropolis, où uniquement on découvre des momies de nos jours. D'ailleurs, j'ai déjà produit une preuve que ces tombeaux étaient inaccessibles aux vivans (6).

Sans m'arrêter sur des particularités de peu de conséquence, à l'égard des premières enveloppes de toile sur les momies, j'indiquerai ici les dispositions générales des bandelettes de toile, de coton ou de lin, plus ou moins larges et longues, mais ordinairement très-étroites, et de la lon-

---

(1) La momie du bras 1552 faisait exception à cette règle générale. Sa position ne trouve du reste que des exemples extrêmement rares, ainsi que je l'ai déjà dit.

(2) Les momies de la lie du peuple, qu'on découvre dans la terre et même dans quelques tombeaux publics, et dont les enveloppes de toile presque nulles et la mauvaise conservation indiquent la pauvreté des individus, ne peuvent pas servir ici d'exception.

(3) Voyez pour exemple les momies 1538, 1544 et 1548. Celles développées 1546, 1547, 1549, étaient entourées de bandelettes, ainsi que la momie 1538.

(4) Voyez pour exemple les momies 1539, 1540, 1543.

(5) Liv. 1, S. II. XXXIV.

(6) Voyez ma note à la page 119.

gueur de plusieurs pieds, qui serrent les anciens morts égyptiens directement sur la chair. Ils sont enveloppés de deux manières :

1°. Par des langes qui enveloppent d'abord le corps, les bras et les jambes séparément, et à une épaisseur considérable (1), et qui finissent avec des détours innombrables par serrer la momie en forme de gaine sans extrémités apparentes. Quelquefois ces bandages sont couverts par de grands morceaux de toile, plus ou moins nombreux, qui cachent la momie en entier, et qui à leur tour sont entourés, sur le mort, de quelques bandes étroites, et placées par intervalle de la tête aux pieds (2).

2°. Par des bandelettes de toile qui commencent directement par envelopper le corps, les bras et les jambes réunis, et qui finissent l'enveloppe de même (3).

D'autres différences dans les enveloppes sur de telles momies ne sont qu'accidentelles, et ne consistent que dans la diversité de distribution des dernières bandes extérieures de toile, et probablement plus ou moins recherchées, selon le goût des embaumeurs, ou selon le prix qui leur était accordé pour une telle opération (4).

Les momies ainsi préparées étaient quelquefois couvertes par des réseaux en verroterie, ainsi que nous l'avons vu dans ma note XXIX.

D'autres plus recherchées dans leurs ornemens extérieurs, et déjà soigneusement enveloppées d'une des façons indiquées plus haut, étaient entièrement renfermées dans un cartonnage formé par la réunion de bandes de toile strictement collées (5). Ces cartonnages, qui

---

(1) Dans ce cas cependant, les doigts des mains et des pieds se trouvent tous réunis, et non enveloppés à part.

(2) Voyez pour exemple la momie 1538.

(3) Les trois momies développées 1546, 1547 et 1549 l'étaient de même, ainsi qu'on pourra s'en convaincre en examinant la posture des bras et des jambes, adhérant aux flancs, à la poitrine et entre eux.

(4) On pourra aussi observer une pareille diversité dans la dernière disposition des bandelettes de toile, entre les animaux sacrés de ma collection dont je n'ai point ôté les enveloppes.

(5) Il y a des momies qui, au-dessus de leurs bandelettes de toile, au lieu d'être ainsi ornées, n'ont qu'un grand masque en pareil cartonnage, tel que l'avait la momie indiquée dans mes des. col. XVI, et décrite à la page 138. D'autres n'ont qu'un cartonnage en toile chargé de scènes religieuses, et placé uniquement sur le devant, depuis les épaules jus-

ont la dureté du bois, sont coupés, réunis et lacés de leur long par derrière (1); mais, quoiqu'ils n'adhèrent pas aux enveloppes intérieures, il paraît qu'on les confectionnait sur les momies mêmes, puisqu'ils les serrent exactement tout à l'entour, représentant par conséquent leurs formes respectives. Ils sont toujours couverts de riches peintures religieuses, et ornés d'un masque, tantôt doré, et tantôt uniquement coloré. De tels cartonnages ont des ornemens et des dorures beaucoup plus recherchés sur les momies de femmes que sur celles des hommes.

La forme commune des cercueils est celle des momies mêmes, c'est-à-dire représentant un mort emmailloté et étendu de son long (2). Leurs dimensions ont les proportions nécessaires pour contenir une momie; et si celle-ci se trouve déposée dans un double ou triple cercueil, ainsi qu'on les découvre quelquefois, leur grandeur respective augmente en proportion de celle du cercueil que chacun contient à son tour (3). Ceux de forme rectangulaire sont plus rares. Leurs parois ont pour l'ordinaire deux à trois pieds de haut. Leurs couvercles sont bombés de tout leur long, et à bouts coupés, tel que celui du coffre 506 (4). De pareils cercueils se sont découverts jusqu'à quatre emboîtés l'un dans l'autre, et contenant une seule momie.

Les cercueils à forme humaine, sculptés en pierre, sont très-rares. Ordinairement on les découvre en bois de sycomore, et quelquefois en bois très-dur. Il y en a aussi de dimensions et de formes pareilles à celles du cercueil 1537, qui, au lieu d'être en bois, ainsi que leur poids et le degré de leur consistance pourraient le faire croire, ne sont composés que par des innombrables morceaux de toile étroitement unis et collés. Cette particularité, quoique extrêmement rare, ne prouve pas moins que le bois était de tout temps peu commun en Egypte.

Beaucoup de cercueils sont totalement privés d'inscriptions et de peintures. Il y en a dont l'extérieur seul en est orné, au-dessus du couvercle et au pourtour des parois (5). D'autres en sont chargés de tous

qu'aux pieds, comme l'a la momie 1543. De tels morts ont aussi quelquefois sur leur poitrine un ornement comme celui classé sous le 1535.

(1) Voyez les deux momies enveloppées dans de tels cartonnages, 1539 et 1540.

(2) Voyez un tel cercueil sous le 1537.

(3) Ainsi que ceux de la momie 1540.

(4) Le petit cercueil rectangulaire 1542, à couvercle aplati et en pente, présente une forme qui est très-rare.

(5) Voyez les deux cercueils 1541 et 1542.

côtés, tant à l'intérieur qu'à l'extérieur, au-dessus et au-dessous (1). Les cercueils en pierre, qui sont ornés par quelques inscriptions, les ont tantôt, et le plus souvent, sculptés en creux, et tantôt en bas-relief. Ces particularités se trouvent aussi sur quelques-uns en bois. On pourra voir un exemple des hiéroglyphes en creux sur le couvercle du cercueil en sycomore 1541.

Les représentations des scènes religieuses sont toujours les sujets des peintures ou des sculptures sur tous les cercueils, et même sur tous les grands sarcophages en granit, qu'on a découverts jusqu'à présent; et je ne connais que les trois cercueils concentriques placés sous les 1615 à 1617, qui présentent une exception exclusive à cette règle générale, non moins qu'à celle de la conformation ordinaire des cercueils. On pourra se convaincre de ces vérités frappantes, en examinant avec attention les trois précédens, et en faisant la comparaison de leurs peintures et de leurs formes, avec celles des autres cercueils de ma collection, ou de ceux d'autres cabinets d'antiquités égyptiennes de l'Europe.

Les cercueils d'hommes et de femmes ne diffèrent essentiellement de ceux des enfans que par la grandeur : cependant, quelquefois des momies d'enfans se voient déposées dans des cercueils des dimensions les plus grandes. Cette remarque, jointe à celle que bien des fois des femmes se trouvent déposées dans des cercueils destinés aux hommes, ainsi que l'indiquent les barbes de leurs couvercles, ou des momies d'hommes dans ceux préparés pour les femmes, prouvent qu'en Egypte les cercueils ne se faisaient pas toujours exprès pour les momies qu'ils renferment, mais qu'on les préparait d'avance, pour s'en servir au besoin.

L'extérieur des enveloppes et des cercueils des momies peut servir pour indiquer à peu près le rang des morts égyptiens. Ainsi pourra-t-on considérer comme un exemple des momies du peuple celle sous le 1538; les 1539 et 1543, comme ceux d'une classe plus élevée, et la momie dorée 1540, comme exemple des plus riches. Mais on se tromperait presque toujours, si on voulait juger, par les ornemens extérieurs des momies, ceux de leur intérieur. Bien souvent les plus simples dans leurs enveloppes sont les plus riches en parures et en objets remarquables; et presque toujours les momies ornées par des cartonnages induits de peintures les plus recherchées et même dorées, et déposées dans deux et même trois cercueils, n'ont absolument rien de remarquable au-dessous de leurs bandelettes et sur leur chair. Aussi tout ce que j'ai découvert

---

(1) Voyez pour exemple le cercueil 1537.

de plus intéressant dans mes longues recherches en Egypte, n'était ordinairement placé que près ou sur des momies les plus simples dans leurs enveloppes.

3º *Des momies grecques, des particularités qui les distinguent; de leurs enveloppes et de leurs cercueils.*

Il y a des momies qui portent sur leurs enveloppes de toile ou sur leurs cercueils, leurs noms en caractères *grecs*, tantôt indiqués en entier, tantôt par de simples initiales. Il paraît incontestable que de telles momies sont celles des Grecs morts en Egypte, dans l'époque la plus reculée; et il n'est pas surprenant que leurs parens y aient adopté pour la conservation de leurs défunts, le même procédé d'embaumement qui formait un dogme de religion d'un peuple si respecté par la Grèce, dont elle tira l'origine de ses lois et de sa fable mythologique, et dont les plus anciens usages, surtout à l'égard des funérailles, se conservaient encore en Egypte au temps des Ptolomées, et à l'époque de Diodore de Sicile, ainsi que cet historien le dit (1). Il n'y a point de raison d'ailleurs pour croire que les Egyptiens aient orné leurs propres morts d'inscriptions grecques; et celles qu'on voit sculptées sur quelque temple de l'Egypte, datent toutes du règne des Lagides.

On distingue deux procédés remarquables dans les attitudes, les enveloppes et les cercueils des momies qui ont des *noms grecs* sur elles.

1º. Il y en a dont les attitudes de leur corps, les enveloppes de toile, les cartonnages et les cercueils mêmes, sont absolument analogues, et les mêmes que ceux des momies réellement égyptiennes, dont elles ne diffèrent que par cette seule inscription grecque (2), et quelquefois par une dorure *au-dessous* des enveloppes, qu'on ne voit appliquée ainsi, que presque exclusivement sur de telles momies portant un nom grec. Cette particularité consiste tantôt dans une dorure directe *sur la chair* des morts, et principalement sur leur visage, où par des petites plaques très-minces d'argent doré ou d'or pur (3), appliquées de même sur quelque partie du corps, mais le plus souvent formées en étuis cylin-

---

(1) Liv. 1, XXXVI.

(2) Voyez-en un exemple sur la momie enveloppée 1548, qui a son nom grec sur les bandelettes qui serrent sa poitrine à l'extérieur.

(3) Des petites plaques en or ou en argent se trouvent quelquefois aussi sur les momies sans inscriptions grecques.

driques représentant des doigts, avec l'indication des ongles, et placées sur les dix doigts respectifs des mains de telles momies (1).

2°. D'autres, dont tous les détails, à l'égard de la posture du corps, de leurs enveloppes, de la forme, et du style de leurs cercueils et de leurs peintures, diffèrent entièrement de ceux des précédentes, de manière qu'on les distingue au premier coup-d'œil des momies *égyptiennes*. Leur attitude respective est toujours la même, savoir : le corps, les bras et les jambes bien étendus de tout leur long, et les seconds toujours droits sur les flancs et les cuisses, ayant les deux mains également étendues. Les épaisses enveloppes de toile dont leur corps est emmaillotté, serrent séparément leurs bras, leurs jambes, et jusqu'aux doigts de leurs mains et de leurs pieds, par de longues bandelettes plus ou moins étroites. Des grands morceaux de toile finissent par couvrir à plusieurs tours, en entier, étroitement, et de même à part, la tête, le tronc, les bras et les jambes. Des petites bandes fortifient alors une telle enveloppe de distance en distance (2). Au surplus, un *morceau* de toile, *isolé* et très-grand, enveloppe quelquefois de telles momies de tout leur long, et sans être adhérent que par-ci et par-là, où cette toile se trouve collée par du baume (3). Si de temps à autre des cartonnages en toile emboîtent de tels morts, leur conformation correspond aux enveloppes indiquées ; et, au lieu d'être en forme de gaine, ainsi que les cartonnages égyptiens 1539 et 1540, ils présentent un mort étendu de son long, dont les bras, les mains, les jambes et les pieds sont arrondis, et distinctement indiqués. Les noms grecs accompagnent toujours ces cartonnages, tracés sur eux ou sur les morts qu'ils renferment. Il est rare que les momies ainsi enveloppées, c'est-à-dire, ornées d'un cartonnage pareil, soient déposées dans un cercueil ; mais si elles le sont, la forme de ces derniers est presque toujours rectangulaire ; ils manquent le plus souvent de peintures, à l'exception d'un enduit général de blanc,

---

(1) J'avais conservé des doigts pareils pour ma collection actuelle; mais ils furent égarés ou volés dans leur transport en Europe, et c'est pour cela qu'un tel exemple manque parmi mes antiquités.

(2) Voyez une de ces momies sous le 1544, qui est celle d'une femme, et qui porte son nom grec sur une des bandelettes de son cou.

(3) Les taches noires sur ladite momie 1544 sont celles du baume qui collait une pareille toile sur elle, et que j'y ai détachée pour faire observer les différences principales des enveloppes sur des momies grecques.

sur lequel l'on voit le nom du défunt, tracé en caractères grecs noirs ou rouges. S'il y a des légendes hiéroglyphiques, elles n'y sont ordinairement que de peu d'étendue, et disposées à une ou plusieurs bandes au pourtour, ou sur la partie supérieure d'un tel cercueil. Il y a de plus une différence bien distincte entre ces derniers, et les cercueils *rectangulaires égyptiens*. La hauteur presque totale de ceux-ci consiste dans celle des parois *de leur caisse* (1), tandis que les cercueils *rectangulaires grecs* ont leurs parois latérales et leur partie supérieure adhérentes, et *le fond seul détaché* (2). Les momies grecques *sans cartonnages*, et avec les bras et les jambes enveloppés séparément, ainsi que nous l'avons vu plus haut, sont ordinairement placées dans des cercueils qui ont la forme des *égyptiens* qu'on voit le plus souvent, c'est-à-dire représentant un mort étendu et emmailloté, mais en même temps composés de petites planches *très-minces* et réunies (3), qui rendent la rotondité de ses formes moins exacte, et différente de celle des cercueils égyptiens, qui sont *sculptés* sur de *gros morceaux* de bois (4). Le style des peintures qui ornent de tels cercueils grecs, peut être considéré comme *bâtard*, puisque les figures qui y paraissent, n'ont ni le caractère net des contours francs, et toujours scrupuleusement suivis, du dessin *religieux* des égyptiens, ni celui d'une parfaite copie de la nature, qu'on trouve dans les statues de l'ancienne Grèce; mais un mélange frappant d'attitudes, et de vêtemens qu'on ne voit jamais ailleurs dans les peintures et dans les sculptures *vrai-égyptiennes* (5). Les couleurs aussi, tou-

---

(1) Voyez pour exemple les trois cercueils égyptiens 1616 à 1617.

(2) Voyez pour exemple d'un pareil cercueil grec, et extrêmement rare parmi les Egyptiens, le petit qui est du nombre de ces derniers, et placé sous le 1542. On pourra aussi observer une différence analogue entre les cercueils égyptiens et les grecs *en forme de momies*. Voyez pour ces deux exemples, 1o le cercueil ancien égyptien 1541 et *bis*, dont le couvercle est à peine concave, et la caisse proprement dite contient la momie en entier; et 2o le cercueil de la momie grecque 1544, dont presque toute la hauteur consiste dans celle des parois du couvercle.

(3) Voyez le cercueil *grec* 1545.

(4) Voyez les cercueils *égyptiens* 1537 et 1541.

(5) Examinez pour exemple le cercueil de la momie grecque 1544. On voit entr'autres sur son couvercle, *Anubis* présentant la défunte à *Osiris*, et dont l'attitude de la tête tournée à l'envers du corps, et sa longue jupe qui le sorte du haut de la poitrine, et descend jusqu'aux pieds, ne cor-

jours privées, sur de tels cercueils, du beau vernis qu'on admire sur les peintures du *style pur égyptien* sur bois, sont bien loin d'avoir l'éclat et la fraîcheur étonnante de ces dernières, même lorsque celles-ci manquent du vernis qui en augmente sensiblement la beauté (1). Les cercueils qui se distinguent par toutes les particularités que je viens d'indiquer, sont toujours accompagnés d'un nom en caractères grecs, tracés directement sur eux ou sur les momies, toujours à bras et à jambes détachés, qu'ils contiennent, et lesquelles, par une analogie remarquable avec la particularité *des dorures* des momies grecques *emmaillottées en forme de gaîne*, portent au-dessus des enveloppes de toile, des amulettes et les quatre génies de l'*Amenti* en cire *dorée*, ainsi que je l'ai déjà dit (2), et qui ne se découvrent qu'en cire *non dorée* sur les momies *égyptiennes*.

Il y a donc des momies *reconnues grecques* par leurs noms respectifs, tracés sur elles en caractères de leur langue, qui se distinguent : 1° par une parfaite ressemblance d'attitude du corps, des enveloppes et des cercueils, avec ceux des momies *égyptiennes*; et 2° par une totale diversité dans tous ces détails funéraires, et qu'on n'observe que sur elles.

Cette parfaite analogie du procédé de l'embaumement, et des enveloppes des unes avec ceux des morts *égyptiens*, et la totale diversité des autres sous le même rapport, non moins que l'écartement qu'on remarque sur ces dernières, des formes et du style des peintures qui tenaient à une prescription sévère de la religion égyptienne, ne peuvent-ils pas nous faire conjecturer :

1°. Que les momies *accompagnées d'un nom grec*, qui ne diffèrent point de celles des Egyptiens, sont les momies des Grecs morts en Egypte dans l'époque la plus reculée, et au temps des Pharaons, dans lequel les usages appartenans aux dogmes de leur religion devaient être le plus scrupuleusement suivis?

---

respondent point à la posture simple, et à la courte jupe qui distinguent presque toujours ce dieu à tête de chacal, sur les monumens *égyptiens*, ainsi que, p. c. sur la stèle 1372, etc. On pourra trouver de même une différence analogue dans le vêtement de la femme qu'il conduit par la main, et dans plusieurs autres détails dans les peintures qui ornent ce cercueil.

(1) On n'aura pour s'en convaincre qu'à faire la comparaison des peintures du cercueil *grec* 1545, avec celles de style *égyptien pur*, qu'on remarque, 1° *sans vernis* sur la stèle en bois 1402, sur le cercueil 1615, etc.; et 2° *enduites de vernis* sur l'intérieur du cercueil 1537, etc.

(2) Voyez ma note I sur les 1 à 30, et les antiquités que j'y indique.

2°. Que celles de même pourvues d'un nom en caractères grecs, dont la forme des cercueils, le style des peintures, la disposition des enveloppes, et la posture du corps diffèrent si particulièrement sur une même momie des procédés analogues qu'on remarque constamment sur les momies égyptiennes, sont celles des Grecs décédés en Egypte dans une époque plus récente et moins sévère dans l'observation de tels détails funéraires, et peut-être dans celle des Lagides?

Si ces hypothèses sont bien fondées, la momie 1548 serait celle d'un enfant grec mort dans un des siècles des Pharaons; et la momie 1544, celle d'une femme semblable, décédée au temps de la domination des Ptolomées en Egypte.

4°. *Description générale des nécropolis de l'Egypte, de leurs différens tombeaux, et de l'emplacement respectif des momies.*

Le récit de mes observations, qui regarde directement les momies dans cette note, serait incomplet, si, après avoir donné une description de leurs attitudes, de leurs enveloppes et de leurs cercueils, avec l'indication des exemples respectifs qui se trouvent dans ma collection des antiquités que j'ai découvertes, je ne donnais pas en même temps une idée générale des nécropolis de l'Egypte, de leurs différens tombeaux et de l'emplacement respectif que les momies y occupaient.

Chaque ville de l'ancienne Egypte avait sa *nécropolis* ou ville des morts, puisqu'on découvre aux environs des ruines de presque chacune des premières, une réunion de tombeaux plus ou moins nombreux, majestueux et remarquables, et correspondant en cela à la grandeur et au faste des villes près desquelles on est à même de les examiner.

A très-peu d'exceptions près, toutes les *nécropolis* se trouvent à l'*occident* des villes. On avait jadis destiné leur emplacement dans des positions qui dominaient les terrains que le Nil arrosait; sur les montagnes de la chaîne libyque dans la Haute-Egypte, et sur les plaines les plus élevées dans la basse (1).

La *nécropolis* qu'on doit considérer comme la plus remarquable et la plus vaste de l'Egypte, est celle de *Thèbes*. Ses tombeaux surpassent de beaucoup en grandeur et magnificence tous ceux des autres *villes des morts*; et il n'y a que les pyramides de *Memphis*, considérées comme

---

(1) A Alexandrie même, on voit les souterrains de sa nécropolis dans une plaine, à environ une lieue à l'occident des ruines de cette ille.

tombeaux, qui peuvent être comparées à ceux des rois à Thèbes, par l'analogie du travail, et les frais immenses que supposent leurs constructions et leurs excavations respectives.

Après avoir parcouru les souterrains les plus remarquables des nécropolis de l'Egypte, on reste interdit en examinant la différence frappante qu'on trouve entre leur magnificence intérieure, et la simplicité de leurs entrées extérieures, qui, à l'exception des passages nécessaires des portes ou des orifices des puits qui y conduisent, et qui se trouvent le plus souvent bouchés à dessein par de grosses pierres, ne se distinguent en rien de la rusticité que la nature a empreinte sur le rocher, dans l'intérieur duquel ces tombeaux sont taillés avec tant de luxe et de richesse d'ornemens, en bas-reliefs et en peintures (1).

Les entrées mêmes des tombeaux des rois à Thèbes ne se distinguent en rien de l'aspect sauvage des environs extérieurs de leur emplacement; et on est étonné de lire dans Strabon: « Que jadis des obélisques » couverts d'inscriptions étaient taillés auprès d'eux, » tandis qu'on n'y trouve pas la moindre trace de leur présence, ni par leurs propres débris, ni par quelque ornement quelconque et analogue, au dehors des tombeaux royaux, et qui auraient dû les accompagner, si les anciens Egyptiens auraient voulu rendre remarquables, et signaler ces fameux souterrains par leurs façades et entrées extérieures. Cependant des obélisques devaient se trouver dans la vallée destinée aux tombeaux royaux, puisque Strabon le dit, observant que leurs inscriptions contenaient « le nom, la richesse, la puissance et l'étendue de l'empire des » Pharaons, » qui étaient déposés dans ces souterrains. Mais l'interprétation que, selon moi, on doit donner à ce passage du respectable géographe, est que ces obélisques étaient érigés *dans la vallée* des tombeaux royaux, et non à leur place respective devant chacun d'entre eux pour lesquels on en avait taillé ou sculpté, et dont on voulait cacher l'emplacement aux vivans, ainsi que nous l'avons vu, et ainsi que nous en trouvons, entre autres, un témoignage incontestable à l'appui, dans la description que Diodore de Sicile donne du tombeau d'*Osimandue*, qui doit être considéré comme un *grand temple*, jadis destiné à *cacher* dans son intérieur et dans une place inconnue, le corps de ce roi, ainsi que l'inscription de sa statue le prouve, et qui contenait l'indication

---

(1) Cette particularité nous prouve que l'entrée des tombeaux était cachée, et interdite aux vivans, ainsi que nous en trouvons une preuve évidente dans le sujet de ma note à la pag. 119.

suivante que le même historien nous a transmise : « Je suis *Osimandue*, » rois des rois ; si quelqu'un veut savoir combien je suis grand et où je » repose, il faut qu'il détruise quelqu'un de ces ouvrages. »

Les entrées mêmes des galeries ou corridors qui conduisent aux chambres sépulcrales des pyramides, étaient si soigneusement cachées, que même de nos jours, toutes les peines qu'on se donne pour les découvrir sur plusieurs d'entre elles qui ne sont point ouvertes, restent infructueuses, et on sait que de nos temps le seul et malheureux Belzoni est parvenu, après de nombreux travaux, à rouvrir la seconde pyramide de Gizeh, dont l'entrée avait été recachée et remise dans son état primitif, par la bizarrerie inexplicable d'un calife qui l'avait ouverte, et dont le nom en arabe se trouva tracé dans l'intérieur de ce monument colossal. Tous ces faits prouvent, d'accord avec plusieurs observations indiquées déjà dans mes notes précédentes, que jadis rien ne marquait à l'extérieur dans les *nécropolis* d'Egypte, l'emplacement *réel* où se trouvaient déposées les dépouilles mortelles des rois ou celles des particuliers, et que la surface de ces anciennes *villes des morts* était bien loin de présenter un aspect imposant et correspondant à la grandeur et au luxe de leurs monumens souterrains, dont on avait le plus grand soin de cacher la position et les entrées extérieures. Toute la magnificence et la différence distinctive des tombeaux consistaient donc dans celles des souterrains mêmes, qui étaient plus ou moins remarquables, selon le rang des personnages auxquels ils étaient destinés. Dans ces cas, les obélisques cités par Strabon n'auraient été placés dans la nécropolis de Thèbes que pour indiquer *la vallée* dans laquelle les rois dont ils portaient les noms étaient ensevelis, ainsi que, dans d'autres parties de la même nécropolis, on voit encore aujourd'hui des espèces de pyramides tronquées, et bâties en briques crues, dont j'ai fait détruire deux de fond en comble, et que j'ai trouvées entièrement massives et sans vide, et étant bâties directement sur la roche. Elles ne servaient donc pas pour indiquer un tombeau, puisqu'elles n'en cachaient point, n'en ayant pas même dans le voisinage et à une certaine distance ; mais il est probable, puisqu'on devait leur avoir donné une destination, qu'elles étaient bâties pour marquer, ainsi que les obélisques, des enceintes particulières à certains rangs distincts des momies.

Aussi une suite remarquable de souterrains d'égal dessin, de grandeur et d'ornemens correspondans, non moins que des débris d'objets d'antiquités analogues, qu'on parvient à découvrir dans une même position d'une nécropolis, et surtout dans celle de Thèbes, distinguent entre eux plusieurs emplacemens qui semblent la partager en divisions marquées, et différentes entre elles dans de tels détails souterrains, et servant jadis à autant de classes et rangs de morts différens, malgré quelque mélange, selon moi, purement casuel.

Mes propres observations sur ces variétés marquantes, comparées aux relations de l'histoire ancienne, surtout à l'égard des tombeaux royaux, m'induisent à diviser les plus remarquables dans les nécropolis de l'Egypte : 1º en tombeaux des rois; 2º en tombeaux des grands et de familles plus ou moins distinguées; 3º en tombeaux publics; et 4º en tombes les plus simples, jadis creusées dans la terre. Je passe à donner une *idée générale* des tombeaux qui distinguent ces divisions, indiquant autant que possible l'emplacement respectif des momies (1).

1º. *Des Tombeaux des Rois.*

Les seuls tombeaux ou monumens servant de sépulture aux Pharaons qu'on connaît par les anciens historiens, en même temps que par les inspections modernes parmi les ruines de l'Egypte, sont ceux de *Biban et Melouk* à Thèbes, et les grandes pyramides à Memphis.

L'emplacement des tombeaux des rois à Thèbes est séparé du restant de sa nécropolis par une chaîne de montagnes; et l'on n'y découvre point de tombes d'un caractère inférieur; quoique les pyramides à Memphis en aient de toutes simples à l'entour d'elles.

Les superbes souterrains de *Bibai et Melouk* sont taillés dans la roche de calcaire à des niveaux différens, sans aucune symétrie relative, dans une vallée, dont l'extérieur présente les précipices, et le mélange confus des pentes naturelles des monts qui l'environnent, sans que l'art en ait ôté en rien l'empreinte primitive et sauvage.

Strabon porte le nombre des tombeaux royaux de Thèbes à quarante, et Diodore de Sicile à quarante-sept. De nos jours, on en compte environ vingt-cinq, en partie praticables et en partie plus ou moins remplis de terre et de ruines. Toutes les recherches modernes pour en découvrir davantage, ont été inutiles, à l'exception de celles de Belzoni, qui par vint à découvrir le plus grand et le plus beau qu'on connaisse.

Pour se former une idée de la magnificence de ces tombeaux royaux, et du contraste frappant des précipices qui les environnent et les ca-

---

(1) Ma description des tombeaux égyptiens, rédigée sur *un point de vue général*, pourra intéresser, je l'espère, les personnes mêmes qui possèdent déjà des notions *détaillées* et exactes sous ce rapport, mais à l'égard seulement de quelques tombeaux isolés.

chent, on n'a qu'à supposer une suite considérable de grandes galeries, de vastes chambres, d'immenses salons de 10, 20 et jusqu'à plus de 25 pieds de haut, et proportionnellement longs et larges, ornés de piliers et chargés de bas-reliefs et peintures égyptiennes les plus soignés, et d'une conservation des plus frappantes; le tout transporté comme par enchantement dans le sein des monts qui le cachent au-dessous de leurs masses informes, qu'on dirait n'avoir jamais été approchées de l'homme, et abandonnées à la stérilité du triste désert dont elles font partie, et qui paraît régner inaltéré sur elles, comme sur les montagnes des environs, depuis leur existence primitive.

L'imagination s'égare, lorsqu'au milieu de ces palais souterrains on réfléchit à la hardiesse d'une telle entreprise, à la constance et aux difficultés de l'exécution dans des siècles qui virent naître, et qui tenaient encore dans le berceau, les arts et les connaissances humaines!

Les entrées des tombeaux royaux à Thèbes font face sur tous les points, et leurs lignes diamétrales, bien loin d'être parallèles, s'étendent de conformité dans autant de sens différens; et il paraît qu'on n'avait égard qu'à la capacité du rocher dans lequel on voulait creuser un tombeau, pour en déterminer les dimensions qui varient dans chaque tombeau royal. Tantôt, un de ces vastes souterrains se trouve taillé au même niveau de la partie plus basse de la vallée; tantôt l'entrée d'un autre se trouve à une hauteur sensible sur le flanc d'une montagne qui la domine, et tantôt sous vos pieds un vaste escalier coupé dans la roche, vous conduit dans l'intérieur d'un troisième. De longues galeries en pente ou en ligne horizontale, et dont les parois latérales se trouvent pourvues de petites chambres sépulcrales ou ornées uniquement par des bas-reliefs, vous conduisent à des salles magnifiques, couvertes à leur tour de bas-reliefs et de riches peintures, et qui, taillées au même niveau, ou successivement creusées à une profondeur plus grande, et réunies par des corridors, des rampes ou des escaliers, aboutissent au salon le plus vaste et le plus majestueux, où les débris d'un sarcophage, le plus souvent en granit, vous attestent que c'était là où un peuple, chérissant son roi, lui prodigua ses derniers soins, et déposa en vain pour jamais ses dépouilles mortelles, dont vous n'observez plus la moindre trace dans aucun de ces superbes souterrains.

La majesté d'un tombeau royal, la magnificence de ces bas-reliefs et de ces peintures vous servent seules de base, pour en déduire par analogie avec les détails des tombeaux des particuliers, l'intérêt et la richesse des objets funéraires qui jadis devaient accompagner la momie d'un Pharaon! Le seul tombeau royal découvert par Belzoni en 1817, peut vous fournir quelque rapprochement plus exact, par la présence de quelques débris d'objets abandonnés dans ce souterrain incomparable dès le temps reculé dans lequel il fut ouvert pour la première fois, et spolié de ses richesses. Dans sa plus grande salle, un fragment d'un grand *Osiris mitré* en bois, de la hauteur de plus de quatre pieds, dont l'intérieur se trouve vide de tout son long, vous prouve la présence antérieure d'un *papyrus funéraire* d'une énorme grandeur, qu'on y avait jadis déposé avec cette statue, près du sarcophage en albâtre, du roi de ce tombeau, ainsi qu'on les découvre quelquefois près des cercueils des momies des particuliers (1). Des os de bœuf que vous observez encore çà et là dans ce souterrain, vous témoignent le sacrifice et les offrandes faits pour l'auguste défunt (2); et des milliers de statuettes en bois, représentant des momies, dont une des chambres se trouve remplie, vous attestent que les sujets et les parens du roi ont déposé dans son tombeau leurs effigies, ainsi que les Égyptiens les déposaient ailleurs près de leurs amis, en témoignage d'attachement au-delà de la vie (3).

Les grandes pyramides de Memphis, assez connues, et que tous les plus anciens historiens s'accordent à nommer tombeaux de certains rois de Memphis, doivent être considérées comme des montagnes artificielles dans lesquelles, ainsi que dans celles de Thèbes, des corridors dont les entrées furent soigneusement cachées, conduisent aux salles où devaient reposer les corps des rois d'Égypte qui les firent bâtir, ou ceux de leurs successeurs, et dont les noms se confondent dans l'histoire des siècles les plus reculés.

2°. *Des tombeaux des grands et de ceux de familles plus ou moins distinguées.*

Les tombeaux les plus remarquables dans la nécropolis de Thèbes, après ceux des *Biban et Melouk*, approchent de certaine manière de la magnificence des tombeaux royaux. La différence principale ne consiste que dans leur position au milieu de la *nécropolis commune*, et séparée de celle des rois; dans leur extension moins grande, et dans des bas-reliefs et des peintures inférieurs en beauté et en richesse d'exécution, à ceux jadis destinés pour la dernière demeure des Pharaons de Thèbes. Ils sont néanmoins plus ou moins vastes et majestueux, et correspondent, sous

---

(1) Voyez ma note XXVII, à la pag. 170.
(2) Voyez mes remarques à la pag. 124, aux 1599 et 1600.
(3) Voyez ma note XXVIII, à la pag. 171.

ce rapport, aux tombeaux les *plus marquans* des nécropolis d'Abydus, de Héliopolis, de Hermopolis, etc., et même aux plus remarquables de Memphis, après les pyramides. Il est donc vraisemblable que de tels tombeaux appartenaient aux personnages du plus haut rang, aux grands fonctionnaires, aux gouverneurs des nomes, etc.

Tantôt leurs entrées se trouvent sous vos pieds, et tantôt dans le flanc des montagnes. Un ou plusieurs vastes salons taillés dans la roche, les composent, ayant leurs parois chargées d'hiéroglyphes en bas-relief ou en creux. Le plus souvent des piliers coupés de même dans le roc les ornent, couverts à leur tour d'inscriptions et de représentations funéraires. Il est rare que de tels tombeaux n'aient pas un ou plusieurs *puits* dans leur intérieur, et creusés à dessein dans les emplacemens le moins remarquables. Ces *puits* toujours rectangulaires et oblongs, et d'une profondeur variée, aboutissent aux entrées d'une ou de deux petites chambres sépulcrales, taillées dans la roche tout au fond, aux deux parois opposées et les plus étroites. Les ruines et la terre qui remplissent le plus souvent ces puits, les restes des murs qui bouchaient jadis les portes de leurs chambres, les fragmens des cercueils, tantôt en bois, tantôt en pierre, et les restes pitoyables des momies mutilées et souvent brûlées, attestent que, quoique jadis cachés, ces puits n'ont point échappé à la fureur et aux recherches des nations ennemies.

Quelquefois de tels tombeaux ont leur façade extérieure richement ornée de légendes hiéroglyphiques et de bas-reliefs. Réfléchissant à cette particularité, et à celle de cacher avec soin l'emplacement des puits dans l'intérieur de ces souterrains, on est tenté de les distinguer des tombeaux absolument inaccessibles, et de les comparer à ce temple servant de tombeau à Osymandue, et dans lequel les dépouilles mortelles de ces rois se trouvaient si soigneusement cachées, qu'une inscription sur sa statue semblait défier quiconque d'en découvrir l'emplacement (1).

Quelques chambres sépulcrales des moins considérables, que le hasard seul préserva des anciennes dévastations, et qu'on parvient à découvrir de nos jours dans de tels tombeaux, avaient les objets qu'on y avait jadis déposés, plus ou moins détruits par le long cours des siècles, ou ne présentant qu'une distribution symétrique de quelques momies des plus belles qu'on peut espérer de découvrir, et du genre de la mienne dorée et placée sous le 1540, accompagnées de stèles les plus grandes, et remarquables,

---

(1) Voyez Diodore de Sicile, tom. I. S. I. V., et ma note précédente.

telles que celles sous les 1362, 1363, 1372, etc., etc., et par quelques autres objets funéraires plus ou moins marquans.

Des exemples plus intéressans d'un ensemble historié et plus varié, nous manquaient jusqu'à ma découverte de la chambre sépulcrale intacte, déjà décrite en tête de mes notes; mais son emplacement se trouvait cependant dans un souterrain moins marquant, et dans un de ceux que je classe au nombre des tombeaux particuliers des familles plus ou moins distinguées, quoique pas autant que celles du plus haut rang (1). Ces derniers tombeaux consistent dans des puits pareils à ceux déjà décrits (2), mais taillés, isolés dans différens placemens des nécropolis, ayant une ou plusieurs chambres sépulcrales dans les parois des extrémités. Dans ce dernier cas, les chambres se trouvent toujours vis-à-vis et à un ou plusieurs étages, creusés successivement l'un au-dessous de l'autre. C'est dans ces tombeaux, qui incontestablement devaient être destinés à des familles particulières et isolées, qu'on a le bonheur de découvrir de nos jours, et de temps à autre, ce que les anciens Egyptiens y avaient placé, et que le temps rongeur et la barbarie des hommes ne sont point parvenus à détruire dans ces chambres sépulcrales. C'est là où, sur les momies et près d'elles, se voient tous ces détails d'objets religieux et funéraires, toutes ces marques de distinction du rang ou de la profession d'un défunt, non moins que de la piété envers lui de la part de ses amis et de ses parens, qu'une religion bizarre et la plus mystérieuse prescrivait; objets qui prouvent évidemment le haut degré de civilisation et de savoir auxquels était parvenu le premier peuple qui sut franchir les bornes d'une ignorance générale, et donner les types de presque toutes les connoissances humaines aux Grecs, et aux nations contemporaines et postérieures.

---

(1) Diodore de Sicile, liv. I, S. II. XXXIV, indique que des Égyptiens avaient aussi *des tombeaux à eux*, c'est-à-dire particuliers à leurs familles, où ils déposaient leurs défunts.

(2) On remarque aussi dans la nécropolis des petits tombeaux particuliers, qui se composent de deux galeries, dont l'une s'allonge en ligne directe avec l'entrée, et la seconde à gauche et à droite, formant angle avec la première. Ces tombeaux, pourvus d'un puits, sont le plus souvent peints, au lieu d'avoir des inscriptions et représentations religieuses en bas-reliefs. D'autres variétés dans les tombeaux sont trop peu suivies et trop peu marquantes, pour être indiquées dans ces notes, destinées à donner des *idées générales* sur les souterrains.

J'ai déjà indiqué successivement dans mes notes l'emplacement respectif donné par les anciens Egyptiens mêmes, à chaque classe d'objets d'antiquités que j'ai découverts dans mes fouilles en Egypte. Il ne me reste donc ici qu'à parler directement de celui des momies.

Je trouve à ce propos des passages dans les anciens historiens, qui ne correspondent point à ce que j'ai toujours *vu* dans les tombeaux. Hérodote et Didore de Sicile (1) s'accordent à dire que « les « Egyptiens plaçaient *droites contre la muraille* » les momies de leurs défunts ; cependant il faut que j'atteste que, parmi le nombre peut-être de plusieurs milliers de momies des tombeaux publics, de celles des tombeaux particuliers, et de celles simplement enterrées que je suis parvenu à découvrir, et que j'ai de même *vues* dans d'autres fouilles que les miennes, aucune ne se trouvait debout, mais *toutes* jadis placées horizontalement dans les tombeaux et dans la terre (2).

On ne remarque dans les tombeaux particuliers, sous le rapport d'un emplacement suivi des cercueils, que la momie placée au centre de la chambre au fond du puits, et, en cas de la réunion de plusieurs morts, que leurs cercueils placés l'un *près* de l'autre en lignes parallèles, et presque toujours avec les pieds tournés vers l'entrée de la chambre sépulcrale.

3°. *Des Tombeaux publics.*

Toutes les nécropolis connues et praticables de l'ancienne Egypte ont des catacombes qui se distinguent des autres tombeaux par leur grande étendue, et en même temps par la simplicité avec laquelle elles sont taillées dans la roche. Leur excavation ne présente le plus souvent qu'un simple corridor ou galerie de 8 à 10 pieds de large, et plus ou moins de haut, qui se prolonge considérablement dans l'intérieur des montagnes. Ces souterrains s'y étendent dans tous les sens, et reviennent quelquefois à aboutir par des détours et par des pentes jusqu'au

---

(1) Hérodote, liv. II, LXXXVI, et Diodore de Sicile, liv. I, S. II. XXXIV.

(2) Une seule fois j'ai vu dans mes fouilles à Thèbes, trois ou quatre cercueils purement égyptiens, dont l'un contenait encore une momie, qui se trouvaient *placés debout* devant la porte d'une petite chambre sépulcrale qui renfermait deux momies grecques. Cette découverte, d'ailleurs isolée, ne sert qu'à prouver une disposition arbitraire, et le peu de cas que les Grecs faisaient des momies égyptiennes à l'époque de leur domination en Egypte.

dessous de leurs entrées. Aucun bas-relief, aucune peinture ne décorent leurs parois. Les différences principales de tels tombeaux entre eux, consistent dans des petites chambres sépulcrales, qui dans quelques-uns se trouvent creusées de distance en distance dans les flancs du corridor, de même que dans des puits intérieurs qu'on y découvre de temps à autre, ou dans quelques saillies latérales ou des cavités pratiquées dans les parois, pour élargir ces catacombes jadis destinées pour l'entassement des momies. La grandeur de ces souterrains, leur simplicité et l'immense quantité de fragmens de momies qu'on découvre dans leurs ruines, prouvent qu'ils servaient pour y déposer les morts du peuple, et que c'étaient là les tombeaux publics dont chaque ville devait être pourvue.

Dans la nécropolis de Thèbes, où se trouvent les tombeaux dans tous les genres les plus remarquables de l'Egypte, les catacombes indiquées ont une étendue étonnante. Il y en a de si considérables en longueur, que les galeries qui les composent pourraient contenir dans chaque souterrain deux à trois mille hommes, avec assez d'espace pour y circuler.

Leurs entrées sont ordinairement dans les flancs des montagnes, et leur niveau le plus souvent horizontal.

Les nombreux tombeaux de ce genre qu'on voit à Thèbes ont été tous jadis spoliés. Ils sont plus ou moins praticables, selon les ruines qui les encombrent. La plus grande partie d'entre eux noircis par le feu, et remplis d'une immense quantité de fragmens de momies et de débris de cercueils brûlés, attestent que tout ce qui anciennement y avait été déposé par les Egyptiens, y était devenu la proie des flammes. Le bouleversement postérieur qu'on observe dans les ruines intérieures de ces tombeaux, spoliés de tout objet intéressant, prouve que la nation ennemie qui détruisit ces catacombes, ayant pour but principal celui d'y enlever tout ce qu'il pouvait y avoir d'une valeur intrinsèque et réelle, pour contenter sa soif des richesses, mettait le feu à ces vastes souterrains, où son avidité trouvait ensuite dans les cendres de tout ce qu'il y avait eu de combustible, les métaux et les pierres fines qu'elle y cherchait, sans égard à tous les précieux objets d'art qu'elle y détruisait, et dont l'intérêt ne pouvait être apprécié que par quiconque protége, chérit ou cultive les connaissances humaines.

Tout s'accorde pour faire peser le reproche de ces ravages sur la nation Perse, dont la barbarie et la fureur dans l'invasion en Egypte ne trouvent point d'exemple dans celles des conquérans postérieurs de ce malheureux pays.

Les tombeaux publics de toutes les autres nécropolis, et quelques-uns même de Thèbes ne contenaient, selon les observations faites sur le lieu jusqu'à nos jours, que des momies sans cercueils, et sans autre ornement qu'une simple enveloppe de toile. Les entrées qu'on en découvre de temps à autre, sont cachées au-dessous de leurs propres ruines, occasionnées par une démolition forcée. Les momies de la lie du peuple s'y présentent en partie entassées les unes sur les autres dans leur état primitif, et en partie mutilées et confondues dans le plus grand désordre. Ces remarques attestent que tels tombeaux n'étaient point échappés aux recherches des ennemis, mais que la seule pauvreté des momies qui y avaient été déposées, les avait sauvées d'une destruction complète.

Des débris de cercueils et des fragmens de quelque objet funéraire qu'on remarque exclusivement dans les ruines des tombeaux publics brûlés de Thèbes, prouvent qu'on y plaçait aussi, mêlées avec les morts de la lie du peuple, des momies de quelque distinction, et dont les familles n'avaient point de tombes particulières pour y déposer leurs défunts. Le hasard couronna aussi mes recherches sous ce rapport; et je crois être le seul parmi les explorateurs modernes de l'Egypte, qui puisse produire la découverte d'un tombeau public contenant des momies intactes déposées dans des cercueils, et accompagnées d'objets intéressans.

Quoiqu'aucune disposition préméditée et suivie ne puisse servir de guide dans la recherche des tombeaux dans les nécropolis de l'Egypte, j'avais néanmoins observé qu'à Thèbes les tombeaux publics avaient presque toujours une grande façade coupée à plomb dans le flanc des montagnes, avec une large esplanade taillée sur la roche devant leurs entrées. Cette remarque me servait de guide dans les fouilles que j'entretenais exprès pour une telle découverte, sur les pentes des montagnes de la nécropolis de Thèbes, dans les emplacemens qui pouvaient me présenter quelques détails analogues à ceux que mes observations avaient reconnus dans les environs des tombeaux publics. De telles explorations me servirent, en effet, pour déblayer les passages de plusieurs de ces vastes souterrains ; mais ils ne me présentèrent que des marques répétées d'une entière dévastation. Mes recherches d'une entrée intacte de tombeau public ne restèrent pas toujours infructueuses, ainsi que je l'ai déjà dit. Près de mon habitation à Gournah (1), je parvins à découvrir une façade de près de 29 pieds d'élévation, et d'environ 30 pieds de largeur, taillée dans la roche. Elle était jadis soigneusement cachée par des

---

(1) Village qui consiste dans une petite portion de tombeaux de la nécropolis de Thèbes, habité par les Arabes.

débris de pierre et par du sable et de la terre qui la couvraient à dessein et en entier, depuis son sommet jusqu'à l'extrémité de la terrasse ou esplanade qui se trouvait devant elle. Au centre, était l'entrée, d'environ 9 pieds de large, et d'une hauteur à peu près égale. Un mur de briques crues qui la bouchait, ne présentait aucun indice de démolition. Devant cette porte se trouvait enterrée une quantité de petites figures en bois, représentant des momies avec des petits cercueils respectifs (1), et servant pour indiquer les morts qui se trouvaient dans ce souterrain.

La parfaite ressemblance de sa façade avec celle des grands tombeaux publics déjà décrits, me fit espérer dans celui-ci, dont l'entrée se présentait intacte, la découverte d'un nombre incalculable de momies, et avec elles celle d'une quantité d'objets intéressans, à moins que des causes secondaires ne les eussent déjà détruits et réduits en poussière.

Bientôt ma curiosité fut contentée, et mon espoir porté au plus haut degré, lorsqu'ayant fait abattre le mur, je m'aperçus que des momies et des cercueils bien conservés et entassés les uns sur les autres, remplissaient l'entrée du haut en bas. En effet, à une telle vue, et en réfléchissant à la grande extension de tombeaux semblables, qui n'aurait dit avec moi que cette catacombe devait contenir des momies et des antiquités à en charger un grand vaisseau? Ce furent là aussi les premières exclamations de mes Arabes, surpris d'une telle découverte sans exemple; mais, hélas! quoique j'eusse à m'en féliciter, notre attente trop exaltée ne tarda pas à être déçue, dans le moment même où elle nous parut le mieux fondée.

Les momies, plus ou moins bien conservées, se trouvaient placées horizontalement et les unes sur les autres en long du corridor, qui, de la même hauteur et de la même largeur de l'entrée, s'étendait dans l'intérieur de la montagne. On avait jadis rempli successivement ce souterrain, sans laisser le moindre espace entre les momies qui s'y trouvaient entassées du haut en bas, et dont on voyait le mélange que la succession casuelle des décès avait combiné.

C'est là que j'ai eu le bonheur de découvrir, réunies et mêlées avec les momies de la lie du peuple les moins remarquables, la plupart de celles des artistes et des artisans qui enrichirent ma collection de différens instrumens et objets d'usage qui, jadis placés dans leurs cercueils, et près

---

(1) Les trois sous les 1487 à 1490, sont de ce nombre. Voyez ma note XXVIII, page...

de leurs dépouilles mortelles, servaient à indiquer les professions qu'ils avaient exercées. C'est là où, près d'un peintre, je découvris la palette la plus riche en couleur; près d'un scribe, son écritoire ou palette à deux couleurs; près d'un chasseur, son arc et ses flèches; près d'un arpenteur, la corde pour mesurer le terrain; près d'un gardien, une clef; près d'un pêcheur, son filet; près d'un laboureur, sa houe en bois, etc., etc. (1). C'est là aussi où, indépendamment de quelques parures trouvées isolées sur quelques momies de femme, je découvris, à ma grande surprise, celle de la jeune beauté, dont la richesse des ornemens déjà indiqués dans ma note XVI, ne trouve point d'exemple dans les découvertes faites à Thèbes.

Les momies les plus remarquables étaient déposées dans des cercueils totalement privés d'inscriptions, et plus ou moins riches en peintures funéraires et religieuses. D'autres étaient uniquement enveloppées dans les langes ordinaires, ou de plus entourées de longues branches de palmier, qui, liées aux deux extrémités au-dessus de la tête de la momie, et au-dessous de ses pieds, lui tenaient lieu de cercueil.

Déjà près de quatre journées s'étaient écoulées depuis l'ouverture de ce tombeau; lorsque tout à coup un obstacle inattendu vint interrompre le cours de mes explorations.

A environ 50 pieds dans l'intérieur du large corridor, on trouva la suite des momies écrasée sous le poids énorme de grosses masses de pierres qui, détachées du rocher par un ancien écroulement, interrompaient d'une manière épouvantable le passage ultérieur dans le souterrain, découvrant sur nos têtes une voûte informe et effrayante de plus de 20 pieds au-dessus de ses ruines. Les débris de pierres, les cailloux et le sable qui étaient déjà tombés abondamment des fentes du rocher, et qui s'en détachaient à chaque instant, semblaient menacer d'un nouvel écroulement. Fier de surmonter des obstacles qui semblaient braver mon courage, je pris toutes les précautions possibles pour prévenir un tel malheur, et pour continuer mes recherches dans ce souterrain, en faisant appliquer des planches, et fortifier des poutres partout où ma prévoyance me l'indiquait comme nécessaire.

Ayant ainsi pourvu à la sûreté des ouvriers et à la mienne, on continua à déblayer le passage; mais la quantité des pierres énormes entassées les unes sur les autres qui l'encombraient, et le nombre limité d'Arabes que

---

(1) Voyez ces différens objets dans la galerie sous les 551, 545, 828, 849, 445, 443, etc., et mes notes respectives.

j'étais forcé d'employer dans cet endroit trop peu spacieux, rendirent le travail très-pénible. Chaque masse qu'on parvenait à déplacer, précipitant ou roulant grièvement de sa place, faisait trembler le souterrain et la voûte redoutable; et les Arabes, profitant de ces momens de crainte pour se délasser, fuyaient alors jusqu'à l'entrée du tombeau. Mais ma présence continuelle à ces travaux les tint en pleine activité; et en peu de jours on parvint à franchir un passage, quoique très-étroit, au-dessus des décombres dans la galerie qui se prolongeait au-delà de cet amas de ruines.

Un Arabe, muni d'un flambeau et d'une pioche, s'introduisit aussitôt en rampant dans l'intérieur du souterrain.

Nous entendîmes bientôt rouler les pierres sous le poids de son corps, et lui-même glisser avec elles en bas des ruines du côté opposé.

Immobiles, et sans troubler en rien le morne silence du tombeau, nous prêtions une oreille attentive aux moindres de ses mouvemens; mais un retentissement répété dans la voûte à chacun de ses pas, qui s'éloignait de plus en plus, nous donna la fâcheuse certitude de sa marche, et du vide de la vaste catacombe.

Rappelé par mon impatience, l'Arabe vint en effet nous confirmer que tout avait été jadis brûlé, détruit et spolié dans l'intérieur du tombeau, qui se prolongeait bien loin dans la montagne.

Curieux de parcourir et de savoir où ce souterrain allait aboutir, et par où les anciens s'y étaient introduits pour le détruire, je me munis à mon tour d'un flambeau, et, accompagnés du même Arabe, nous nous y traînâmes à travers les ruines.

Le triste spectacle que la sombre lueur de nos flambeaux offrit à ma vue n'était pas nouveau. C'était le même de l'intérieur des tombeaux brûlés, dont il y avait tant d'exemples dans la nécropolis.

Impatient d'examiner le souterrain en entier, je voulais précipiter mes pas; mais mes pieds mal assurés sur les fragmens brûlés des cercueils et des momies, mêlés sens dessus dessous avec les ruines et les débris de pierre, m'obligèrent de ralentir ma marche trop rapide, et me forcèrent à employer près d'une heure pour effectuer mon dessein.

Le tombeau, toujours taillé en large corridor ou galerie d'environ 9 pieds de haut, et d'autant de large, se prolongeait en ligne directe jusqu'à environ 100 pieds de sa longueur, où il se divisait en deux galeries divergentes qui, par des tours, et s'inclinant insensiblement à un niveau de 10 à 15 pieds plus bas, continuaient dans une direction contraire à celle de leur commencement. Par-ci et par-là on voyait des niches, des saillies et des petites chambres coupées dans les parois. La galerie à gauche finissait sans issue non loin de là ; celle à droite se prolongeait considérablement en plusieurs sens. Après de longs détours dans cette dernière, nous arrivâmes à une vaste chambre sépulcrale, où, à notre grande surprise, nous observâmes un dépôt de paille, et plusieurs meubles et ustensiles bien connus par mon escorte, et appartenant à un arabe du village, dont le tombeau, qui lui servait d'habitation, se trouvait au-dessus de nous. Nous n'eûmes pas de peine à trouver la rampe formée par un amas de pierres qui y conduisait; mais le passage de communication se trouvait bouché par un mur provisoire que l'arabe y avait construit pour garantir ses effets. Le tombeau public n'avait aucune autre issue. C'était donc par-là que, dans les siècles passés, les dévastateurs s'y étaient ouvert un passage forcé, sans être parvenus à connaître la vraie entrée du souterrain qui leur resta cachée pour toujours. Parvenus jusqu'à l'endroit où la roche s'était écroulée, ils avaient cru probablement que la catacombe y finissait, ou ils ne se seront pas donné la peine de poursuivre leur destruction pour le peu de momies qu'ils auront pu supposer au-delà des ruines.

L'arabe qui habitait le tombeau supérieur, avait jadis pénétré jusqu'à une certaine distance dans le vaste souterrain qui communiquait avec l'emplacement qui lui servait de magasin ou de dépôt ; mais, y ayant remarqué le plus grand bouleversement, il était revenu sur ses pas, et ne s'était plus soucié d'y renouveler ses recherches (1).

---

(1) Plusieurs Arabes à Thèbes, et surtout ceux de Gournah, font des fouilles ou recherches d'antiquités pour leur propre compte, sur les montagnes de la nécropolis, dans les mois que les plaines se trouvent inondées par le débordement des eaux du Nil, ou dans les intervalles entre l'époque de semer et celle de récolter. Ils se réunissent à cet effet en compagnies de deux jusqu'à douze tout au plus, pour ne point partager le gain en trop de lots, en cas de la découverte de quelques objets qu'ils vendent aux voyageurs. Mais trop peu en nombre pour entreprendre des fouilles considérables, et dédaignant de poursuivre long-temps une excavation sur le même point, ils n'arrivent à déblayer et à découvrir tout au plus que des tombeaux très-communs, et les moins cachés par les anciens. De là le peu d'importance ordinaire de tout ce qu'ils parviennent à exhumer. Quelques-unes de ces compagnies séparées, fatiguées de leurs travaux trop long-temps infructueux, s'employèrent de mon temps à mes fouilles et à celles de M. Salt, préférant un gain assuré

4°. *Des tombeaux les plus simples, jadis creusés dans la terre et dans le sable et les débris de pierres.*

Indépendamment des momies qu'on parvient à découvrir dans les différens tombeaux taillés dans la roche, on en découvre qui ne sont que tout simplement enterrées à une profondeur variée de 3 jusqu'à 10 pieds, dans les débris de pierres, dans le sable et dans la terre.

Cette simplicité dans l'inhumation s'explique aisément par la pauvreté, à l'égard des morts, uniquement enveloppés de peu de langes, et dans des nattes, ou entourés de branches de palmier.

Il est plus surprenant de trouver inhumées de cette façon des momies déposées dans des cercueils plus ou moins riches en peintures, et ornées d'objets d'une valeur intrinsèque, qui prouvent que les parens de tels morts ne manquaient pas de moyens pour leur procurer, soit un tombeau séparé, soit au moins une place dans une catacombe publique, où on déposait jusqu'aux momies les plus pauvres de la lie du peuple.

J'ai déjà donné un exemple d'une pareille découverte d'une momie très-remarquable par les objets qu'elle avait sur elle et dans son cercueil (1), et dont j'attribue l'inhumation humiliante hors des tombeaux creusés dans la roche, à un arrêt du peuple au dernier jugement du défunt, et ensuite de manque d'observation, de son vivant, de quelque dogme de religion, dont des témoins auront pu l'accuser selon l'usage, au moment de déposer son corps dans un souterrain. Peut-être aussi était-ce un criminel bien plus coupable, ainsi que le poignard 550 qu'on trouva sur lui paraîtrait l'indiquer.

Diodore dit (2) que, par raison de crime, ainsi que par celle de dette, on privait les morts égyptiens d'une sépulture honorable.

---

et journalier, à celui trop hasardé de leurs propres recherches. D'autres, prévoyant dans leurs fouilles par des indices plus ou moins bien fondés, la présence d'un souterrain qui promet quelque découverte intéressante, mais dont les fouilles exigent un nombre considérable d'ouvriers et de longs travaux, vendent leur excavation aux explorateurs européens, qui ont le droit de l'acheter et de la poursuivre pour leur propre compte et risque. Il est permis aux Arabes d'entreprendre des fouilles sans demander la permission aux autorités turques; les étrangers ont besoin pour cela, ainsi que je l'ai déjà dit, d'un *firman* du pacha, qui en est extrêmement avare.

(1) Voyez ma note XIII, à la pag. 155.
(2) Liv. I, S. II, XXXIV.

Il est donc présumable que quelques-unes des momies qu'on découvre dans la terre, quoique plus ou moins riches en objets funéraires, et indispensables en cas des moyens nécessaires pour les procurer aux décédés, étaient enterrées ainsi par la prescription de quelques créancier trop sévère, qui avait le droit de disposer des dépouilles mortelles de son débiteur, et de les tenir en gage chez lui, si bon lui semblait, jusqu'au paiement de la dette de la part des parens.

On découvre aussi de temps à autre des momies enterrées directement au-dessus d'un tombeau de famille, ou dans les puits qui aboutissent aux chambres sépulcrales murées. Dans ces deux derniers cas, on serait tenté de supposer que de telles momies sont celles des personnes jadis subalternes aux familles auxquelles ces tombeaux appartenaient, et qui, par un attachement touchant et par un mouvement volontaire, prescrivaient, à leur décès postérieur, d'être enterrées pour jamais près et devant la porte des tombeaux de leurs maîtres chéris.

———

J'ai exposé et soumis à mes lecteurs éclairés, dans cette longue note *sur les momies*, un aperçu général sur tout ce que mes faibles moyens m'ont permis de remarquer de plus intéressant, pendant le cours de mes recherches dans les ruines de l'ancienne Égypte, sous le rapport des différens embaumemens et attitudes des morts; sous celui des enveloppes qui les distinguent entre eux; sous le rapport de leurs cercueils, et sous celui de la diversité des tombeaux des nécropolis dans lesquels les anciens les déposaient. J'ai en même temps indiqué à leurs places respectives les différentes momies qui se trouvent classées parmi les 1537 à 1557, comme autant d'exemples à l'appui de ces dissertations, auxquelles elles ont donné lieu. L'occasion ne s'étant pas présentée d'y parler de plusieurs autres objets placés dans la même série de numéros, je passe à quelques observations particulières auxquelles ils servent de témoignages.

Dans l'embaumement des morts en Égypte, après avoir extrait le cerveau par les fosses nasales, on versait par-là dans le crâne un baume bien différent de celui dont on remplaçait les entrailles de la même momie, et qu'on ne trouve jamais dans leur ventre, quoique aussi quelquefois dans les vases *canopes*. Le baume 1556, extrait en partie d'un de ces vases funéraires, et en partie d'une tête de momie, peut servir pour le comparer avec ceux tirés du ventre des momies dont j'ai déjà parlé (1).

———

(1) Voyez-les sous les 1555 et 1557.

L'extraction du cerveau faite, les embaumeurs bouchaient les narines des morts, et même leurs oreilles et leurs yeux, par de petits morceaux de toile, ainsi qu'on peut le remarquer sur la tête d'une momie de vieille femme 1550, que j'ai conservée pour un tel exemple.

Celle d'un homme, 1551, se distingue par une particularité bien remarquable. C'est la seule tête de momie qu'on ait découverte jusqu'à présent, ayant des yeux artificiels placés dans la chair. On les trouve souvent ainsi encastrés dans le bois à leurs places respectives, dans les têtes sculptées des cercueils (1); et l'œil de pierre 150, I, en a été extrait pour servir de témoin; mais, ainsi que je l'ai dit, cette tête est la seule sur laquelle on les ait trouvés appliqués directement. Elle se distingue aussi par le bandage en toile qui lui serre le front, et qui ne se voit que très-rarement ainsi nouée sur les momies.

Le natrum mêlé avec la sciure de bois, placé sous le 1553, est le même que celui qui se trouve renfermé dans le petit paquet 1553 *bis*. Des vases en terre cuite, oblongs et de forme cylindrique, d'environ 2 pieds de long, et 6 pouces plus ou moins de diamètre (2), se trouvent entièrement remplis de tels paquets, et par des chiffons ensanglantés; ce qui peut faire présumer qu'on se servait des uns et des autres au moment de la coupure du flanc des morts, et de l'extraction des entrailles, pour sécher et essuyer jusqu'à la dernière goutte le sang qui, par cette opération, devait nécessairement couler des cadavres. De tels vases ainsi remplis ne se trouvent jamais placés dans les tombeaux près des momies, ainsi que les *canopes*, mais toujours enterrés au-dessus des chambres sépulcrales, ou dans les puits des tombeaux de famille.

Le baume dont les Egyptiens se servaient le plus souvent pour préserver de la corruption les animaux sacrés, est celui placé sous le 1557, quoiqu'ils employassent aussi pour une telle opération, de temps à autre, l'asphalte noir des momies humaines 1555, dont j'ai déjà parlé.

---

(1) Bien souvent des statuettes en bois et en pierre ont aussi leurs yeux hétérogènes, et encastrés sur elles. Voyez-en des exemples sur les statuettes en bois 1481 et 1484, et sur celles en pierre 148, 1516, etc.

(2) Le vase 771 en est du nombre. J'ai conservé celui-ci à cause des inscriptions *démotiques* dont il est entièrement recouvert; particularité que je n'ai remarquée sur aucun autre vase pareil.

MÉLANGES.

(XXXI.) MANUSCRITS HISTORIQUES, 1558 à 1564.

Les représentations au trait ou peintes, de scènes religieuses et funéraires, qu'on voit toujours sur les papyrus qu'on découvre directement sur les momies au-dessous de leurs enveloppes ou dans des statuettes d'*Osiris*, placées près d'elles (1), ne se voient jamais sur les manuscrits qu'on découvre placés différemment dans les tombeaux, ou enterrés. Ils ne contiennent ordinairement qu'un texte plus ou moins long, en hiéroglyphes, en hiératique, en démotique ou en grec. Ces particularités les font distinguer des premiers, et leur supposent un contenu tout autre que funéraire (2).

Le grand manuscrit hiératique 1558, rempli de noms royaux, est un des papyrus historiques les plus remarquables qu'on ait découverts en Egypte. Il était renfermé soigneusement dans un vase de terre cuite, avec le petit manuscrit 1559 de même hiératique, et portant une date et des cartouches (3). Ce vase fut découvert isolé dans les ruines, à une profondeur d'environ 10 pieds, près des pyramides de Sakarah à Memphis.

Les trois petits manuscrits 1560 à 1562, de caractères qui paraissent *démotiques*, étaient roulés et placés ainsi dans les cercueils, et *près* de trois différentes momies de Thèbes. Le premier était renfermé dans une boîte en bois; les deux autres soigneusement enveloppés dans de la toile. On remarque des signatures sur tous les trois à la fin de leur texte. Le 1560 a au commencement quatre lignes d'écritures isolées des autres. L'extrémité du papyrus qui les contient était roulée séparément, et serrée par un petit jonc scellé par le cachet 1560 *bis*. Cette partie se trouvait cachée par le restant du manuscrit qui l'enveloppait roulé jusqu'à sa fin, sans être plus ni lié ni cacheté (4).

---

(1) Voyez ma note XXVII sur les manuscrits funéraires.

(2) On découvre aussi quelquefois des manuscrits sans représentations religieuses, placés directement sur la chair des momies; mais de tels exemples sont extrêmement rares. Le papyrus 1431, quoique ne contenant qu'un long texte hiératique, fut classé sous les manuscrits funéraires, puisqu'il fut découvert de cette façon au-dessous des enveloppes d'un mort.

(3) Voyez la notice chronologique de M. Champollion-Figeac, à la fin du catalogue.

(4) Deux petits papyrus *arabes* roulés, ainsi que le 1560, et avec une

Le manuscrit grec 1563 se trouvait roulé, aplati et lié à son milieu par du jonc scellé avec un cachet en terre grise, ayant l'empreinte d'un palmier (1). Il était fortifié par une bandelette de toile sur la palette à deux couleurs 552, avec laquelle et un petit scarabée en pierre émaillée il se trouvait déposé dans une boîte à moitié détruite, et placée dans le cercueil, et près d'une momie découverte dans les souterrains de la nécropolis de Thèbes. Ce manuscrit contient le seul exemple que nous ayons jusqu'à présent d'une *lettre de recommandation* de l'époque reculée de l'existence de cette fameuse ville (2).

Dans un des nombreux tombeaux jadis ouverts et spoliés, que je parvins à découvrir dans mes fouilles à Thèbes, j'aperçus un jour des fragmens d'un cartonnage de momie, qu'à mon grand étonenment je vis formés par des papyrus grecs (3). J'eus aussitôt le plus grand soin d'en faire ramasser tous les morceaux qui se trouvaient épars dans le souterrain et mêlés dans les ruines. Les ayant lavés avec précaution, j'en ai détaché tous les fragmens de manuscrits grecs qui se trouvent placés sous le 1564.

(XXXII.) OBJETS EN BOIS, PIERRE, BRONZE, etc., 1565 à 1598.

On observe de temps à autre sur les momies et au-dessous de leurs enveloppes un cordon, ou une bandelette de toile qui les serre aux reins, et dont le nœud se trouve scellé par un cachet de terre. Le 1565 est de ce nombre. Il serrait ainsi une momie au milieu du corps, que je découvris à Thèbes, enterrée dans le sable et les débris de pierre, ainsi que toutes celles sur lesquelles j'ai pu faire une remarque pareille (4).

---

partie seule de leur inscription cachetée, qui ont été envoyés par M. Drovetti à M. le baron de Sacy, furent reconnus pour deux passeports.

(1) Voyez-en la lithographie jointe à la lettre de M. Letronne, dans le catalogue.

(2) Voyez-en la traduction par M. Letronne, à la fin du catalogue.

(3) J'ai déjà dit que les cartonnages qui enveloppent les momies sont toujours formés par de la toile strictement collée, ainsi que les 1539 et 1540.

(4) Le cordon à double tour et noué 157, portant un petit *apis* en pierre, serrait aussi une momie qui n'était qu'enterrée dans les débris de pierre, et dont le bras et la jambe droite se trouvaient mutilés au-dessous des enveloppes.

Ce bandage presque toujours scellé de même, ou quelquefois accompagné d'un amulette, formait-il une marque que les juges faisaient appliquer sur les criminels condamnés à la peine capitale (1), et proscrits des tombeaux taillés dans la roche? Cette particularité sur certains morts, unie à leur enterrement dégradant, et la remarque répétée de la cassure de quelqu'un des membres de telles momies, paraîtraient l'indiquer. D'ailleurs, une analogie d'usage et de procédé sur les bœufs destinés aux sacrifices, semble en venir à l'appui. Hérodote dit à ce propos (2) : « Le » bœuf a-t-il toutes les conditions requises pour être réputé mondé, le » prêtre le marque avec une corde d'écorce de byblos, qu'il lui attache » autour des cornes; il y applique ensuite de la terre sigillaire, sur » laquelle il imprime son sceau; après quoi on le conduit à l'autel; car il » est défendu, sous peine de mort, de sacrifier un bœuf qui n'a point cette » empreinte. »

Ayant trouvé dans les ruines d'Abydos les deux petites colonnes 1582 et 1583, je me suis empressé de les conserver pour exemple authentique du goût et de la gravité de l'architecture égyptienne. Plusieurs anciens temples de l'Egypte sont ornés par des colonnes du même dessin, correspondent de certaine manière à l'ordre dorique des Grecs, et ayant leurs chapiteaux à fleurs de lotus. Douze colonnes pareilles d'environ 9 pieds de diamètre, et près de 50 pieds de haut, avec frise et architrave, forment un des plus majestueux portiques qu'on admire en Egypte, et constituent le seul reste d'un ancien temple d'Hermopolis, dont ils dominent les tristes ruines d'alentour (3).

---

(1) Je dis *à la peine capitale*, puisque les momies serrées sur la chair par un tel bandage scellé, sont presque toujours mutilées au-dessous de leurs enveloppes; et les morts qui étaient privés d'une sépulture honorable, par suite d'un jugement au moment de leur inhumation, n'auraient pas pu être serrés de même, puisqu'ils se trouvaient alors déjà strictement entourés de leurs nombreux bandages de toile.

(2) Liv. II, XXXVIII.

(3) Malheureusement les ruines imposantes des temples de l'Egypte, qui excitent l'admiration des voyageurs, échappées par miracle aux dévastations anciennes, ne sont pas moins exposées de nos jours à être détruites définitivement de fond en comble. Un petit temple qui ornait l'île d'*Eléphantine*, près de *Siene*, et que j'avais vu lors d'un premier voyage aux cataractes du Nil, n'existait plus, quand un an après j'y remis

Les six paires de doigts, placées sous le même 1589, dont on ne saurait assigner l'usage, furent découvertes en partie dans le ventre d'autant de momies, et en partie sur leurs poitrines.

A l'exception du groupe en ivoire, représentant un roi qui frappe un ennemi vaincu, 1580, qui se trouvait dans une boîte près d'une momie, des feuilles et branches de sycomore et d'olivier, non moins que les deux tiges de papyrus 1596 à 1598, qui étaient placées dans trois différens tombeaux de Thèbes, tout le restant d'objets indiqués dans cette dernière

---

les pieds. Un bey avait cru à propos de le faire abattre, afin de se servir de ses pierres pour la construction d'un palais. Le magnifique portique d'Hermopolis allait subir un pareil sort; j'eus le bonheur de contribuer à le sauver de la destruction totale et imminente dont il était menacé. De retour dans la Haute-Egypte, d'un voyage jusqu'à Alexandrie, je remontais le Nil avec M. Lagrange, piémontais, jeune homme rempli de mérite et de connaissances, qui devait me quitter à *Sioul*, et qui tomba victime de la peste au Caire, un an après. A *Scheh-Abade*, village situé sur le rivage oriental du fleuve, près des ruines d'*Antinoë*, je mis pied à terre pour lui faire observer les monumens qui en restaient; mais quels furent mon étonnement et ma douleur, lorsqu'arrivés à l'endroit où j'avais jadis admiré de belles colonnes, et des restes plus ou moins remarquables des temples de cette ancienne ville, je vis la magnificence d'*Antinoë* ensevelie pour toujours sous un amas général et complet de ses propres ruines! Le *cachef* de l'endroit avait fait tout abattre et détruire pour *une fabrique de nitre au soleil*. Je l'appris à *Raramon*, situé à quelques lieues de distance, sur le rivage opposé, par M. Antonini, directeur d'une raffinerie de sucre, qui m'ajouta : « Bien » plus, on a déjà pris toutes les mesures nécessaires pour abattre un » de ces jours le portique d'Hermopolis qui se trouve à deux lieues » d'ici, et que vous allez visiter chaque fois que vous passez par *Raramon*. Je connais les hommes qui sont destinés pour le démolir; les » pierres de ce beau monument serviront bientôt à l'usage de celles » d'Antinoë. » Indigné par cette nouvelle alarmante, j'expédiai à l'instant même un exprès forcé au Caire, à M. Salt, le priant de faire valoir son influence près du pacha pour prévenir un tel malheur. J'eus la consolation de recevoir quelques jours après une réponse satisfaisante, et je donne ici, traduit de l'italien, un extrait de cette lettre qui fait

division, sous les 1558 à 1598, fut découvert mêlé dans la terre et les ruines de plusieurs villes de l'antiquité qui se trouvent indiquées près de chaque objet. C'est de même ainsi que furent découvertes les deux plaques de cuivre contenant des passages du *Coran*. Elles auront été perdues au temps reculé de la domination des califes en Égypte, et au moment des fouilles dans la nécropolis de Memphis, où elles furent trouvées dans les ruines de deux tombeaux jadis ouverts et spoliés (1).

---

bonneur aux sentimens de M. Salt, qui parvint à sauver ce monument majestueux.

« ......J'ai tremblé de voir de même en danger le portique magnifique
» d'Hermopolis, et je m'empressai, aussitôt reçue votre lettre, d'aller
» trouver S. A. le pacha, que je parvins à persuader de la nécessité de
» prévenir pour l'avenir de semblables inconvéniens. J'obtins qu'il en-
» voyât à l'instant un ordre sévère dans la Haute-Égypte, pour qu'on
» ne fît pas le moindre dégât au superbe monument que votre bonté met
» sous ma protection. De plus même, cet ordre prescrit rigoureusement
» de ne dégrader en rien dorénavant aucun édifice ancien, quel qu'il
» soit. Je me flatte que cette nouvelle sera à votre pleine satisfaction,
» connaissant votre amour pour tout ce qui est beau. Réjouissez-vous
» donc de la victoire des antiquaires sur le barbarisme oriental.

» Connaissant le caractère de S. Exc. Ahmet-Pacha, gouverneur de la
» Haute-Égypte, je suis persuadé qu'il ignore l'affaire de *Scheh-Abade*,
» et que ce n'est que l'ouvrage de quelque *cachef* ou *kaïmakan*. Par con-
» séquent, si vous croyez à propos, Monsieur, de lui parler à votre pas-
» sage à *Sciout*, je suis sûr qu'il s'empressera de prendre d'autant plutôt
» les mesures nécessaires, de conformité à l'ordre de Mohamed-Aly, qui
» déjà doit être entre ses mains.

» Vous souhaitant tout le bonheur possible dans vos intéressantes re-
» cherches, j'ai l'honneur, etc.

« Henri Salt. »

Caire, le 26 avril 1823.

(1) Mes remarques sur le restant des objets de ma collection qui composent l'ensemble de la chambre sépulcrale que j'ai découverte intacte, sont indiquées dans la description détaillée de cette découverte, qui précède mes notes.

ÉVÉNEMENT AFFREUX

ARRIVÉ

PENDANT LE COURS DE MES FOUILLES

DANS

LA NÉCROPOLIS DE THÈBES.

Bien loin de vouloir publier, par une vaine ostentation, le récit des dangers indispensables auxquels on est plus ou moins exposé dans des recherches pareilles aux miennes, je ne fais que m'accuser dans cette narration d'un manque de fermeté dans ma surveillance aux fouilles, qui eut les plus fâcheuses conséquences. Le malheur qui en résulta, en traînant quatre hommes vivans au tombeau, menaça de même mes jours, et la perte totale de tout le fruit de mes longues et pénibles explorations. Je m'estimerai heureux si cet événement affreux, qui se trouve gravé pour toujours dans mon cœur par des caractères ineffaçables, peut servir d'exemple aux explorateurs d'antiquités, qui seront dans le cas et qui voudront bien en profiter. C'est le seul but qui a pu m'animer à en ajouter la narration aux notes qui précèdent.

ARRIVÉ AUX FOUILLES.

A peu près à la même époque à laquelle je découvris la chambre sépulcrale dans son intégrité, dans la vallée de la nécropolis de Thèbes, indiquée dans mes dessins coloriés I, sous le 1, une partie de mes Arabes s'occupait à des fouilles vagues pour rechercher quelques tombeaux. Quelques hommes que j'avais placés pour cela à environ deux cents pas à l'est de la position de ladite chambre, y découvrirent dans la terre une momie dans son cercueil. Ce fut la même qui, le bras et la jambe droite brisés, avait à sa ceinture, au-dessous de toute enveloppe, le cordon 157, auquel se trouve suspendue un amulette en lapis.

Bien souvent des momies enterrées simplement dans le sable ou dans la terre, le sont au-dessus d'un tombeau taillé dans la roche, ainsi que je l'ai déjà dit, et l'endroit où on les découvre, indique, par-là même, qu'il a échappé aux fouilles antérieures. Cette double observation, consolidée par une longue expérience, me décida, après la découverte de cette momie, de rassembler sur le même point une trentaine d'Arabes. En peu de jours, un large et profond fossé y fut creusé; mais plus le travail avançait, plus l'excavation en devenait difficile. La terre roulait de tous côtés, et comblait au même instant le vide de chaque coup de pioche. Cette contrariété m'induisit à ordonner qu'on quittât cette fouille. Ayant ensuite donné les dispositions nécessaires pour tous mes travaux dans la nécropolis, je m'absentai de Thèbes pour quelques jours, ayant projeté, avec MM. Madox et Janny déjà cités, le petit voyage par le désert, à travers des montagnes de la chaîne libyque, pour aller aux ruines d'Abydus, où j'avais entrepris d'autres fouilles.

De retour à Thèbes, je fus surpris de voir non-seulement qu'on n'avait point quitté l'emplacement indiqué, mais que même on y avait redoublé le monde, pour y soutenir la fouille en toute vigueur. Abd-el-Hammid, vieux chef dirigeant ce travail, s'excusa, en me disant qu'il avait fait pour le mieux, étant sûr de la découverte d'un tombeau considérable qui devait se trouver là-dessous. En effet, à environ 20 pieds de profondeur, on voyait un mur en briques crues, circulaire, et d'une épaisseur assez considérable, qui semblait l'annoncer. Il se présentait en forme de puits d'environ 12 pieds de diamètre, rempli de terre, et ayant servi à soutenir celle d'alentour, au temps reculé dans lequel on entreprit de creuser le tombeau dans le roc au-dessous, qui, dans cette position, se trouvait à une profondeur extraordinaire.

Prévoyant quelque malheur, je voulus derechef suspendre ce travail; mais Abd-el-Hammid insista à me faire des représentations contraires. J'eus la faiblesse de céder, et cette fouille fut continuée par un nombre considérable d'Arabes.

Le puits de briques, qui avait presque 15 pieds de profondeur, fut vidé péniblement; et sa base, posant sur la roche, était par conséquent à environ 35 pieds de profondeur. Là on découvrit finalement le canal perpendiculaire qui conduisait à la chambre sépulcrale. Il était rectangulaire, avec les proportions de 10 pieds en long et de 5 en large, creusé dans le roc, au milieu du puits précédent. Deux grosses poutres de bois en traversaient la surface.

On prit les précautions qu'on crut nécessaires pour soutenir le mur et la terre au-dessus et à l'entour. La fouille présentait la forme intérieure d'un vaste entonnoir, dont l'orifice avait au moins 100 pieds de circonférence. Les Arabes, à leur ordinaire, se tenaient placés de haut en bas, et de distance en distance, les pieds fortifiés dans la terre, les briques et la roche, et le dos appuyé de même, se passant successivement les paniers de terre que les travailleurs au fond présentaient au plus proche (1). De cette manière, la fouille continua pendant quelques jours encore, et la terre et les débris de pierres enlevés du canal dans la roche, le découvraient déjà à presque 12 pieds de sa profondeur. Cette fouille avait alors en totalité celle d'environ 47 pieds.

Un frémissement me saisissait chaque fois que, présent à ce travail, je jetais un regard au fond du fossé. Abd-el-Hammid ne manquait pas de me rassurer sur mes craintes, me répétant souvent ce proverbe si en vogue parmi les Arabes, « que ce qui doit arriver est écrit d'avance dans le » ciel, et qu'en vain on tâcherait de l'éviter (2). »

C'était l'après-midi du 26 décembre 1823, lorsque quelques briques du puits déjà décrit, cédant au poids de la terre qui le dominait en pente, donnèrent, en tombant, le signal d'un événement affreux; bientôt après,

---

(1) Manière de travailler aux fouilles des Arabes, indiquée dans mes dessins col. II, 1.

(2) Cette idée de prédestination domine tellement les Arabes, qu'elle les guide à braver avec la plus grande insouciance les dangers les plus sûrs. Les Européens en Égypte, qui malheureusement y sont attaqués de la peste, doivent à elle les derniers secours, et quelquefois leur vie. Les Arabes, sans crainte d'en être attaqués, sauf l'arrêt *inévitable* du destin, leur donnent tous les secours qu'on peut exiger d'eux dans ces tristes momens; tandis que les amis et les parens européens s'éloignent effrayés du pestiféré, et que le seul médecin examine à tir de pistolet les symptômes de cette affreuse maladie.

les murs commencèrent à se courber, et la terre à couler en grande quantité du haut du fossé. Les Arabes, épouvantés, qui eurent le temps de s'enfuir, se sauvèrent hors de la fouille; et la mort qui semblait avoir désigné ses victimes, les ensevelit à l'instant même sous les ruines et la terre qui se précipitèrent d'un clin-d'œil de tous côtés. Un immense tourbillon de poussière s'éleva aussitôt, dérobant à la vue le point fatal où le fossé avait disparu. Il ne se dissipa que pour attester l'effrayante vérité, que quatre hommes étaient engloutis sous plus de 40 pieds de terre!

Tranquille dans ma chambre, je m'occupais des dessins du tombeau qu'un heureux hasard m'avait fait découvrir le 4 du même mois, lorsqu'un de mes domestiques arabes, ouvrant avec précipitation la porte, vint me communiquer, hors d'haleine, l'événement qui venait d'arriver à ma fouille.

Déjà les femmes, par des cris épouvantables, y avaient attiré tout le village. A mon tour, effrayé d'une telle alarme, je me précipite au milieu des Arabes. Mais, hélas! où trouver des termes convenables pour décrire la scène douloureuse! Point de fossé! Point d'espoir d'un prompt secours aux infortunés ensevelis vivans! Les parens de ces malheureux se déchiraient les habits, et, se traînant par terre, fondaient en pleurs, appelant avec angoisse et désespoir les noms chéris d'un époux! d'un fils! d'un frère! qui se trouvaient engloutis vivans sous leurs yeux, et dont ils couvraient le tombeau dans cet état pitoyable. Leurs plaintes lugubres, s'unissant aux cris et aux gémissemens d'une foule de femmes qui les environnaient, augmentaient cruellement le deuil de cette scène qui déchirait mon cœur.

Bientôt, en signe ordinaire de la plus grande désolation, on jette des poignées de terre dans l'air; et les Arabes, spectateurs muets et interdits jusqu'alors, éclatent tout à coup en exclamations confuses de désespoir et d'horribles imprécations. J'en aurais été saisi en toute autre circonstance; mais la douleur avait interdit mes sens. Les bras pendans, les mains serrées, j'étais resté immobile au milieu de tant de confusion et d'alarme.

L'ardente volonté d'employer tous les moyens possibles pour sauver les quatre hommes, vint bientôt m'animer, et me tirer de mon assoupissement. « Courage, mes amis! m'écriai-je, secours, secours » à vos pauvres frères! Réunissons nos efforts; fouillons tous, nous » parviendrons à les sauver. »

On eut la plus grande peine pour éloigner les parens des malheureuses victimes, et on n'y parvint qu'en les emportant de vive force.

Des prières et des menaces, secondées par le *kaïmakan* (1), mirent aussitôt tout le village au travail.

J'épuisai tous mes efforts pour garantir ma conscience de tout reproche ; mais, hélas ! comment espérer véritablement de sauver les infortunés qui allaient donner leur dernier soupir sous les 47 pieds de ruines qui pesaient sur leurs têtes ? C'étaient pourtant quatre malheureux qui avaient le droit le plus légitime sur mon secours.

Trois heures et demie s'étaient déjà écoulées d'un travail le plus opiniâtre, mais malheureusement inutile, de tous les Arabes du village et des environs. J'étais au désespoir. En fouillant, il semblait qu'on puisait dans l'eau. Plus on ôtait de terre et de sable, plus il en tombait d'alentour, et se remettaient au même niveau.

Mes efforts pour encourager les Arabes, la triste représentation d'une suite redoutée de ce malheureux événement, et le travail que je partageais avec les premiers, autant que les circonstances l'exigeaient, épuisèrent mes forces morales et physiques.

Le soleil au couchant jetait ses derniers rayons, et déjà les chakals et les hyènes, que la nuit encourage à s'écarter des tanières, paraissaient comme des spectres menaçans, sur les sommets de la chaîne libyque.

Accablé de tristesse, je voyais disparaître avec le jour le peu d'espoir qui jusqu'alors avait soutenu mon courage. Couvert de poussière et de sueur, non moins qu'exténué de fatigue, je me retirai de quelques pas du lieu fatal, m'abandonnant sur les ruines d'un tombeau aux plus sombres réflexions.

Tout à coup un bruit inopiné se fait entendre derrière moi. Dans l'obscurité, je m'aperçois bientôt que quelques hommes armés précipitent leurs pas vers moi. C'était le sieur Janny d'Atanasy, grec de nation, et déjà mentionné dans mes notes, qui, informé d'une conspiration contre moi, venait avec plusieurs des siens (2) armés de lances, de sabres et de pistolets, pour m'avertir du danger auquel ma confiance allait m'exposer, et pour me prêter un généreux secours en cas de besoin. Plusieurs Arabes armés avaient déjà paru dans la foule tumultueuse, qui, par ses vains efforts, frémissait de colère sur la malheureuse tombe ;

---

(1) Soldat turc que le *cachef*, gouverneur d'un territoire, placé dans les villages de sa dépendance pour l'exaction des impôts.

(2) M. Madox était parti le jour avant avec deux autres voyageurs anglais pour *Kosseir*.

et l'on n'attendait peut-être que la nuit bien avancée pour accomplir le plus funeste projet contre mon existence et mon bien, sous prétexte d'une vengeance injuste et sanguinaire (1).

(1) Les Arabes de *Gournah* sont les plus mutins de l'Egypte. Enrichis par les antiquités qu'ils déterrent, soit pour leur propre compte, soit pour celui des explorateurs européens, ils emploient leur argent principalement à se procurer les meilleures jumens, et à augmenter leurs moyens de défense par toute espèce d'armes et de provisions de guerre. Après beaucoup de débats à chaque exaction d'impôt, ils sont les derniers à s'en acquitter. Le *cachef* de *Gamoula*, duquel ils dépendent, fatigué de leur opiniâtreté continuelle, vint un jour à *Gournah*, escorté par quarante mamelouks à cheval. Les Arabes, les voyant approcher du haut des montagnes, coururent aux armes, et se retirèrent avec leurs familles et leurs bestiaux dans les souterrains les plus vastes et les plus éloignés, dont l'intérieur leur était parfaitement connu. Le cachef vint se camper au pied de la *nécropolis*, et envoya en vain demander les chefs du village. Les Arabes le défièrent d'aller les toucher, où ils se trouvaient prêts à le recevoir. Désirant remédier de mon mieux au désordre redoutable qui allait arriver, je descendis vers lui, et, tâchant de le calmer, je lui promis d'arranger l'affaire aussitôt qu'il se serait éloigné, sûr d'obtenir des Arabes, par des démonstrations amicales, ce qu'inutilement il exigeait d'eux à force armée sans le plus grand inconvénient, que pourtant on pouvait empêcher par-là. Le cachef s'emporta sur leur conduite toujours insubordonnée, et finit par protester que, les considérant comme les plus mauvais sujets des environs, il voulait donner sur eux un exemple aux villages voisins, châtiant *Gournah*, de manière qu'il s'en serait souvenu pour long-temps. Toujours le porte-vue à la main, il avait remarqué les positions où les Arabes se tenaient cachés; les indiquant aux mamelouks, il leur ordonna de remonter à cheval, de donner la charge sur eux, et de lui en apporter morts ou vivans. J'eus le bonheur d'empêcher ce malheur, en offrant au cachef la somme qu'il exigeait. Il s'éloigna avec sa troupe aussitôt qu'il eut reçu l'argent. Les Arabes, retournés à leurs habitations me témoignèrent leur reconnaissance, et me remboursèrent en peu de jours mon prêt volontaire; mais ils m'assuraient en même temps qu'ils auraient attendu de pied ferme, dans leur retraite, sans les craindre, le cachef et ses mamelouks. Lors d'une révolte très-menaçante dans la Haute-Egypte contre *Mohamed-Aly*, en 1824, ce fut dans les environs de Thèbes où se rallièrent tous les rebelles, et, à l'ordinaire, les Arabes de Gournah s'y montrèrent les plus audacieux.

On me pressa de m'éloigner, m'observant que je n'avais point de temps à perdre, et qu'il fallait que je me sauvasse à la dérobée à la maison de Janny, qui se chargeait de faire garantir la mienne par ses domestiques. Je serrai la main au généreux Grec, et, m'étant armé d'un sabre, je partis à l'instant avec Nicolas, autre Grec au service du premier, tandis que celui-ci alla rejoindre les Arabes à la fouille, où on avait apporté par mon ordre de nombreux flambeaux, tâchant avec ses domestiques et les Arabes à mon service, d'entretenir le restant du monde, et de désarmer sa fureur contre moi.

L'obscurité me favorisant, je me dérobai à leur vue avec mon escorte. Franchissant des ruines et des précipices, nous arrivâmes finalement par de longs et pénibles détours à la maison de Janny, qui ne rentra qu'une heure après. Mes regards se lancèrent avec avidité sur ses traits. Hélas! la tristesse qui y était peinte m'annonça qu'il n'y avait plus d'espoir.

On tâcha de m'égayer; mais, assis dans un coin de la chambre, les yeux fixés à terre, je m'abandonnai à mes accablantes réflexions, sans qu'on pût m'arracher un seul mot. Je voyais les quatre cadavres noirs et sanglans, tirés du tombeau, portés par les plus fiers des Arabes aux pieds de leurs confrères, pour les induire à jurer sur eux ma perte et ma mort. Ma maison et le fruit de tant de pénibles recherches me paraissaient déjà la proie du feu et du pillage; et si, pour un instant, l'espoir me flattait de sauver ma vie par une fuite, l'idée d'être poursuivi en tout lieu par le remords d'avoir causé la perte la plus tragique de quatre hommes, me replongeait dans le désespoir, de manière à préférer la mort. Non, une situation pareille à la mienne d'alors ne peut être rendue; il faut l'avoir éprouvée, pour en connaître malheureusement toute l'amertume.

Il était deux heures et demie de la nuit, et déjà près de six mortelles heures s'étaient écoulées à pas de plomb, depuis l'écroulement fatal, lorsqu'un bruit sourd se fit entendre de loin. Il devint épouvantable un instant après. Précipités aux fenêtres, nous distinguâmes une foule de flambeaux qui semblaient s'avancer lentement vers nous, tandis que d'autres se répandaient vers les différens tombeaux habités par les Arabes. Ces mouvemens, accompagnés de cris et de quelques coups de pistolets, nous servirent de triste pressentiment. On apprêta les armes; mais, avec quel courage aurais-je frappé des hommes contre lesquels mon cœur me déclarait coupable!

Toujours attentifs au moindre incident, nous observâmes un flambeau se détacher soudain de la foule, et avancer avec une rapidité étonnante vers la maison de Janny. Les cris retentissant toujours plus près, un rayon d'espoir vint encourager mon esprit trop abattu : il nous parut que la joie y présidait. Je n'osais l'espérer, lors même que la voix consolante d'un Arabe qui arriva en courant de toute sa force, me frappa de ces mots : « Réjouissez-vous, ils sont sauvés ! »

On ouvrit la porte, et l'Arabe vint verser du baume dans mon cœur. Mon transport de joie lui valut tout l'argent que j'avais sur moi.

Par des efforts redoublés et désespérés, on était parvenu à porter l'excavation jusqu'au point dans lequel elle se trouvait le matin ; et, ô divine Providence qui guide nos destins ! une petite niche jadis creusée dans la roche, et remplie de terre, que l'insouciance des Arabes aurait négligée, avait été vidée le jour avant par une disposition que j'avais dû répéter. Ce trou, de pas plus de 3 pieds et demi dans toutes ses dimensions, suffit pour soustraire quatre hommes à une mort certaine et épouvantable, après près de *six heures* d'enterrement sous plus de quarante pieds de ruines, de sable et de terre !

Au moment où les ruines se précipitèrent sur leur tête, ils eurent assez de présence d'esprit pour s'y sauver, s'asseyant sur leurs talons et se serrant autant que possible pour se tenir dans ce sombre cachot, dont deux d'entr'eux bouchaient l'entrée par leur dos, empêchant de cette manière que la terre et les ruines leur ôtassent le peu d'air qui circulait encore autour de leur tête, pour unique soutien de leur pénible existence.

Un cri de joie annonça leur présence ; et les malheureux, tirés du tombeau sains et saufs, virent un instant après, sous leurs propres yeux, la terre se reprécipiter tout à l'entour, et remplir tout à coup le puits et la vaste fouille (1).

De combien aurait-il été plus horrible ce second écroulement, s'il avait surpris les centaines d'Arabes occupés à sauver leurs confrères !

« Ils ne sont pas morts, les voilà ! les voilà ! » s'écria à l'instant le monde en foule qui entra dans la maison, et qui me présenta les quatre infortunés.

---

(1) Cet événement fit trop d'impression sur l'esprit de tous les Arabes de la nécropolis, pour que les voyageurs de nos jours qui iront visiter les ruines de Thèbes, ne soient pas à même de se faire indiquer par le premier venu dans *Gournah*, l'emplacement funeste où il eut lieu. Les Arabes leur apprendront aussi où se trouvent les différens tombeaux que j'ai découverts, et dont j'ai donné les descriptions plus ou moins étendues dans mes notes.

La vue d'autant de frères échappés d'une mort imminente, n'aurait pas produit sur mon cœur un effet plus touchant que la leur, dans ce moment-là.

« Nous revenons de l'autre monde », me dirent les quatre Arabes dont la physionomie pâle et dérangée, et le maintien extrêmement sérieux, semblaient soutenir l'assertion, « nous renaissons! Quels horribles mo-
» mens avons-nous passés là-bas, enterrés sous tant de ruines! Les cris
» déchirans de nos pauvres parens arrivaient jusqu'à nous dans notre
» sombre tombeau. Nous nous efforcions de faire retentir notre voix.
» Vains efforts! on ne nous entendait pas; la respiration nous manquait
» de plus en plus, la poussière et la fatigue allaient nous tuer, et nos der-
» niers adieux étaient déjà échangés. Ah! Monsieur, ce n'est que par
» un prestige que nous nous trouvons vivans devant vous. »

Nous les serrâmes dans nos bras l'un après l'autre, Janny et moi, attendris de même par ce touchant récit. Nos larmes se confondirent aux leurs, mais c'étaient des larmes de joie (1).

J. P.

---

(1) Très-contrarié ensuite de devoir ignorer ce que le malheureux tombeau renfermait, je fis, quelque temps après, recommencer la même fouille, usant des plus grandes précautions, et faisant enlever à une distance considérable toutes les ruines et la terre d'alentour. Après plus de vingt jours de travail, on parvint à découvrir l'entrée murée d'une chambre sépulcrale au fond du puits; mais quelques monceaux de poussière noire, qu'on trouva dans son intérieur, furent le seul résultat de cette pénible excavation.

EXAMENS

ET

DISSERTATIONS SCIENTIFIQUES,

RÉDIGÉS EX-PROFESSO,

SUR DIFFÉRENTES BRANCHES D'ANTIQUITÉS

DE LA COLLECTION DE M. J. PASSALACQUA;

PAR MESSIEURS

BRONGNIART, pour la minéralogie; KUNTH, pour la botanique; GEOFFROY SAINT-HILAIRE et LATREILLE, pour la zoologie; VAUQUELIN, DARCET et LE BAILLIF, pour la chimie; JOMARD, MÉRIMÉE et BRONGNIART, sur différens instrumens et produits de l'art et de l'industrie des Égyptiens; LETRONNE et REINAUD, sur des manuscrits et des inscriptions grecs ou arabes; DE VERNEUIL et DELATTRE, sur les momies et les embaumemens; CHAMPOLLION-FIGEAC, pour l'archéologie et la chronologie.

MINÉRALOGIE.

NOTICE

Sur les matières minérales naturelles, qui font partie de la collection des antiquités égyptiennes de M. PASSALACQUA, *par* M. ALEXANDRE BRONGNIART, *de l'Institut, professeur de minéralogie au Jardin-du-Roi.*

QUARZ HYALIN, incolore.
667 F. — Amulette 153.

Q. AMÉTHYSTE.
Un oiseau, 180, 227.
Scarabée, 263, un autre, Scarabée, 270, C.

Q. AGATE.
En agate calcédoine jaspe, 280; amulette, 150 F.
Boule en agate noire et jaunâtre, 280, en agate jaspée, 271 C.
Coupe, 830, en calcédoine pâle grisâtre, dont les petites cavités sont tapissées de cristaux de quarz hyalin.

Q. CHRYSOPRASE.
En chrysoprase pâle, 143, 174, 667; un poisson, 186.
Amulette, 150 C.

SILEX PYROMAQUE.
Scarabée en amulette, 271 bis; Amulette en forme d'œil, 150, H.
Instrumens de chirurgie et instrumens tranchans en silex pyromaque blond ou noir, obtenus au moyen de la cassure conchoïde propre à ce silex, 531 à 539, 543 à 825.

Q. A. CORNALINE.
En cornaline pâle, 172, 180; en cornaline presqu'opaque, 74 bis, 667 C.
En belle cornaline, 160, 162; en cornaline ordinaire, 271, 185, 178, 618, 619, 1506.
Amulette, 150, 9; bague 617; 181, A et B. Tête du coluber Naja? L'A

est recouvert d'une croûte blanchâtre, qui paraît due à l'altération que les météores atmosphériques font souvent éprouver au silex. Le B. n'est nullement altéré.

Jaspe rouge.

Un chat, 51; amulette en forme d'œil, 150, A.

En jaspe vert ou silex prase, presqu'opaque. Scarabée, 251, 270, A.

Amulette ovoïde, 260, 265. Scarabée, placé au milieu d'une plaque en pâte bleue, etc. 1510.

En jaspe vert pâle, 270, B, 271, D, 270, D.

En jaspe vert foncé voisin, du jaspe héliotrope 266, 271, E.

Grenat 657, A.

Stéatite. En stéatite blanche dure, 142, 163, 177.

Hippopotame, 161, Stéatite verte opaque, 667, E.

Serpentine verte et dure, 1500. Statuette, 1531, 1499.

Serpentine ollaire verdâtre, 141, 168. Idem, vert noirâtre, 1504, 1505. Plaque avec scarabée, 1507, 1508, 1509.

En serpentine ollaire verdâtre. Figurin, 1502, 190, 152, 1501.

En serpentine rougeâtre marbrée, 1532.

En serpentine ollaire brune, un vase, 709.

En ophiolite ou serpentine veinée très-dure, 710. Idem, œillé, 667, A.

Chlorite schistoïde.

Statuette en gaîne, 1053, 1512.

Calcaire concrétionné fibreux, qui a la cassure ondulée et presque vitreuse de l'arragonite, mais dont la pesanteur spécifique est celle du calcaire rhomboïdal.

Vases à onguent, 1409 à 1424.

Statuette, 1528 et 1529. Boucle d'oreille, 607.

En calcaire concrétionné lamellaire, 1530.

En calcaire saccaroïde, ou marbre blanc, 149, 281.

En calcaire marbre lumachelle rouge, une bague, 619 bis.

En craie compacte, 1515, 1517, 1518.

Stèles, 1372, 1373, 1386.

Tête de bœuf, 158.

En calcaire grossier, dense, 1520.

Petit vase, 667, B.

Lazulite (ou lapis lazuli).

165. Scarabée à tête d'épervier.

Amulette, 150, E. 145, 173, A. etc., etc.

Petites divinités, 170. Apis, 157.

En JADE très-translucide d'un beau vert pâle.
Petit balustre, 1536, B.

En JADE IMPUR et incertain.
Petites grenouilles, 170 et 184.

En FELSPATH :
En FELSPATH VERDATRE, 156. Scarabée en felspath laminaire verdâtre, 271, H.

Idem, EN FELSPATH GRIS, mêlé de quelques taches noires qui indiquent qu'il vient d'une diabase, 271, F.

En FELSPATH ANDULAIRE. Un petit cachet, 258.

En HÉMATITE (fer oligiste hématite).
Figures de cynocéphale et d'un homme à tête d'épervier en hématite compacte très-dure aimantaire, 140 et 166, 848, B. 1536.

En FER HYDROXIDÉ compacte.
Chevet, 848, C. 848, E. 667, associé avec du lazulite.
Scarabée, 271, A. et 9.

ROCHES HOMOGÈNES.

En SCHISTE MARNEUX grisâtre tendre.
Une figure symbolique, 1586.
Une statue, 1511, 151.

En SCHISTE COTICULE fin verdâtre, 667, D. 1506.
Poisson creux, 187.

En SCHISTE COTICULE, grossier, verdâtre. Coupe, 750 à 753.

En CORNÉENNE NOIRE semblable à la cornéenne lydienne.
Un petit vase, 668.

En TRAPP ou TRAPPITE verdâtre très-dur, à grains fins, 189.
Pyramide 1408, noircie par de l'huile extérieurement, mais à l'intérieur la roche présente une structure lamellaire, une couleur brun jaunâtre.

GRÈS A AIGUISER, grenu, sableux, mais si sali par la graisse qu'on ne peut y reconnaître aucun caractère. Pierre à aiguiser, 808.

GRÈS GROSSIER grisâtre.
Un grouppe de deux statuettes, 1527. Stèle, 1387, 1367, 1368.

GRÈS GROSSIER rougeâtre.
Une pyramide, 1407.

ROCHES HÉTÉROGÈNES.

EN SYÉNITE.

Buste de Taphné, 146.

EN DIABASE, scarabée, 271 et 1716. Amulette en forme d'œil, 150, D.

EN GNEISSE ? 667, 9.

EN MÉLAPHYRE (trapporphyr).

Un beau vase, 708, pâte noire et grands cristaux de felspath blanc.

EN PORPHYRE.

PORPHYRE ROUGE, chevet, 848, D.

EUERITE compacte.

Verdâtre. Figurine, 1533. Scarabée, 188, très-bien caractérisé.

Scarabée, 270, A.

EN POUDINGUE ou brecciole à petits grains, dont quelques-uns sont chatoyans. Chevet, 848, A.

OBJETS DANS L'AJUSTEMENT DESQUELS IL ENTRE PLUSIEURS SORTES DE PIERRES.

COLLIERS.

578. Collier de grains aplatis d'émaux rouges imitant le *jaspe* à s'y tromper.

585. Collier composé de grains taillés en imitation de la *voluta monilis*, bleu de *lazulite*, vert de *chrysoprase*, rouge de *cornaline*.

586. Collier composé de grains d'émaux, de grains de *cornaline*, de grains à facette de *jaspe vert*: la pièce plate du milieu est une *agate jaspée verdâtre*.

590. Collier composé de petits grains de *cornaline*, de *lazulite* et d'*ivoire*. La petite plaque sculptée est un émail rouge dit *purpurino*.

592. Collier composé de figurines de verre ou émail bleu et vert, de petits cylindres de verre jaune et de petites fioles de jaspe rouge.

593. Beau collier composé d'émaux verts, de *cornaline* et de *jaspe rouge*, qui se distinguent difficilement des émaux rouges du 578.

594. Collier composé de grains taillés en imitation de poissons, d'émaux, de grains d'or, de *cornaline*, de grains d'émail bleu lapis et de différentes *agates*.

596. Collier composé de coquilles (*voluta monilis*), de *cornaline*, d'*agate calcédoine*, de *jaspe*, de *lazulite*, d'argent, etc.

597. Collier composé de grains lenticulaires de *cornaline pâle*, de petites

poires de *jaspe rouge* ou de *cornaline rouge*, peu translucide, d'émaux bleus et verts, de grains de verre dorés, et argentés entièrement.

598 *bis*. Collier composé de gros grains à facette de verre rouge imitant le grenat, d'émaux bleus, de verres barriolés et de grains à facette de *jaspe vert*.

La plaque noire est une *serpentine ollaire*, comme noircie par un enduit huileux.

699. Collier composé de grains d'or et de grains figurés en nœuds d'or, de *cornaline*, de *lazulite*.

Le scarabée est une pierre *verdâtre* dure qui paraît être une *eurite*, ou *pétrosilex*, opaque, *verdâtre* ou même un *jaspe*.

A. BRONGNIART.

BOTANIQUE.

EXAMEN BOTANIQUE

Des Fruits et des Plantes de la collection égyptienne; par M. C. KUNTH, *membre correspondant de l'Institut de France* (1).

Les fruits et les fragmens de plantes découverts par M. Passalacqua dans les tombeaux de l'ancienne Égypte, appartiennent presque tous à des végétaux que l'on rencontre encore aujourd'hui dans ces contrées. La comparaison la plus scrupuleuse des parties analogues ne m'a laissé entrevoir aucune différence. Il me paraît par conséquent prouvé que la végétation de ces deux époques est parfaitement identique, et que, depuis tant de siècles, les plantes n'ont éprouvé aucun changement sensible dans leur forme et dans leur structure. Si je n'ai pu rapporter à

---

(1) M. Passalacqua doit cette notice *au vif intérêt* que M. le baron de Humboldt a marqué pour toutes les parties dont se compose l'importante collection égyptienne.   C.

leurs espèces, deux ou trois de ces objets, il faut en accuser la connaissance incomplète que nous avons des familles auxquelles appartiennent ces végétaux. Voici le résultat de mes recherches, suivant l'ordre des numéros du catalogue.

447. Fruits entiers. — Cucifera thebaica, *Delile*, *Descript. d'Egypte*, t. 1. Doum des Arabes.

448. Fruits. — Phœnix dactylifera, Linn. Dattes.

449. Fruits. — Punica Granatum, Linn. grenades.

450. Fruits. — Ficus Sycomorus, Linn. Lamarck. Sycomore, Ficus Pharaonis de Cammerarius.

450 bis. Fruit. — Ficus Carica, Linn. Figue ordinaire.

451 et 453. Noyaux et fruits. — Balanites ægyptiaca. *Delile*, *Ægypt*. t. 28. (Ximenia ægyptiaca, Linn. Myrobalanus Chebulus, Vesling.

Ces noyaux, d'une dureté extrême, sont tous percés d'un trou au-dessous de leur moitié. La coupe transversale du noyau présente également sur les cinq angles les petits points que l'on remarque dans le fruit d'aujourd'hui. La graine est réduite à une espèce de membrane qui tapisse les parois de la loge.

452. Fruits inconnus.

454. Fruits. — Mimusops Elengi, Linn.

454 bis. Graines séparées. — Diospyros. Espèce de placqueminier. Je suis sûr du genre; mais comme il est très-nombreux en espèces dont nous ne connaissons pas toujours les fruits, je laisse encore le nom spécifique en blanc. (Est-ce l'Embryopteris glutinosa de Roxburgh, tab. 70, ou le Diospyros Lotus?)

455. Fruits. — Juniperus phoenicea, Linn. Genèvrier de Phénicie. Fruits très-bien conservés, à cinq petits noyaux. Je suis très-sûr de cette détermination, car j'ai pu voir l'organisation des grains.

456. Fruits. — Citrus aurantium, Linn, varietas fructu amaro. Orange amère. Ce fruit étant seul, il ne m'a pas été permis de le couper. Il me reste donc encore quelque doute sur l'exactitude de cette détermination. Il serait pourtant à désirer que l'on puisse lever les doutes sur cet objet. D'après les recherches de Gallesio, les Romains ne connaissaient pas l'oranger. Il a été introduit en Italie au commencement du quinzième siècle par les Génois, sans doute de Bassora et de la Syrie. On a cru même jusqu'ici que ce sont les Arabes qui ont introduit l'oranger et d'autres *Agrumi* en Egypte et en Ethiopie.

457. Fruits. — Areca Passalacquæ. Les graines marbrées, creusées au centre, et le petit moule de l'embryon à l'une des extrémités ne me laissent pas douter que ce fruit n'appartienne à un palmier, et probablement à

une espèce d'areca encore inconnu aux botanistes. Nous ne connaissons encore que très-imparfaitement cette famille, surtout pour les fruits.

458. Fruits. — Vitis vinifera, Linn. varietas monopyrena, Chasselas, Raisin, baies bien conservées.

459. Fruits entiers inconnus. — (Graines de poivre?)

459 bis. Graines. — Cucurbita. Des graines d'une espèce de cucurbitacées; elles n'appartiennent ni à la courge, ni au concombre, ni au melon. Je me propose de continuer mes recherches pour en déterminer l'espèce.

460. Graines. — Ricinus communis, Linn. Ricin.

461. Graines. — Triticum vulgare. Willd. Blé.

506 quater. — Cyperus esculentus, Linn. Des bulbes (tubera ovata, zonis imbricatis) séparées, ou réunies deux à deux, ou trois à trois, par des fibres radicales.

1596. Branches et feuilles. — Ficus Sycomorus, Linn. Lamark. Sycomore, Ficus pharaonis de Cammerarius. C'est le bois de cet arbre dont on se servait ordinairement en Egypte pour faire les cercueils des momies et plusieurs meubles.

1597. Branches et feuilles. — Olea europæa, Linn. Olivier.

1598. Tiges avec ombelles. — Cyperus Papyrus, Linn. Papyrus et byblos des anciens. Ces tiges ont presque 6 pieds de longueur ornées d'ombelles. Leur conservation n'est pas moins parfaite que celle des branches, feuilles, fruits et graines de la collection de M. Passalacqua.

1598 bis. Caucalidi Anthrisco affinis.

C. KUNTH.

ZOOLOGIE.

EXAMEN

Des Animaux vertébrés, momifiés et développés de leurs langes, classés parmi les numéros 326 à 440. Par M. GEOFFROY-SAINT-HILAIRE, *membre de l'Institut de France et de la Commission d'Égypte.*

LES savantes et laborieuses investigations qui ont produit cette réunion d'objets d'antiquités; le sentiment d'admiration, d'estime et de gratitude dont on se sent pénétré pour tant de belles recherches; et généralement le grand intérêt d'une aussi magnifique collection, m'ont inspiré un dévouement réel pour M. Passalacqua, et m'ont fait déférer à son désir de lui donner, autant qu'il était en moi de le pouvoir faire, la détermination des objets de zoologie qu'il a rapportés. Qui pourrait, en effet, rester indifférent à un spectacle, qui nous rend les arts, l'industrie et le génie social d'une nation entrée la première dans les voies de la civilisation? spectacle qui rapproche de nous les faits, les ustensiles, et les usages d'un passé ayant précédé les temps historiques, qui nous expose et qui réalise, en quelque sorte sous nos yeux, les combinaisons intellectuelles les plus incroyables, les conceptions les plus délirantes de l'esprit humain, qui enfin nous fait voir et toucher, en 1826, à Paris, tant de choses que, dix siècles avant l'ère chrétienne, voyaient et touchaient, à Thèbes ou à Memphis, les populations de ces antiques cités!

Je vais passer en revue les animaux *développés* de la collection de M. Passalacqua, dans un ordre conforme à celui de la série zoologique, et j'appellerai chacun d'eux par son numéro du catalogue.

364. Sujet humain, qui resta indéterminé jusqu'au jour où M. Passalacqua, l'ayant constamment considéré comme une momie de cynocéphale, me le présenta pour en savoir le nom. L'attitude habituelle des cynocéphales embaumés, qui caractérisait ce sujet, ses formes insolites dans l'espèce humaine, et le lieu, un tombeau de singe, où il fut trouvé, avaient tout naturellement occasionné la méprise que je rappelle. Cette momie était si bien caractérisée, quant à ses conditions primitives de monstruosité, qu'il ne me fut point difficile d'y reconnaître, dès qu'elle fut entièrement développée, une des monstruosités de l'espèce humaine, dont j'avais eu occasion de m'occuper. J'ai été si vivement affecté à la vue d'une production aussi singulière et aussi inattendue, que j'ai prié M. Passalacqua d'autoriser que je pusse de suite informer d'un fait aussi curieux le monde savant et l'Institut de France. Ayant obtenu l'agrément que j'avais demandé, j'ai montré la momie-monstre, objet de cet article, à celle des académies de l'Institut qui s'occupent en particulier des sciences; j'ai accompagné cette présentation du discours suivant :

Communication faite à l'Académie royale des Sciences, dans sa séance du 9 janvier 1826, par M. Geoffroy-Saint-Hilaire.

Je mets sous les yeux de l'Académie un monstre humain que je viens de découvrir dans une collection d'animaux conservés en momies : ces animaux, ainsi que beaucoup d'autres objets de tout genre, composent un riche cabinet d'antiquités récemment rapporté d'Égypte par l'habile artiste et savant antiquaire M. Passalacqua, de Trieste.

On peut se rappeler que j'ai attribué et classé les monstres en groupes ou petites familles (1), les ayant déterminés et rangés d'après un ordre d'affinité et de développement organique. Une de ces petites familles, que j'ai nommée *Anencéphale*, est principalement caractérisée par la privation complète du cerveau et de la moelle épinière ; modification qui s'est propagée dans le système osseux, et qui s'est étendue aux conditions ordinairement tubulaires, mais dans ce cas non conservées, de la boîte crânienne et du canal vertébral : ainsi, des segmens en anneaux fermés ne composent plus l'épine dorsale ; mais à leur place sont des arcs très-ouverts, des corps de vertèbres avec branches latérales.

Voilà ce que l'on voit très-distinctement dans la monstruosité humaine embaumée il y a deux à trois mille ans. Aucun des autres caractères qui font de l'*Anencéphalie* un ensemble organique parfaitement limité dans ses formes et rigoureusement déterminable, ne manque non plus : la momie avait été établie assise, les pieds joints et les mains couchées sur les genoux.

On s'est plus occupé des *Anencéphalies* que des autres cas de monstruosités : l'absence de tout le système médullaire cérébro-spinal a paru, en effet, une singularité du plus haut intérêt : d'abord, pendant le règne du cartésianisme, comme fournissant un fait contraire à l'hypothèse que des esprits animaux s'engendraient dans le cerveau ; et tout récemment, depuis qu'a paru la loi du développement excentrique des organes, loi reconnue et posée par le docteur Serres, comme cette absence étant opposée aux opinions reçues, que les nerfs naissent des parties médullaires contenues dans les étuis cranien et vertébral. Mais qui se serait attendu que ces curieuses déviations organiques eussent autrefois,

---

(1) *Philosophie anatomique*, tom. II, pag. 88. Paris, in-8º, avec atlas in-4º. Chez l'auteur, au Jardin du Roi.

et presque dès l'origine des sociétés humaines, également fixé l'attention ?

Au surplus, ce ne put être et ce ne fut pas d'après un même sentiment. La raison humaine, entraînée par un mouvement ascensionnel, ne peut être satisfaite que par un perfectionnement. Les monstruosités forment aujourd'hui une riche mine à exploiter au profit des recherches philosophiques, quand elles donnaient lieu autrefois à un stupide étonnement, ou plutôt qu'elles remplissaient de terreur l'enfance du genre humain. Ce que nous venons d'apprendre de l'*Anencéphale* des catacombes d'Hermopolis(1), et ce que nous savions concernant l'organisation de ce genre de monstruosités, nous mettent à même de comprendre enfin plusieurs témoignages de l'histoire.

Tite-Live, Valère-Maxime, Pline, etc., parlent de femmes qui, par des enfantemens extraordinaires, donnaient lieu aux plus sinistres présages, obligeaient de recourir à des lustrations, à des purifications générales : c'était quand elles accouchaient d'êtres caractérisés, *singes* ou *éléphans*, par les formes bizarres de leur tête. Ces prétendus *mammifères*, singes ou éléphans, ne sont pour moi que des monstruosités humaines des genres que j'ai déterminés sous les noms d'*Anencéphales* et de *Rhinencéphales* (ces derniers sont des monstres nés avec une trompe et un seul œil); mais c'était là une présomption, une déduction de quelques faits, qu'il est sans doute intéressant de changer en certitude.

Cet avantage nous est procuré par la momie possédée par M. Passalacqua. C'est beaucoup plus qu'un document historique, fourni par cette sorte de *mammifère-singe*, que la circonstance de son exclusion des sépultures humaines. Or, cet être d'une nature ambiguë a été découvert dans des catacombes réservées aux animaux, dans des caveaux où se trouvaient en particulier des singes. Et de plus, ce qui montre qu'il n'y avait là ni méprise ni ignorance, mais qu'on observait en cela un rit religieux, c'est une amulette, qu'avec le dessein prémédité, on avait placée près de la momie. Cette amulette, faite en terre cuite ou en mauvaise porcelaine, est une exacte copie du singe cynocéphale, du papion de Buffon : remarquons en outre que la pose de cette figure est l'attitude même de la momie. La forme de ce symbole exprime-t-elle l'intention d'une comparaison entre l'infériorité organique accidentelle de

---

(1) On dirigeait le plus grand nombre des singes morts et embaumés sur la *nécropolis* de cette ville. Voyez la note sur les animaux sacrés, par M. J. *Passalacqua*.

la monstruosité embaumée, et l'infériorité normale de l'être le plus dégradé parmi les animaux à face humaine? Ceci est une conjecture, mais ce qui n'en est pas une, c'est que les amulettes de ce genre étaient, dans la vieille Égypte, un attribut réservé aux hommes.

Enfin, en y réfléchissant, on revient de sa surprise à la vue d'un monstre presque honoré d'un culte. Effectivement, pour un peuple qui s'est fait de l'art des embaumemens un moyen d'éterniser la mort, et de cette pratique l'accomplissement d'un devoir religieux, quel plus grave sujet de méditation et d'entraînement mystique que le spectacle d'un être en quelque sorte voulu à la fois et délaissé par la nature, tenu de naître et de mourir au même moment!

10. *Mammifères.*

376. Chat domestique embaumé.

363. Chat desséché. Cette pièce est moderne; j'en ai trouvé et rapporté de semblables: ce n'est donc point une momie. Voici dans quelle circonstance ces préparations naturelles s'établissent: Que des animaux soient accablés de vieillesse, ou prêts à succomber sous le poids d'une maladie chronique, ils éprouvent un état d'épuisement et de faiblesse, qui les porte à gagner une retraite inaccessible; leur instinct les excite à regagner en sécurité ce qu'ils s'aperçoivent avoir perdu par l'impuissance de fuir ou de résister. Les grottes sépulcrales de l'Égypte sont la ressource des animaux mourans de cette contrée, et comme elles sont profondes, et qu'elles jouissent dans les parties le plus reculées d'une température à peu près constante, les cadavres n'y sont pas exposés aux mêmes effets de décomposition qu'en d'autres lieux; ils s'y dessèchent à la suite d'une lente évaporation de tous les fluides qu'ils recélaient: il n'en reste que le derme et les os, dont les mailles sont parfaitement évidées.

396 et 397. J'ai reconnu ces deux sujets pour appartenir au genre *musaraigne* (*sorex*). Ma surprise fut extrême en les rencontrant dans une collection égyptienne, et surtout dans une collection faite avec des sujets ayant vécu il y a deux à trois mille ans.

1°. La taille de ces sujets est extraordinaire; c'est dans le genre musaraigne (*sorex*), que l'on trouve les plus petites espèces de mammifères: cependant les sujets des 396, 397, l'emportent sur les plus grandes musaraignes que l'on connaisse.

2°. Les plus grandes existent au Cap, et principalement dans l'Inde.

3°. Circonstance non moins digne de remarque: cette espèce qui, il y a plusieurs milliers d'années, était entrée dans les combinaisons théogoniques des Égyptiens, est restée nouvelle pour les hommes du temps actuel, explorateurs infatigables cependant des productions de la nature. On peut hésiter entre les espèces que j'ai publiées sous les noms de *sorex capensis*, *sorex myosurus* et *sorex indicus*; toutes trois sont plus petites, et ont la queue plus courte. On peut toutefois considérer qu'un dessin envoyé de l'Inde par M. Duvancel, et que M. F. Cuvier, en y consacrant le nom de *monjourou*, a donné dans ses lithographies de mammifères, la représente assez exactement. Y a-t-il identité entre cette très-grande musaraigne indienne qui n'est pas mon *sorex indicus*, et l'espèce des sujets 396, 397? Ce sont d'autres questions qui seraient élevées par les conséquences de ce fait intéressant: car les anciens Égyptiens avaient-ils embaumé des animaux étrangers, qui auraient été en possession d'hommages religieux, avant que la vallée du Nil pût être habitée? Nous reviendrons plus bas sur cette conjecture.

398 à 421. Vingt-quatre individus de la musaraigne (vulgaire?) Nous sommes assuré de cette détermination quant au genre, mais nous ne pouvons rien affirmer quant à l'espèce: nous connaissons plusieurs musaraignes d'une aussi petite taille. Nous y avons pourtant apporté toute notre attention; car avec l'aide du célèbre et savant chimiste, M. Chevreul, nous avons cherché à débarrasser l'un des individus de la croûte bitumineuse qui l'enfermait, pour voir et prendre les couleurs du pelage. Nous avons fait bouillir ce sujet dans de l'esprit de vin pur, ce qui a opéré la dissolution de toute la matière résineuse. Un moment, l'animal a été rappelé à son état primitif; il nous a montré distinctement un poil gris-de-souris. Cependant l'action du feu ayant été trop prolongée a fini par tout détruire.

Strabon parle d'une ville de la province de Scharkié, *Athrib*, faisant de son temps partie du nôme cynopolite qui était consacré aux musaraignes. Paw et M. Mongès, dans l'Encyclopédie méthodique, *Dict. d'antiquités*, au mot *Musaraigne*, n'ont point hésité sur la détermination de cette espèce, et ont pensé qu'il était question, dans les textes originaux, des petites *souris-araignées*, réunies aujourd'hui sous le nom de *sorex*. Toute cette nichée de vingt-cinq petites musaraignes, trouvées et rapportées par M. Passalacqua, lèvent heureusement et bien à propos toute incertitude à cet égard.

2°. Oiseaux.

328 à 333. Six individus d'un faucon de petite espèce, nommé Hobreau (*falco subbuteo*).

383. Hobreau, même espèce que ci-dessus, mais jeune oiseau pris dans le nid.

382. L'épervier (*falco nisus*).

367. Autour, ou le grand épervier (*falco gallinarius*).

365. Aigle-pêcheur, espèce non encore décrite, voisine des aigles-pêcheurs, le *bateleur* et le *vocifer* : on n'en possède encore au Muséum d'histoire naturelle qu'un jeune âge venu du Sénégal : j'ai donné à cet oiseau le nom de *falco hypogeolis*.

366. Le grand hibou à huppes courtes, appelé *ascalaphus* par mon célèbre ami M. Savigny : il l'a le premier fait connaître dans le grand ouvrage sur l'Égypte.

379 à 384 et suivans, jusques y compris 395. Hirondelles au nombre de seize.

348 et 349. *Ibis*, c'est l'oiseau le plus commun des catacombes : il a conséquemment exercé la sagacité d'un grand nombre de naturalistes, principalement celle des premiers maîtres de la science, Buffon et M. le baron Cuvier. M. Savigny s'en est aussi occupé dans un ouvrage spécial, dans son *Histoire naturelle et mythologique de l'Ibis*, in-8°, de 224 pag., avec figures. 1805. (A Paris, chez Allais, libraire, rue Guénégaud.)

Buffon avait cru avoir retrouvé les traits de l'ibis antique dans un très-grand oiseau échassier du genre *tantale* ; mais il ne faisait encore que suivre de confiance l'académicien Perrault, qui avait déjà, sous Louis XIV, publié un prétendu *ibis blanc*, alors venu d'Égypte. M. Cuvier a depuis introduit dans son *Histoire des Fossiles*, tome 1er, une dissertation, dans laquelle il s'est attaché à démontrer la fausseté de ces déterminations. L'ibis pour M. Cuvier, est une certaine espèce à plumage blanc, de la famille des bécasses : c'est donc dans un petit sous-genre de ces bécasses, auquel il donne le nom d'*ibis*, que ce savant décrivit, et qu'il représenta cette espèce sous le nom d'ibis sacré, (*ibis religiosa*). Savigny donna de même le portrait d'un ibis qu'il s'était procuré dans une des îles du lac Menzalé en Égypte. Ainsi, la vallée du Nil aurait nourri et nourrissait encore et les oiseaux des temps anciens, et ceux de l'âge actuel. On devait croire qu'une détermination, aidée de ces ressources, et fondée sur de tels élémens, offrirait enfin tous les caractères d'une parfaite exactitude : cependant les choses ne sont pas pleinement encore éclaircies.

J'avais toujours été frappé d'une différence dans la longueur du bec que montraient les oiseaux des catacombes ; leur bec était plus grêle et plus long. A cette occasion, une question très-importante était soulevée : *Cette différence constante devait-elle faire admettre que les ibis de l'âge actuel auraient subi une altération de formes, depuis les trois mille années qu'avaient vécu les générations conservées en momie, et entassées dans les* catacombes égyptiennes? Sur ces entrefaites, d'autres ibis blancs nous furent envoyés de l'Inde; et, circonstance bien singulière, puisqu'elle venait plutôt compliquer que dénouer notre problème, ces ibis de l'Inde ressemblent entièrement aux ibis des catacombes : c'est le même bec, plus long et plus effilé; mais de plus, c'est aussi la même ressemblance, quant à des plumes de parure, en plus grand nombre, et offrant un plus vif éclat de couleur, au lieu du noir, le violet foncé : cette parure est procurée par des barbes aux extrémités des grandes pennes, qui prennent un accroissement démesuré. Cela posé, nous refuserons-nous à admettre un changement dans les formes des ibis africains? nous serons rejetés dans une question d'antiquités qui présente tout autant de difficultés : car alors il *faudra supposer que les anciens Egyptiens tiraient de l'Inde les animaux qu'ils honoraient d'un culte.* Je me borne pour le moment à ce seul énoncé.

3°. Reptiles.

355 à 360. Six crocodiles grands, les uns, comme le sont les crocodiles au sortir de l'œuf, et celui du 352, comme les crocodiles qui ont vécu deux à trois mois. Il y a plusieurs espèces dans le Nil. Ces jeunes individus se ressemblent, et paraissent tous d. l'espèce à plus long museau, que j'ai nommée *crocodilus suchus*, et dont les prêtres d'Arsinoé prenoient, au dire de Strabon, un si grand soin : on reconnaît dans ce premier âge le *suchus*, à la forme sinueuse, ou en *S*, des bords auriculaires de l'os temporal.

442 à 445. Batraciens, au nombre de quatre, d'espèce voisine du crapaud.

439 et 440. Couleuvres : on n'a pas pu en déterminer l'espèce.

4°. Poissons.

430 à 433 et 436. Sont de petits poissons du genre des carpes, connus des pêcheurs sous le nom de *binny*, et que j'ai nommé dans le grand ouvrage sur l'Égypte, *Cyprinus lepidotus*. Il a donné lieu à ce proverbe où c'est le poisson qui s'exprime : *Si tu peux rencontrer meilleur que moi, ne me mange pas.*

434 et 435. Autres binnys plus jeunes, et par conséquent beaucoup plus petits que les précédens.

438. On trouve sous ce numéro un fragment d'une peau de binny adulte. A la grandeur des écailles, on voit sur quoi est motivé l'ancien nom, d'*écailleux* (*lepidotos*) donné dans l'antiquité à cette espèce; Strabon et Athénée parlent du *lepidotos*.

GEOFFROY-SAINT-HILAIRE.

EXAMEN

Des Animaux sans vertèbres, 441 et 442; par M. LATREILLE, *membre de l'Institut de France (Académie royale des Sciences).*

441. Scarabée, variété et femelle du bousier sabéen, (*copris sabœus* de Fabricius) : il se trouve aussi aux Indes-Orientales.

442. Variété entièrement verte du bupreste bossu (*buprestis gibbosa* de Fabricius). Cet insecte est fort commun au Sennaar et dans la Nubie : on le trouve également au cap de Bonne-Espérance. J'en ai reçu plusieurs provenant de ces différens lieux.

Nota. Je suppose que c'est leur belle couleur verte qui a valu à ces insectes l'honneur d'être également consacrés à des usages religieux : ce n'a pu être du moins pour leurs habitudes, qui ne sauraient différer davantage. Il reste toutefois à examiner si les prêtres de l'Égypte n'auraient pas pensé plutôt à faire allusion à leur apparition chaque année : j'ignore si elle a lieu à la même époque.

D'après des recherches que j'ai faites, et sur lesquelles je me propose de revenir, il m'a paru que les Grecs avaient désigné une espèce du genre *buprestis* sous le nom de *melolonthas*. Mouflet même, autant que je puis m'en rappeler, en aurait figuré une, sous ce nom générique.

LATREILLE.

CHIMIE.

LETTRE A M. PASSALACQUA,

Contenant l'analyse chimique des alliages des métaux qui composent la lame d'un poignard, deux miroirs et quelques instrumens de sa collection, ainsi que l'analyse de la couleur bleue placée sous le numéro 561; par M. VAUQUELIN, membre de l'Institut de France, etc., etc.

MONSIEUR,

J'ai soumis à quelques essais chimiques les petites quantités de matière métallique que vous avez détachées des instrumens égyptiens qui font partie de votre collection.

1°. Lame de poignard, 550.

Le métal enlevé de dessus ce poignard n'est que du cuivre mêlé d'une matière résineuse qui, sans doute, lui servait de vernis, en même temps qu'elle le défendait de la rouille. Il est possible que ce cuivre contienne un peu d'étain; mais je n'ai pu le constater sur la très-petite quantité qui m'en a été remise.

2°. Miroir 659 est composé sur 100 parties.

1°. De cuivre............	85
2°. D'étain.............	14
3°. De fer environ.......	1
	100 part.

3°. Miroir 660, est de même composé de cuivre, d'étain et d'un peu de fer.

4°. Instrument 549 : il est de la même nature que le miroir 659.

5°. Instrument 519 : il est encore de la même composition que les précédens.

CHIMIE.

Examen d'une couleur bleue trouvée dans un tombeau égyptien, et déposée dans une coupe 561.

Cette couleur bleue est une combinaison d'oxide de cuivre avec de la silice, de la chaux, un peu de fer et d'alcali. Ce bleu est assez fusible, et quand on le chauffe au chalumeau sur un charbon avec un peu de tartre, il donne du cuivre métallique.

Voici les résultats approximatifs de l'analyse à laquelle je l'ai soumis ; sur 100 parties, savoir :

1°. Silice...............	70
2°. Chaux................	9
3°. Oxide de cuivre......	15
4°. Oxide de fer.........	1
5°. Soude mêlée de potasse.	4

99 parties.

J'ignore si cette couleur a été faite par la voie sèche ou par la voie humide ; mais il est certain que les élémens en sont intimement combinés, car les acides concentrés ne lui enlèvent que des traces d'oxide de cuivre et de chaux, et qu'à la seconde opération ils ne dissolvent plus rien.

Je crois devoir faire mention ici d'une couleur bleue absolument pareille qui s'est formée dans la sole d'un fourneau où l'on avait fondu du cuivre à la manufacture de Romilly ; c'est la même nuance de bleu, c'est la même composition chimique, etc.

J'ai l'honneur d'être, Monsieur, avec une parfaite considération,

Votre, etc.

VAUQUELIN.

ANALYSE

D'un os provenant de la partie antérieure d'un bœuf, déposé comme offrande aux divinités, dans le tombeau découvert par M. Passalacqua ; par M. Darcet, membre de l'Institut de France, etc. (1).

Cet os était dur et compacte ; en le sciant, il s'en est dégagé une odeur bien prononcée de matière animale fortement chauffée.

La poudre produite par le sciage de cet os a été mise dans un petit tube de verre fermé par un bout ; on a placé du papier réactif rouge, imbibé d'eau, dans le haut du tube, et on a fait légèrement rougir la partie inférieure du tube qui était fermée, et où se trouvait rassemblée la poudre d'os. Il s'est dégagé de suite des vapeurs ammoniacales, qui ont coloré en bleu foncé le papier rouge ; il s'est déposé de l'huile empyreumatique dans le haut du tube ; et on a retrouvé dans le bas du noir d'os bien foncé en couleur.

Une seconde opération pareille, faite en distillant à vases clos 100 parties de cet os, a donné 60 parties 766 de noir d'os. Ce charbon animal, calciné à blanc sous la moufle, s'est réduit au poids de 57 parties 422.

Cet os contient donc environ au cent :

Résidu incombustible....................	57,422.
Gélatine, graisse, vaisseaux sanguins, etc.	42,578.
	100.

Le noir d'os obtenu avait été exposé à une trop haute température, et n'avait pas été assez bien garanti du contact de l'air ; il était cependant d'un beau noir ; il contenait encore au cent :

Résidu incombustible....................	94,497.
Charbon...............................	5,503.
	100.

---

(1) Cet os a été pris parmi les os de bœuf déposés dans la collection sous le numéro 1600, et trouvé par M. Passalacqua, dans la chambre sépulcrale qui était restée intacte, et dont il a fait la découverte. Cet os paraît être l'extrémité sternale d'une côte de bœuf. Il n'a point de canal médullaire ; il pesait 8,7 grammes ; il était jaune ocracé, couleur d'abricot.

Voyant que cet os contenait beaucoup de gélatine, j'ai essayé à en extraire cette substance, en le traitant par l'acide hydrochlorique faible.

100 parties d'os ainsi traitées m'ont donné 20 parties 3 de gélatine colorée en jaune foncé; l'acide employé avait dissous une portion de la gélatine.

On sait que les os frais et séchés à l'étuve contiennent, terme moyen, au cent :

Résidu incombustible......................	60.
Gélatine, graisse, vaisseaux sanguins, etc	40.
	100.

Que ces os donnent, en les traitant par l'acide hydrochlorique, de 25 à 27 de gélatine pure, et que le charbon animal que l'on prépare avec ces os, contient au cent :

Résidu incombustible........................	94.
Charbon...............................	6.
	100.

On voit donc, en comparant entre eux ces résultats :

1°. Que l'os dont il s'agit contient autant de gélatine que les os frais ;

2°. Que cet os donne du charbon animal aussi noir que celui qui se prépare maintenant avec les os ramassés dans les rues ;

3°. Que la gélatine que contient cet os semble seulement avoir été un peu altérée par le séjour de l'os sous terre, et par son ancienneté puisqu'en traitant cet os par l'acide hydrochlorique faible on n'en a obtenu que 20 centièmes de gélatine pure, tandis que les os frais en donnent par le même procédé jusqu'à 27 centièmes ;

4°. Que cet os, dans l'état où je l'ai reçu, pourrait servir presque aussi bien que des os neufs, à la préparation de la gélatine, et surtout à la fabrication des colles animales et du noir d'os.

DARCET.

LETTRE A M. PASSALACQUA,

Contenant plusieurs procédés chimiques sur l'examen des couleurs, du blé, du pain, et des cordes d'instrumens de musique de sa Collection; par M. Le Baillif, *trésorier de la Préfecture de police.*

Monsieur,

J'ai l'honneur de réunir ici et de vous présenter l'analyse des cinq substances que vous avez eu la bonté de me confier, et qui font partie des périlleuses et savantes explorations dont vous avez enrichi la France.

Couleurs.

N° 1. Du bleu azur, tiré de la quatrième des sept cases de la boîte aux couleurs (1), pesant deux milligrammes (un huitième de grain), a été essayé au chalumeau : le protoxide, d'un beau rouge sanguin, qui colore le milieu de la petite coupelle d'argile, démontre que le *cuivre* est la base de cette sorte d'azur égyptien.

N° 2. Un atome, de couleur bleu-verdâtre, tombé en écaille de la proue du bateau égyptien (2), portant un mort, a été traité au chalumeau ; la présence du *cuivre* est encore ici démontrée par le protoxide couleur rouge de sang. La réaction pyrognostique m'a fait reconnaître en même temps la présence du fer contenu dans la couche argileuse qui servait d'assiette à la couleur bleu-verdâtre.

Végétaux.

Deux milligrammes détachés du *grand scarabée bleu* ont été traités par le même procédé. La fritte de cet antique est d'un grain très-fin, et d'un bleu si pur, si riche, qu'on penchait à le croire fourni par le cobalt ; mais la petite coupelle ci-jointe (3) prouve que le cuivre est encore ici le seul métal colorant, car on y voit également et très-distincts l'oxide vert et le protoxide rouge sanguin.

---

(1) Numéro 551.
(2) Numéro 1613.
(3) Cette coupelle est placée dans la galerie, près du scarabée mentionné.

Un grain de raisin (1), percé d'un petit trou, a été mis à froid dans deux grammes d'eau avec quelques gouttes d'alcool.

La teinture, qui s'est foncée de jour en jour, donne la certitude que ce grain de raisin fut rouge il y a trois ou quatre mille ans. Je présume que, sans l'altération manifestée par la piqûre, on aurait obtenu un gonflement.

La moitié d'un grain de blé (2), parfaitement conservée, a été broyée et portée à l'ébullition dans un gramme d'eau. La solution a pris une couleur très-faiblement ambrée, et due probablement au moyen conservateur; mais, chose admirable! si on y verse une goutte de teinture alcoolique d'iode, on reconnaît à l'instant même, par une couleur bleu-prune de Monsieur, extrêmement foncée, que la *fécule amylacée* a conservé toutes ses propriétés, et nous est arrivée intacte après trente ou quarante siècles.

S'il y avait du *pain*, on le reconnaîtrait avec la même promptitude. J'aurai l'honneur de faire sous vos yeux cette expérience avec un nouveau *grain de blé*, qui sera plus que suffisant pour la renouveler dix fois (3).

Substance reconnue gommeuse (4).

Couleur capucin foncé, terne.

Saveur âcre et mordicante, laissant une longue impression sur le bout de la langue après avoir été triturée entre les dents.

Cassure résineuse, mais fléchissant un peu sous le tranchant du couteau.

Si on approche le morceau de la lumière d'une bougie, il se carbonise en se ramollissant un peu, et lance des bluettes à peu près comme un zeste d'orange.

Insoluble dans l'alcool à 32° et à 20°, soit à froid, soit bouillant, se comporte de même, dans les mêmes circonstances, avec l'essence de térébenthine.

Soluble, à raison d'un sixième, dans vingt fois son poids d'eau, après quatre heures d'ébullition, ce qui reste est du ligneux.

---

(1) Numéro 458.

(2) Numéro 461.

(3) Cette expérience fut répétée par M. Le Baillif avec le même succès, sur un autre grain de blé 461, et sur le pain 462.

(4) Numéro 463.

Traitée au chalumeau, odeur végétale, sans rien d'aromatique ni de résineux ; brûle obscurément ; encore a-t-elle besoin pour cela de se trouver presque en contact avec la flamme.

Laisse un charbon assez volumineux, mais qui disparaît en entier par une insufflation prolongée.

Examen de deux cordes de l'instrument de musique, numéro 566.

L'une et l'autre n'ont qu'un demi-millimètre, à peu près. Malgré l'influence des siècles et du maniement, on voit en plusieurs endroits des surfaces argentées, translucides, comme en présentent les cordes de Naples ; mais elles n'ont pas une cylindricité aussi régulière.

On les a traitées à l'eau tiède pour les assouplir et en faciliter l'examen au microscope.

Chaque corde est composée de deux brins très-distincts, et qui le sont eux-mêmes d'une multitude de filamens nerveux, ronds, forts, transparens, et qui ne présentent pas de ressemblance avec la baudruche, ni avec les boyaux de chat ou de mouton. Si, d'après d'autres observations très-antérieures à celle-ci, l'on pouvait hasarder une conjecture, on serait porté à croire à l'emploi de boyaux de poisson.

La substance des cordes est essentiellement animale ; l'acide nitrique lui donne une couleur jaune ; elle se raccornit par la chaleur, produit par l'ustion un charbon très-noir, très-volumineux, et répand une odeur ammoniacale, sur la nature de laquelle un tube trempé dans une dissolution de platine très-pure, ne laisse aucun doute.

Un morceau de corde a été mis dans de l'eau distillée : la température, tenue long-temps faible, a été portée jusqu'à l'ébullition ; la corde s'est réduite en un magna gélatineux, et la *gélatine* contenue dans l'eau du bain a été abondamment précipitée par la solution de noix de galle.

Toutes ces expériences donnent la parfaite conviction que ces cordes sont de matière animale.

Daignez agréer, Monsieur, mes remercîmens les plus sincères de ce que vous m'avez procuré le plaisir de travailler sur des raretés aussi précieuses.

J'ai l'honneur d'être, etc.

Le Baillif.

INSTRUMENS

ET PRODUITS DES ARTS ET DE L'INDUSTRIE

DES ÉGYPTIENS.

EXAMEN

Des Instrumens et des Produits des Arts; par M. JOMARD, *membre de l'Institut de France et de la Commission d'Égypte, etc.*

LA collection de M. Passalacqua se recommande par un grand nombre d'antiques dignes de l'attention des archéologues, et de toute personne curieuse d'approfondir les usages des anciens peuples et leur degré de civilisation. Parmi la multitude de morceaux qu'il a rapportés, nous nous attacherons ici seulement aux *instrumens* et aux *produits des arts*. L'intérêt qu'excitent généralement les travaux de l'Égypte ancienne, fera excuser ce qu'il pourrait y avoir d'aride dans l'énumération des ustensiles, des outils et des instrumens qui ont servi à cet ancien peuple : ils nous font connaître ses coutumes, ses mœurs, suppléent le silence des écrivains de l'antiquité, éclaircissent l'histoire des arts. Il n'est guère possible de voir les ouvrages de tout genre que cette nation a laissés, sans desirer d'apprendre avec quels moyens et quels instrumens elle est parvenue à les exécuter. Les matières sur lesquelles elle s'est exercée sont nombreuses; peu des instrumens dont elle s'est servi nous sont connus, et les produits de ses arts en supposent une bien plus grande quantité. Quelque riches que soient aujourd'hui les collections égyptiennes, on ne pourrait donc se flatter, même en les rassemblant toutes, de posséder les échantillons de la dixième partie de tous ces objets; enfin, l'on trouve dans la Bible, dans les auteurs sacrés et profanes, la description ou la mention de beaucoup d'ouvrages que les voyageurs n'ont pas encore trouvés dans les fouilles, ni dans les catacombes. Combien avons-nous à regretter, par exemple, que le temps ait détruit les instrumens de musique, les magnifiques harpes, les meubles, les armes et armures, et une foule d'instrumens des arts, peints ou scuplés dans les tombes royales, ou dans les hypogées des hommes privés ! Les objets mêmes que nous possédons maintenant en nature, ont été travaillés avec des outils, des instrumens qui sont peut-être perdus pour toujours, et dont nous sommes réduits à deviner la forme, et jusqu'à la matière. Néanmoins, on a déjà réuni assez de richesses en ce genre pour faire un tableau intéressant, dont cette note n'offrira qu'une esquisse légère. Nous parlerons d'abord des *matières* que l'on a su mettre en œuvre; secondement, des *instrumens* et des outils; troisièmement, des *ouvrages* produits par l'art égyptien.

I. Long-temps l'on a cru que le *fer* était complétement étranger à cet ancien peuple; ce préjugé reposait, comme bien d'autres, sur un raisonnement négatif: on ne trouve jamais, disait-on, aucun objet en fer dans les ruines égyptiennes; on se fondait encore sur l'analogie, lumière souvent trompeuse. Cependant on négligeait le témoignage des auteurs qui nous apprennent que l'Égypte échangeait ses produits contre le fer d'Éthiopie. Pendant le cours de l'expédition d'Égypte, un voyageur a vu, à la grande Apollinopolis, dans les mains d'un cheykh, un bâton augural en fer poli. Le limon du Nil est chargé de fer nu, à l'état métallique, en grande proportion; l'on pourrait même l'exploiter en temps de guerre avec quelqu'avantage. M. Passalacqua a trouvé sur les momies mêmes de Thèbes des morceaux en fer, qui mettent fin à toute incertitude: ce sont des bracelets, des anneaux, des bagues, des spatules, etc. (1). Au reste, le fer a toujours été rare en Égypte, et celui que la rouille a épargné a été converti par les habitans en instrumens d'agriculture. L'*or* abonde parmi les morceaux de la collection (2); l'*argent* (3), le *plomb* sont moins communs; le *cobalt* se reconnaît dans les émaux et les peintures; nous n'y avons pas aperçu d'*étain*; le *cuivre* s'y trouve dans tous les états: on en parlera plus loin, à l'article des alliages. Ces métaux et d'autres encore, amenés à l'état d'oxide, ont fourni de belles matières colorantes.

Des terres, des sels fossiles, le limon, le sable, la soude minérale ou natron, le bitume, etc., ont été préparés par les arts. On a travaillé les

---

(1). *Voy.* 613 et bis, 614, 623, 624, 519, 524.

(2). *Voy.* 312, 506, 571, 587, 589, 591, 594, 595, 597, 599, 559, 601, 602, 603, 604, 615, 616, 622, 1540, etc., etc.

(3). *Voy.* 313, 585, 588, etc., etc.

pierres dures et les pierres fines : parmi les premières, le *granit*, le *porphyre*, le *basalte*, la *serpentine*, le *grès*, l'*albâtre*, le *silex*, le *calcaire* primitif (1); dans les secondes, l'*émeraude*, le *lapis-lazuli*, la *turquoise*, le *jaspe*, la *cornaline*, le *jade*, etc. (2).

Parmi les matières animales que l'art a employées, nous citerons seulement la *cire*, les *perles*, les différentes espèces de *peaux*, les *cordes à boyau*, l'*ivoire*, le *corail*, etc. (3).

A l'égard du règne végétal, nous remarquons que les bois travaillés semblent se borner à un petit nombre d'espèces, et l'on n'en est pas surpris quand on sait quelle a été, de tout temps, la rareté des bois en Égypte: le commerce aurait pu en introduire beaucoup plus de variétés. Nous observons parmi les bois indigènes le *dattier*, le *doum*, le *sycomore*, plusieurs *acacias*, et surtout le grand *lebbeck*, le *cordier*, etc. Beaucoup d'objets sont façonnés avec un bois dur et coloré d'Éthiopie, dit *bois de Méroé*; d'autres sont confectionnés avec le *jonc*, le *roseau*, le *papyrus*; nous ignorons s'il en existe de fabriqués avec le *citronnier*, ce qui devrait être cependant. Les feuilles et l'écorce de plusieurs de ces végétaux ont servi aux arts. Parmi les objets votifs, déposés en offrande dans les tombeaux, soit par piété, soit pour satisfaire à des rites qui sont inconnus, on trouve une assez grande quantité de fruits ou de graines, et des racines odoriférantes, telles que le *blé*, le *raisin*, l'*amande* du palmier-doum, la *figue*, l'*orange*, la graine de *palma-christi*, le fruit du *tamarin*, l'*olive*, etc. Mais cette énumération regarde les botanistes; elle est étrangère aux produits des arts (4).

II. Ces produits ont exigé une foule d'*outils* appropriés chacun à sa destination, et cependant on n'en rencontre presqu'aucun d'important parmi les débris et les ruines. Peut-on regarder une scie en silex comme ayant été la scie de l'ouvrier égyptien ? Il est bien difficile de le croire. Comment n'est-il pas resté, soit en fer, soit en cuivre trempé, des tenailles, des marteaux, des ciseaux, des enclumes? Par quels moyens amenait-on les courans d'air dans les forges ? Où sont les outils du sculpteur, du graveur sur pierre fine, du ciseleur; ceux du maçon, du tailleur de pierre, du charpentier, du taillandier, du carrier, du mineur; ceux

---

(1) *Voy*. 146, 531 à 539, 668, 708, 672 à 707; 708, 746 à 749, 831 à 840, 1362 à 1400, etc., etc.

(2) *Voy*. 153, 156, 157, 160, 165, 169, 170, 173 à 280, 593 à 595, etc., etc.

(3) *Voy*. 1 à 26, 318 à 321, 566, 590, 592, etc., etc.

(4) *Voy*. 447 à 461, et la notice de M. Kunth à la fin du catalogue.

du cordier, du vannier, du peaussier; les instrumens du chimiste, du verrier, du potier? La collection nous montre des instrumens aratoires en bois, tels que *maillets, pioches, houes, piquets* (1); des *pinces* de cuivre et d'autres outils semblables. Les houes sont tout en bois; le manche a deux pieds et demi : il est assujéti par des cordes à la partie antérieure, qui est très-large.

Nous demanderons surtout où sont les moyens et les instrumens qui ont servi au mécanicien, et qu'on est réduit à conjecturer bien imparfaitement? Ce n'est pas ici le lieu d'insister sur ce dernier point, sujet si intéressant de recherches et en même temps de regrets; autrement nous demanderions comment il se fait qu'on ne rencontre, dans les fouilles ou dans les ruines de l'Égypte, ni en nature, ni en peinture, aucune des machines simples qui ont servi aux travaux de la mécanique usuelle, ni coin, ni levier, ni poulie, ni treuil (2), ni plan incliné (3), ni d'autres plus compliqués, et qui ont certainement existé; les moulins, les tours, les machines à arroser, les traîneaux, les charriots, etc. Pourquoi faut-il que nous ne connaissions guère de la mécanique égyptienne, que les résultats auxquels elle est parvenue, en transportant et en érigeant des masses dont le poids effraie l'imagination, travail qui certes ne peut s'expliquer par la seule accumulation des bras (4)!

Aucune collection ne renferme ces divers instrumens des arts; mais, dans celle de M. Passalacqua, plus riche en ce genre que les autres, on voit ceux du peintre : le *pinceau*, la *palette*, et les *couleurs*, et dans un état parfait de conservation, 552 à 561; le *fuseau* et la *quenouille*, 466 et 467; des instrumens de *chirurgie*, très-délicats et encore intacts, 510 à 539, etc.; des *peignes à teiller* le chanvre et le lin, 464, 465, etc. On ne trouve pas l'*équerre* et le *niveau du maçon*; mais ces objets se reconnais-

---

(1) On voit une sorte de cabestan représenté sur un obélisque à Constantinople.

(2) Les grandes chaussées établies devant les Pyramides peuvent être considérées comme des plans inclinés, établis exprès pour la construction de ces masses gigantesques.

(3) Ce sujet curieux a été traité, il y a plusieurs années, dans un cours fait sur les sciences et les arts de l'Égypte, à l'Athénée royal de Paris.

(4) On pourrait reconnaître ici un bleu foncé, presque noir, au lieu de brun foncé. Outre ces couleurs, on trouve souvent du violet dans les émaux.

sent figurés en petit, parmi les amulettes, 807 à 824, peut-être comme signes de la profession de ceux dans la tombe desquels on les a trouvés. Nous laisserons à d'autres à décrire les instrumens de chirurgie et de pharmacie, des *pinces doubles* de diverses formes, des *spatules en fer*, 510 à 539; les *cosmétiques*, 506 *ter*, etc. et d'autres objets analogues, et nous nous bornerons à parler des instrumens de la peinture. Quand M. Drovetti trouva, pour la première fois, des palettes chargées de couleurs et ornées d'hiéroglyphes, on refusait de croire à la possibilité que des morceaux semblables eussent pu se conserver tant de siècles; on ignorait jusqu'où va la faculté conservatrice du climat d'Égypte, et surtout de l'air des catacombes qui n'a aucune communication avec l'humidité de l'atmosphère. Il faut avouer qu'il y avait de quoi être surpris en voyant dans les tombeaux des *pains de couleurs* semblables à ceux de nos dessinateurs, et tout prêts à servir; peut-être on en soupçonnait l'authenticité: le fait est qu'on en rencontre souvent, et qu'on trouve même encore des *coquilles* contenant de l'*or à peindre*; sur les *boîtes de couleurs*, sont des *godets* en faïence avec des pinceaux; et tout cela a été trouvé avec des circonstances qui ne laissent aucun doute.

La plus belle et la plus grande palette de M. Passalacqua, la seule de cette espèce qui nous soit connue, a dix-neuf pouces et demi de long, 551; elle est en bois, (qui paraît de l'acanthe), et chargée d'hiéroglyphes d'un travail très-fin; en avant, sont creusées *sept* places pour loger les couleurs, et plus loin, dans une autre cavité, *sept stylets* ou pinceaux en bois, longs et minces, destinés à y puiser. Les pains ont dix lignes de longueur. Les sept couleurs sont rangées dans l'ordre suivant: *blanc, jaune, vert, bleu, rouge, brun foncé* (1), *noir*. La collection renferme d'autres palettes intéressantes, des *étuis* et des vases pleins de couleurs broyées. Les outils de la sculpture se bornent à des *ébauchoirs* pour modeler la cire, et à des *maillets*.

Nous mettrons au nombre des instrumens les *armes* trouvées par le voyageur. Avant lui, personne peut-être n'avait trouvé une aussi grande variété d'armes: des *arcs*, des *flèches* de grande et de petite dimensions, des *haches*, des *lances*, des *massues*, des *couteaux*, des *poignards*, etc. Rien n'est plus semblable que les arcs légers qu'il a trouvés, à ceux qu'aujourd'hui on a coutume de mettre aux mains des femmes égyptiennes de la haute classe; elles s'amusent à cet exercice au sein des

---

(1) M. Drovetti a trouvé des clous, des chaînes et des serrures en fer, des casques, des scies et des marteaux, des tablettes et instrumens à écrire et des équerres en nature, ayant leur fil à plomb.

harems. La flèche est un bois dur, quelquefois un jonc ou un roseau; la pointe est en autre bois ou en ivoire, et non en métal; la base est en forme de croissant allongé : la collection renferme un arc de cinq pieds et demi de proportion. Les pointes des lances ont des formes variées; dans toutes, elles sont de cuivre (dans celles qu'on a trouvées du moins), et non de fer, excepté une seule, 547. Quant à la forme, elle est absolument semblable à celle des lances peintes et sculptées sur les plus anciens monumens. Les *fers de hache*, en cuivre également, 549, retracent encore les haches des bas-reliefs égyptiens; mais ce qui est digne d'attention, c'est la qualité du métal; il est très-sonore; la couleur est d'un blanc sale, comme de l'or très-pâle; le son est argentin et brillant; le poli est très-beau. Il y a sans doute dans le métal une trempe et un alliage particulier qui lui donnent ces qualités remarquables : c'est ce que l'analyse fera découvrir. On peut encore citer au nombre des armes, ou moyens de défense, des *bâtons*, pesans et noueux, ornés d'hiéroglyphes, recueillis dans les tombeaux par le voyageur, 554 : c'est le *nabout* des Égyptiens modernes; il servait aussi, comme on le voit par les peintures, de marque distinctive. Les chefs d'atelier, ceux qui commandent les travaux de la campagne, ou qui président aux jeux et aux exercices, portent un bâton à la main, et le chef de la famille se reconnaît au même signe. Il y a des couteaux en cuivre, en silex et en bois. Nous avons remarqué parmi les armes, une pièce, qui ne ressemble à aucune autre, ni aux objets figurés dans les monumens, quoique les peintures des tombeaux des rois renferment une assez grande variété de poignards, 550. Celui-ci est riche; il a quatre décimètres (environ quinze pouces) de longueur; la base est large et un peu coupante, et de dent d'éléphant ou peut-être de narval : la lame est mince, de deux décimètres et demi (neuf pouces six lignes), tout-à-fait semblable à l'extrémité d'une épée, dont la pointe serait un peu arrondie; les deux côtés sont tranchans comme un rasoir. Le grain du métal est fin et dur comme celui de l'acier, et cependant la lame paraît être un alliage où le cuivre domine; sur le manche, il y a de chaque côté neuf gros clous d'or; les deux longs appendices qui unissent le manche à la base en ivoire, se terminent en or, et entr'eux est une forme de croissant. Cette arme singulière a été trouvée entre les cuisses d'une momie ensevelie séparément des autres et dans le sable; la nature et le dessin de l'instrument, et la circonstance d'une sépulture distincte et hors des tombes communes, me paraissent annoncer une arme étrangère et la tombe d'un étranger. Quoi qu'il en soit, sur le même individu qui portait ce poignard, le voyageur a trouvé à la main gauche un gros *bracelet d'ivoire*, 611. Était-ce un Indien, un Éthiopien, un Persan? c'est ce qu'apprendront peut-être des recherches ultérieures. A côté de cette lame, il a vu un grès propre à aiguiser, et il l'a aussi rapporté, 806.

Nous terminerons cette description par les instrumens de musique, après avoir dit un mot de quelques autres, destinés à divers usages. On remarque dans la collection des *clés de fer*, avec broches, comme celles des serrures modernes égyptiennes, 849; des *clous en cuivre*, 827, etc. (1); des *aiguilles* pour retenir les cheveux, en ivoire et en bois doré, semblables à celles dont se servent les deux sexes dans la haute et la basse Nubie, et comme en portaient les dames romaines, 665, 666; des *lissoirs*, en bois pour le papier et le carton, 540; des *polissoirs* ou molettes à broyer; de longues *baguettes de tambours*, en bois dur, qui supposent un instrument tout-à-fait semblable au nôtre, et qu'on doit remarquer pour leur conservation intacte, 570; des *dés à jouer*, peut-être de l'époque romaine, peut-être aussi plus anciens (car on ignore l'époque de l'invention des dés), 794; des *bois recourbés*, et plats, semblables à ceux dont les anciens Égyptiens se servaient pour frapper et prendre les oies et les canards sauvages sur leurs marais, comme on le voit par les peintures, 805; des espèces de *sondes en cuivre*, 446; des bâtons ou *cannes de prêtre* terminés en croissant, 1601 et 1602; des *bagues*, des *sceaux* et des *cachets* hiéroglyphiques en or, en cuivre, en bois, en fer, 606 à 645, etc., et qui intéressent sous plusieurs rapports; des demi-cercles ou supports en bois, de la grosseur de la tête, appelés quelquefois *chevets* et *oreillers de momie*, 846, 847; des *poids de balance*, carrés et plats, avec des pointes, des cercles et d'autres marques, 790 à 793, etc. Au reste, les peintures et les bas-reliefs nous retracent la balance même, en mille endroits, et personne ne croit plus que toute sculpture égyptienne où l'on voit une balance, est de la main ou de l'époque des Romains. Un des poids est un prisme octogonal en fer, de 6 lignes de haut, pesant 3 gros 60 grains: probablement il est romain; trois autres sont en cuivre; et le plus grand, qui paraît être égyptien par le caractère qu'on y a imprimé, pèse 6 gros (2). D'autres instrumens de mesure ont été trouvés avec les instrumens aratoires: ce sont des *cordes pour l'arpentage*; une de ces cordes, encore intacte, a environ 45 pieds de long, 828 (3).

---

(1) Deux autres pèsent 1 gros 54 grains, et 1 gros 34 grains.

(2) M. Thédenat a trouvé des cribles, des arcs pour arçonner le coton, un fort ciseau de mineur, etc.

(3) M. Cailliaud a recueilli aussi des cordes à boyau qui sont déposées à la bibliothèque du Roi.

M. Passalacqua est, nous le croyons, le premier voyageur qui ait rapporté *en nature* un *instrument à cordes et à plectrum*, ouvrage des anciens Égyptiens; c'est une de ses découvertes les plus neuves. On avait trouvé, comme lui, des *sistres*, des *flûtes* ou *flageolets* en roseau, percés de 4, 5 ou 6 trous, mais non cette sorte de lyre: celle-ci, 566, est en quelque sorte semblable aux plus simples de celles qui se voient dans les peintures; malheureusement elle est fracturée, et c'est bien peu en comparaison des magnifiques harpes des tombes royales: cependant, à cause de la nouveauté de l'objet, et surtout parce que c'est un instrument à *plectrum*, il mérite une description particulière. Le lecteur nous pardonnera d'y insister, après l'aride énumération qui précède, et qui n'intéresse que l'histoire des usages des anciens peuples.

On doit conserver l'espérance de trouver un jour quelqu'instrument encore mieux conservé que celui-ci. Il est fâcheux que l'ignorante avidité des *fellahs* qui se livrent aux fouilles, brise maladroitement ces précieux objets; quelquefois même ils les divisent volontairement, pour en vendre les morceaux à plus de personnes.

L'instrument dont il s'agit est de la forme d'un *arc*, et très-simple; sa longueur développée (en rétablissant une portion qui manque) est d'environ 47 pouces et demi. Il se composait de cinq cordes (1); la plus courte et la plus fine avait moins de 25 pouces; la plus longue, moins de 47 pouces et demi, puisque ces longueurs sont les distances actuelles des points d'attache. On ne comprend pas bien comment il était possible de tendre les cordes à volonté, ni comment on remédiait aux variations de la température, à moins de supposer que le bois et les cordes étaient également à l'abri des changemens hygrométriques et de celles de la température. Il est vrai que l'arc est composé de deux pièces ajustées et rapportées avec un art infini: l'adhérence est si complète, que, malgré leur différence bien grande, en couleur et en espèce, on serait tenté, au premier coup-d'œil, de les regarder comme un seul et même bois qui serait veiné. Il est possible que ces deux substances, inégalement dilatables, produisissent une sorte de compensation ; peut-être aussi les *cordes à boyau* étaient-elles enduites de manière à ne pouvoir absorber l'humidité. Dans ce cas, l'arc et les cordes étant de longueur constante, l'instrument aurait pu conserver assez bien l'accord; mais ce n'est là qu'une hypothèse sujette (nous l'avouons) à difficulté. L'un des bois est rouge et dur; l'autre est blanc, à écorce blanche. Il ne

---

(1) La trace d'une sixième corde est très-douteuse.

reste plus que deux bouts de corde, de la grosseur d'une fine chanterelle. D'un côté, on voit les marques des cinq cordes, fortement empreintes sur le bois, à des distances inégales et avec des tours multipliés. Si l'on mesure les intervalles de ces cinq marques, de milieu en milieu, on trouve de la première à la seconde (en partant du bout), 2 pouces 9 lignes; de la deuxième à la troisième, 3 pouces 6 lignes; de la troisième à la quatrième, 1 pouce 1 ligne; de la quatrième à la dernière, 9 lignes. Au bout opposé, les marques ne paraissent pas, et il manque la portion où devaient être les deux premières. Ce qu'il y a de singulier, c'est que les cordes les plus longues, ou les antérieures, sont les plus grosses; leurs marques sur le bois sont au nombre de seize tours dans 1 pouce; les plus courtes sont au nombre de quatorze tours dans 5 lignes. Celles-ci ressemblent pour la grosseur à une chanterelle de violon. Si on regarde l'instrument par le dos, on voit un creux ou canal longitudinal; c'est là que se plaçait le *plectrum* : celui-ci a 26 pouces de long en tout, compris un bouton d'ivoire qui le termine par le bout inférieur. Ce *plectrum* était une lame de maroquin montée sur bois, encore assez bien conservée aujourd'hui : il ne pouvait servir d'archet; mais on en frappait les cordes. Le bois porte la marque de plusieurs coups d'un instrument tranchant, que l'on croit avoir été donnés à dessein. Cet instrument ressemble un peu à celui qui est représenté dans les tombeaux de Thèbes, mais avec une table sonore, des chevilles, et les cinq cordes équidistantes. Nous conjecturons que c'est là le premier type du pentacorde, inventé, disait-on, par les Scythes, et dont on prétend que Phrynis savait tirer beaucoup de modulations, quoique cependant on ne puisse y former que quatre accords différens. Il est permis de révoquer en doute les merveilles du pentacorde de Phrynis, et de la lyre de Terpandre, qui n'avait que trois cordes.

Nous remarquerons ici qu'il ne peut y avoir presque aucun doute sur l'objet qui a servi de modèle à l'instrument; c'est un arc de chasseur selon nous; on l'a si bien imité, qu'au milieu est un renflement semblable à celui qu'on pratique au milieu de l'arc, afin qu'il soit plus commode à saisir; c'était aussi un avantage pour le musicien qui jouait de cet instrument. D'après ce rapprochement, il est bien difficile de ne pas croire que le premier monocorde n'a pas été un arc véritable. Le son de la corde, mise en vibration par l'archet, ne l'a-t-il pas frappé involontairement? Les observateurs n'ont-ils pas dû remarquer tout de suite que deux arcs inégaux produisaient des sons différens; et de là, à ajouter une ou deux cordes et davantage à un même arc, était-ce un grand pas à faire? Au reste, ceux qui préfèrent laisser l'invention de la lyre à Mercure, qui s'avisa un jour de tendre une corde dans l'écaille d'une tortue, sont bien les maîtres de s'en tenir à cette origine; seulement, celle-ci est purement divine; un dieu seul pouvait concevoir une pareille idée, et deviner la musique. Pour l'autre origine, elle convient davantage à des peuples ignorans et demi-sauvages, qui n'ont que des oreilles et point de génie (1).

III. Examinons maintenant différens *produits des arts* fabriqués avec les matières et les instrumens dont il a été parlé. Comme il n'est pas question ici des beaux-arts, on ne dira rien des statues, des stèles, des bas-reliefs de la collection, de tout ce qui est dessin, peinture ou sculpture; rien non plus des momies d'hommes ou d'animaux préparés par l'art de l'embaumement égyptien, art aujourd'hui bien connu, (l'un de nos savans confrères ayant traité ce sujet *ex professo*); ni enfin des sarcophages ou caisses de momies, couverts d'ornemens et d'hiéroglyphes. Il ne sera question que des poteries, des vases, des tissus, des matières colorantes et des objets servant à l'habillement et à la toilette. Il est aujourd'hui prouvé que les Égyptiens ont connu, non théoriquement, mais pratiquement, la chimie des oxides métalliques; on sait généralement qu'ils formaient des couleurs solides à l'aide des métaux, principalement le fer, le cuivre et le cobalt, et peut-être l'or, l'argent, le manganèse, le plomb, le mercure et l'étain. On ignore encore comment ils composaient leur *blanc* inaltérable, qui, après trente siècles, est si éclatant, et avec quel oxide ils préparaient le *rouge* brillant employé dans certaines peintures; ils savaient imiter l'*outre-mer*, et fabriquer le *lapis-lazuli* jusqu'à faire illusion. Ce n'est pas ici le lieu de parler de leurs autres produits en ce genre, ni des ouvrages de teinture, qui exigeaient des connaissances de chimie-pratique. D'ailleurs, cette collection en présente peu d'exemples; elle est au contraire fort riche en vases de toute espèce (2); on y trouve diversité dans les formes, les matières, les proportions et l'usage. Parmi les *vases en métal*, nous avons distingué celui qui est souvent présenté en offrande aux dieux, dans les bas-reliefs égyptiens; des coupes assez élégantes, des vases servant aux libations : ils sont en cuivre jaune très-poli; le travail en est excellent. Les autres vases sont en *serpentine*, en *granit*, en *basalte*, le plus grand nombre en *albâtre* : l'Égypte abonde en toutes ces matières. On croit reconnaître des vases

---

(1) Nous développerons cet aperçu dans le *Recueil des monumens de l'art musical en Égypte*.

(2) *Voy*. 668 à 780, 1409 à 1424, etc., etc.

servant à la mesure des liquides; beaucoup sont en *terre cuite*, en *faïence*, en *porcelaine*, en *verre*. Les urnes, les *amphores*, les *lampes* sont nombreuses et de formes variées. Les objets en *verre* et en *émail* surtout sont dignes d'attention, principalement ceux qui sont *dorés* et *incrustés*. Les dessins des ornemens sont fins et réguliers, et de toutes sortes de couleurs; ils traversent toute la masse du verre: on sait que ce dernier genre d'industrie est assez goûté aujourd'hui en Europe; il en est de même des *filets en perles* et *tubes de verre* et d'*émail*, dont nous faisons des bourses et d'autres ouvrages, et dont les Égyptiens faisaient des tuniques d'apparat pour en orner certaines momies. Une des plus belles qu'on connaisse a été trouvée par M. Cailliaud, mais il manque une partie; celles que M. Passalacqua nous apporte ne sont pas moins intéressantes, et la principale, 1534, est la plus complète que toutes celles que nous avons examinées.

Il a recueilli beaucoup de *tissus* de différentes sortes: 1°. Ceux qui sont façonnés avec les feuilles et les tiges des plantes, tels que les *paniers*, artistement tissus, et entrelacés en joncs et en feuilles de palmier doum, qu'on a colorés diversement, 491 à 504, etc.: c'est un art qui existe aujourd'hui en Nubie, encore dans le même état; l'on ne pourrait souvent faire aucune différence entre les produits de l'ancienne vannerie d'Égypte et ceux de la vannerie nubienne; les *siéges* et *tabourets*, 505, et les *cordes* en feuilles de dattier; les *filets à pêcher* garnis de leurs plombs, 445; les *sandales* en jonc, en doum, en écorce de papyrus, 474 à 477, 484 à 486, etc.; 2°. des *étoffes* tissées en lin et en coton, 471, etc., des *tuniques*, des *mouchoirs*, d'une finesse plus ou moins grande, quelquefois brodés, 468 à 470; d'autres marqués d'un chiffre ou d'une initiale. On sait que les tissus égyptiens ont atteint quelquefois le plus haut degré de finesse et d'égalité; les toiles ont souvent des franges; il y a des *ceintures*, des *voiles* et des *schals*.

Les objets en *cuir* sont également nombreux: ce sont principalement des *chaussures*, 472, 480 à 483; la peau de chèvre, et d'autres peut-être, ont été préparées comme le maroquin, teintes en rouge et en vert; et l'ouvrier égyptien les a travaillées, découpées, cousues solidement et avec art, selon des formes très-semblables à celles qui sont usitées de nos jours; les unes sont des *sandales*, les autres des *babouches*, des *bottines* et des *brodequins*. Il existe aussi des sandales en bois, 473.

D'autres objets de toilette méritent d'être mentionnés: et d'abord les *miroirs métalliques*, à cause de leur élégance, 659 à 662; le métal est un alliage de cuivre d'un poli parfait; la collection en renferme deux très-beaux, 659 et 660; c'est ce que nous connaissons de mieux en ce genre. Le plus grand, trouvé à Thèbes, 659, a 10 pouces de haut; la poignée est une tige de lotus, couronnée par une tête de femme et un élégant chapiteau; le miroir est un ovale d'environ 5 pouces de diamètre. Les Égyptiennes soignaient leur chevelure avec les mêmes *peignes* que les nôtres, travaillés aussi en bois, et en ivoire, 572, et elles usaient de petits meubles de toilette en usage parmi nous. On faisait usage de *chevelures factices*, tissues en réseaux, 491. Toutes les collections, et celles-ci surtout, abondent en pots d'albâtre renfermant la *pommade noire*, dont les femmes avaient coutume de teindre le tour des yeux, les cils et les sourcils, 664, etc.: la graine de chichm, qui en fait la base, est encore, sur les bords du Nil, un grand article de commerce. Nous arrivons ainsi naturellement aux *joyaux* qui achevaient la parure des dames de Thèbes, c'est-à-dire les *boucles d'oreilles*, les *bracelets*, les *colliers* et les *bagues*, 576 à 599, 600 à 645, etc., etc. Les personnes curieuses de connaître l'état de l'orfèvrerie égyptienne seront satisfaites en visitant la collection : elles y trouveront des pendans d'oreilles en or d'un bon travail, des bracelets en ivoire, cornaline, or, bronze et fer ; des anneaux d'or et de bronze ; des bagues en cuivre et en or avec des inscriptions, et surtout des colliers étonnans pour le travail et la conservation ; il y en a plus de vingt différens, à un, deux et trois rangs de pierres ; la nacre, le corail et l'ivoire sont entremêlés avec le jaspe, le lapis, l'agate, la cornaline, l'onyx ; avec la turquoise, le jade et l'émeraude; avec des émaux rouges, noirs, bleus et verts. Les perles naturelles et les topazes s'y rencontrent également. Toutes ces pierres sont serties avec soin ; les pièces du milieu sont des petites figures de scarabées et d'oiseaux; le plumage de ceux-ci est formé de couleurs différentes avec les pierres dont nous venons de parler; et tout cela est travaillé avec délicatesse et précision. Quelquefois le joaillier a imité des *coquilles* en argent et en vermeil, 585, 596, etc.; des *nœuds* en or massif, 599, etc.; toutes sortes de figurines, 694, etc. Bientôt sans doute on pourra écrire un traité de la toilette des dames égyptiennes, sur laquelle on savait si peu il y a quelques années; et, puisque M. Boettiger n'a pas dédaigné de consacrer sa plume élégante aux petites maîtresses de Rome, il ne la refusera pas à celles de Memphis et de Thèbes.

Nous finirons cet exposé en décrivant (seulement sous le rapport de l'appareil propre à la navigation) les *barques votives*, trouvées si heureusement par M. Passalacqua dans le caveau qu'il a découvert à Thèbes en 1823, (1613 et 1614). Elles ont environ un mètre de longueur; le sculpteur en bois, qui a travaillé ces images un peu grossières, mais curieuses, y a placé les matelots dans l'action de ramer; le pilote tient le gouvernail et commande aux rameurs. Ce qui intéresse le plus est la manœuvre et la forme du gouvernail; les voiles n'existent pas; mais il est facile de voir qu'elles étaient carrées et non triangulaires. Les formes des rames, des mâts et des vergues, sont semblables à celles qu'on avait déjà remarquées dans les sculptures et les peintures de Karnak et de Medynet-Abou, ou bien des Hypogées de Thèbes, d'Élethyia, de Beny-Hasan et des Pyramides, et qui ont été figurées et décrites dans l'ouvrage sur l'Égypte. En examinant les navires que les Égyptiens ont représentés sur leurs monumens, on voit qu'il existait plusieurs systèmes de constructions, sans parler des barques légères fabriquées en papyrus (car ce n'étaient que de simples canots). Ils en avaient de grandes qui marchaient, les unes à la voile et à la rame, les autres à la rame seulement. Les rameurs étaient au nombre de dix, douze ou plus de chaque côté. Il ne paraît pas qu'elles fussent pontées. Si on en juge par la proportion du pilote, la plus grande de celles que nous examinons avait environ 60 pieds de long, et le mât 34 pieds de hauteur. (Les auteurs en décrivent de bien plus considérables.) Par conséquent, il suppose une grande voilure, et le moyen de remonter le courant le plus rapide pendant les vents du nord; c'est ce que font aujourd'hui sans difficulté les djermes du Nil; mais avec des voiles latines. Quelquefois les anciens Égyptiens manœuvraient la voile, c'est-à-dire changeaient la direction de la vergue, au moyen de roues, dont l'effet était de diminuer le frottement Ce n'est pas ce mode que l'on observe dans les barques de la collection. Dans l'une, le pilote, debout, tient en main un levier qui met en mouvement une rame énorme, longue (en proportion) de 37 pieds, large de 3 pieds et demi, et faisant aussi fonction de gouvernail; le mât et les vergues sont amenés et posent sur un support. Dans l'autre barque, le pilote est assis, et fait mouvoir deux grandes rames à l'aide d'un double levier assujéti par une traverse; le gouvernail est une grande rame double qui frappe l'eau plus ou moins loin de la poupe; une cabine est au milieu du navire. Quelquefois le patron tient des cordes propres à tirer la tête de la vergue d'un côté ou de l'autre. C'est en épine ou acacia qu'étaient faites les membrures et les planches des navires ordinaires; ceux-ci avaient soixante, quatre-vingts et cent pieds de long. Il y en avait de beaucoup plus forts, de véritables palais flottans.

Nous aurions pu donner à ce tableau des instrumens et des produits des arts, un peu plus d'intérêt, s'il nous eût été permis de faire des rapprochemens avec les autres collections égyptiennes. Le lecteur excusera la sécheresse qu'il pourrait y apercevoir, et il partagera surtout nos regrets. En effet, on voudrait pouvoir, en sortant du cabinet de M. Passalacqua, visiter cette fameuse galerie Drovetti, qui depuis six ans devrait faire l'ornement du Musée royal. Nous finirons par une réflexion qui aurait pû être faite depuis long-temps : c'est que, loin d'être surpris de rencontrer parmi les ruines de l'Égypte ces débris d'instrumens et d'ouvrages des arts, on devrait s'étonner, et de ne pas les avoir découverts plus tôt, et de n'en pas trouver davantage : une architecture aussi avancée, aussi riche, ne supposait-elle pas tous ces instrumens et bien d'autres? et pouvait-on, avec des arts perfectionnés, concevoir des mœurs grossières, et une civilisation arriérée en ce qui touche aux besoins et aux commodités de la vie ? C'est pour n'avoir pas vu les monumens mêmes, qu'on était tombé dans cette idée, contraire, selon nous, au simple bon sens.

JOMARD.

DISSERTATION

Sur la préparation et l'emploi des Couleurs, des Vernis et des Émaux, dans l'ancienne Égypte ; par M. MERIMÉE, *secrétaire perpétuel de l'école royale des Beaux-Arts.*

LA précieuse collection de M. Passalacqua peut être considérée comme offrant la réunion de toutes ou presque toutes les couleurs dont les anciens Égyptiens faisaient usage. On est étonné qu'elles ne soient pas en plus grand nombre, d'autant que les connaissances que supposent la teinture et la préparation des émaux devaient donner les moyens d'enrichir davantage la palette. L'examen le plus détaillé ne m'a fait reconnaître que du *jaune*, du *rouge*, du *bleu*, du *vert*, du *brun*, du *blanc*, et du *noir*.

Du jaune.

Il y en a de deux espèces (1); l'un, qui est le plus fréquemment employé, n'est autre chose que l'ocre jaune claire, si abondante dans tous les lieux où il y a des mines de fer. L'autre, plus brillant et plus clair, me paraît être un sulfure d'arsenic, l'orpin : l'art peut produire cette couleur ; mais elle se trouve toute formée par la nature dans le sein de la terre ; et il est probable qu'elle aura été une des premières employées.

---

(1) *Voy.* 551, 552, 506, 1425, 1427, 1537, 1539, 1540, 1542, etc., etc.

Je n'en juge que par l'apparence extérieure, car la même teinte pourrait être produite par une espèce de fritte, de la nature du jaune de Naples; et l'on peut juger par les émaux jaunes, qui se voient dans la plupart des bijoux en verroterie, par la bague 643, combien il était facile à ceux qui composaient ces émaux de préparer un jaune clair et brillant, semblable à celui qui est appliqué en quelques endroits des tombeaux et des enveloppes de momies, ou sur les manuscrits 1425 et 1427.

Du rouge.

Le rouge employé dans les peintures de cette collection (1) est (du moins pour la plus grande partie) de l'ocre rouge, que la nature nous donne abondamment tout formé, ou que l'on obtient en calcinant de l'ocre jaune. La petite boule sous le 562, est de l'ocre rouge, moins belle que le brun-rouge ordinaire ou l'ocre rouge du commerce : toutefois, Vitruve assure que l'on tirait de belle ocre rouge de l'Égypte.

Il n'est pas impossible que le vermillon n'ait été employé quelque part. Le cinabre était connu dans l'Inde dès l'antiquité la plus reculée; les Égyptiens pouvaient donc s'en procurer par la voie du commerce.

Le cinabre s'altère à l'air, au point de n'être pas plus brillant que l'ocre rouge ; alors l'analyse seule peut le faire reconnaître.

Si le cinabre se trouve employé en quelqu'endroit, ce pourrait être au visage du cercueil 1541.

De la couleur bleue.

Cette couleur, brillante comme l'outremer, et que l'on voit en nature en quantité considérable dans la coupe 561, est une preuve remarquable de l'industrie des Égyptiens. C'est une espèce de cendre bleue bien supérieure à celles que l'on fait maintenant, qui sont très-attaquables par le feu, les acides et les alcalis, qui même deviennent vertes à l'air en peu de temps; tandis que le bleu égyptien résiste à l'action de tous ces agens, et conserve encore de l'éclat après plus de trente siècles (2).

Théophraste attribue à un roi d'Égypte la découverte de ce bleu, et nous apprend qu'on le fabriquait à Alexandrie.

Vitruve rapporte que Vestorius en fit connaître la composition à son retour en Italie, et qu'on préparait ce bleu à Pouzzoli, en triturant en-

---

(1) *Voy.* 345, 1402, 1426, 1429, 1537, 1539, 1540, 1613 à 1615, 1542, etc., etc.

(2) Dans quelques endroits, ce bleu est altéré, mais il ne l'est qu'à sa surface. *Voy.* 506, 719, 1539, 1542, 1615, etc., etc.

semble du sable, de la limaille de cuivre et de la fleur de nitre (*flos nitri*), c'est-à-dire du natron, du sous-carbonate de soude. On en formait des boules que l'on faisait sécher, et qu'on exposait ensuite à l'action du feu dans un four de potier (1).

M. Davy, qui a analysé avec le plus grand soin les couleurs des peintures antiques conservées en Italie, assure être parvenu à préparer un bleu semblable à celui d'Égypte, en chauffant fortement, pendant deux heures, 15 parties de carbonate de soude, 20 parties de cailloux siliceux pulvérisés, et 3 parties de limaille de cuivre (2).

Les Égyptiens ont fait beaucoup de bijoux de lapis : ils durent par conséquent reconnaître que cette pierre, réduite en poudre, produit une belle couleur bleue ; et probablement quelques peintres en auront fait usage : mais, outre que la matière était trop rare pour l'employer comme couleur, on n'éprouvait aucun besoin de le faire, puisqu'on était abondamment approvisionné d'un bleu également brillant.

Il n'en est pas de même de l'indigo ; les Égyptiens le connaissaient, puisqu'ils l'employaient en teinture (3) : ils doivent donc l'avoir employé en peinture.

Des verts.

Je n'ai aperçu aucuns verts brillans ; tous sont de couleur olivâtre (4). J'ai cru, au premier aspect, qu'ils étaient produits par une espèce de *chlorite*, inférieure en éclat à la terre verte de Véronne, employée dans les anciennes peintures en Italie, et dont nos peintres font encore usage ; mais l'ayant essayée au chalumeau et dissoute dans l'acide nitrique, on a reconnu que le cuivre en était le principe colorant. Ce n'est pas non plus un mélange d'ocre jaune et de bleu d'Alexandrie ; car ce bleu n'est pas du tout attaqué par les acides.

Du blanc.

La conservation du blanc des peintures égyptiennes est très-remar-

---

(1) Vitruve, liv. VII, chap. XI ; *de Cœrulis temperationibus*.

(2) *Voy. Annales de Chimie*, tom. XCVI, pag. 206. Les proportions indiquées par M. Davy ont donné un verre bleu fondant à une basse température, tandis que le bleu égyptien ne fond pas à une température beaucoup plus élevée.

(3) La toile de lin 1534 porte une lisière bleue teinte avec l'indigo.

(4) *Voy.* 117, 122, 1402, 1427, 1426, 1541, 1613 à 1615, etc., etc.

quable (1) : toutefois, il doit être attribué plus encore au climat, et aux précautions prises pour écarter toutes les causes d'altération, qu'à la qualité de la matière employée.

On assure que cette matière est le plâtre, et on a pu le déterminer par l'analyse.

Il reste encore à examiner si le plâtre a été employé sans le mélange d'aucun gluten ; ce qui est très-possible, mais présente l'assujétissement de ne pas le laisser éventer, et de n'en délayer à la fois que la quantité qu'on peut employer dans un court espace de temps. Je préfère croire qu'on employait le plâtre éventé, et délayé avec une matière collante.

Des noirs et des bruns.

La teinte bleuâtre de ces noirs indique que ce sont des noirs de charbon (2).

Quant aux bruns, on peut les produire par le mélange du noir et de l'ocre rouge. Il y a aussi beaucoup de bruns naturels, et l'Égypte doit en avoir ; mais il serait de peu d'importance de savoir si ce sont des terres bitumineuses ou un mélange.

De l'emploi des couleurs.

Soit que les peintures soient exécutées sur du bois ou de la toile (3), la première couche de couleur est toujours du blanc, et il résulte de leur application sur un pareil fond, qu'elles ont plus d'éclat, à cause d'un peu de transparence, qui a lieu même avec des couleurs opaques.

Mais avec quoi sont elles détrempées ? Ce n'est pas une question indifférente ; car il est à remarquer qu'elles ne sont pas fendillées comme le sont souvent nos anciennes peintures. L'Égypte produit des mimosas qui donnent de la gomme ; et la colle de gélatine y était connue. On peut détremper les couleurs avec ces deux matières glutineuses : cependant je présume que l'on aura de préférence employé une gomme souple comme la gomme adragante, ou quelques mucilages de même nature, plutôt que la gélatine ou les gommes cassantes des mimosas.

Avec quels outils les couleurs ont-elles été appliquées ? Il semble que

---

(1) *Voy.* 1426, 1539, 1540, 1541, 1542, 1543, 1613 à 1615, etc., etc.
(2) *Voy.* 121, 1402, 1539, 1425, 1426, 1613 à 1615, etc., etc.
(3) *Voy.* l'intérieur du cercueil 1527, etc., et le contenu de la boîte 555.

cela ne peut faire le sujet d'une question ; car l'invention du pinceau est si naturelle, qu'elle ne peut avoir échappé aux Égyptiens : cependant M. Passalacqua n'a point trouvé de pinceaux. L'encrier 552, à deux couleurs (rouge et noire) a été trouvé avec deux petits styles, de la grosseur au plus d'une plume de corbeau. La palette 551, qui a sept trous pour autant de couleurs, est aussi garnie de sept petits styles semblables aux deux de l'encrier. M. Passalacqua les a regardés comme des plumes ou des pinceaux dont on se servirait pour écrire et peindre. Cette supposition m'a paru d'abord inadmissible, et, pour le prouver, j'ai coupé par son extrémité un de ces petits styles ; j'en ai trempé le bout dans l'eau, persuadé qu'on ne pouvait, avec un pareil outil, exécuter les traits des caractères qui se voient sur les enveloppes des momies. Ces caractères sont tracés rapidement, et ont des pleins et des déliés, formés par une pression plus ou moins forte. A mon grand étonnement, le petit style, qui m'a paru être une espèce de jonc, a formé un pinceau par la division de ses fibres. Ce pinceau n'avait pas le ressort des nôtres; mais il faut observer qu'il a dû perdre tout son nerf par l'altération que le temps lui a fait subir. Au surplus, c'est aux naturalistes à rechercher si parmi les petits joncs fibreux qui peuvent croître en Égypte, il s'en trouve qui puissent servir de pinceaux.

Quoi qu'il en soit, je n'en suis pas moins convaincu que les Égyptiens n'ont pu ignorer l'emploi des gros pinceaux de poil, et que s'ils n'en ont pas fait usage pour l'écriture, ils s'en seront servi pour l'application des couleurs sur de larges surfaces.

Des vernis.

Le vernis que l'on voit sur quelques enveloppes de momies (1), et qui est très-jaune maintenant, devait être à peu près incolore au moment où il a été appliqué.

Toutes les résines, tous les corps gras jaunissent avec le temps; et cet effet est d'autant plus marqué et plus rapide, qu'ils sont placés dans des lieux plus obscurs.

Ces vernis devaient être très-visqueux, car ils sont inégalement appliqués. Étaient-ce des vernis naturels, des résines ou des baumes liquides? C'est ce qu'il est impossible de décider maintenant. Les Perses, qui ont des puits de naphte blanc, durent reconnaître de bonne heure sa pro-

---

(1) *Voy.* 1537, 1541, etc., etc.

priété de dissoudre les résines, et en composer des vernis. Cette découverte aura dû passer en Égypte.

Des émaux égyptiens (1).

Lorsque le hasard eut enseigné aux hommes l'art de faire le verre, l'expérience leur apprit bientôt comment on peut le colorer diversement avec divers oxides métalliques. En essayant successivement les oxides qui étaient à leur disposition, ils trouvèrent que le cuivre, suivant qu'il est plus ou moins oxidé, produit trois couleurs, le rouge, le bleu et le vert; que l'argent produit le jaune, l'or la couleur pourpre, etc. Il n'est donc pas étonnant que les Égyptiens aient fait des émaux jaunes, rouges, violets, bleus, verts et noirs.

Parmi les émaux bleus, il y en a de transparens et d'autres opaques. Les premiers sont colorés par le cobalt, ainsi que l'a observé M. Davy, et les bleus opaques sont colorés par le cuivre.

Ainsi, le scarabée 270, qui a la couleur du lapis, pourrait être une pâte colorée par le cuivre : cependant elle a la teinte du cobalt.

Les émaux verts le sont également par l'oxide de cuivre.

Mais le petit style de verre 1573, terminé en pointe, et dans l'intérieur duquel est un ruban bleu tourné en spirale, est coloré par le cobalt.

Les émaux rouges sont très-probablement colorés par le cuivre, au premier degré d'oxidation. C'est une espèce de *porporino*, d'une couleur beaucoup moins belle que le porporino que l'on prépare en Italie, depuis l'introduction des arts en ce pays.

Dans le collier 598, on voit des grains d'un rouge transparent, dans lequel se trouvent des petits points d'un rouge opaque, symétriquement placés à leur surface : ils pourraient être colorés par l'or, et les petits points par le cuivre.

Les émaux violets doivent cette couleur au manganèse.

Il se trouve aussi des émaux blancs, qui paraissent avoir pour base quelque terre blanche plutôt que l'oxide d'étain : cependant je ne doute pas que les Égyptiens n'aient connu l'étain ; et, comme dans la préparation des émaux, ils ont dû essayer tous les oxides métalliques, ils auront probablement trouvé l'émail blanc produit par l'étain.

L'analyse chimique indiquerait avec exactitude les matières em-

---

(1) *Voy*. 115, 576, 577, 598, 583, 586, 626 à 645, 1534, 1478 à 1480, etc., etc.

ployées; mais elle n'ajouterait rien à l'idée que l'on doit avoir de l'avancement extraordinaire de l'industrie, dans des temps qui nous paraissent si rapprochés du berceau du genre humain.

Mérimée,
Secrétaire perpétuel de l'Ecole royale des Beaux-Arts.

EXAMEN

De plusieurs vases en terre cuite, de la collection de M. Passalacqua; par M. Alexandre Brongniart, membre de l'Institut, et directeur de la manufacture royale de porcelaine, à Sèvres.

715. Espèce de gourde en terre cuite, ou poterie grossière rougeâtre.

712, 713, 714 et 723 à 734. Vases en poterie grossière, mais blanchâtre et sans vernis.

718. Vases en poterie grossière rouge avec une *engobe* (enduit argileux), fine et blanchâtre.

720. Vase, dit gargoulette, en poterie grossière jaunâtre, avec une *engobe* rougeâtre en dedans.

756, 757 et 758. Espèce de creuset en forme de calice, en poterie grossière noire, et dans lesquels il paraît qu'on avait fait fondre quelques métaux.

722. Petite gourde en poterie grossière noire, à peine cuite.

719. Vase à onguent, en poterie grossière rougeâtre, avec quelques ornemens en couleur matte.

41. Vase en poterie grossière jaunâtre, émaillé en bleu turquoise.

Brongniart.

MANUSCRITS ET INSCRIPTIONS

GRECS OU ARABES.

LETTRE A M. PASSALACQUA,

Sur le papyrus grec, 1563, sur les fragmens de manuscrits dans la même langue, 490, et sur plusieurs du 1564; par M. LETRONNE, *membre de l'Institut de France, etc., etc.*

Monsieur,

Le papyrus grec, n° 1563 (1), que vous avez déroulé, et dont vous m'avez communiqué une copie, en me priant de le déchiffrer, n'est pas un des objets les moins curieux de votre inestimable collection. Ce petit monument se distingue avec avantage au milieu de tant d'objets si propres à nous faire connaître les détails de la vie civile des Égyptiens, soit avant, soit après qu'une domination étrangère eut modifié plus ou moins leurs institutions et leurs coutumes nationales.

L'écriture de ce papyrus se rapproche beaucoup de celle que j'ai appelée (2) *cursive posée*, pour la distinguer de la *cursive expédiée*, moins lisible, employée dans un grand nombre d'autres papyrus, notamment dans ceux qui ont été déchiffrés et publiés par MM. A. Boeckh (3) et Buttmann (4). Elle tient le milieu entre celle de ces papyrus, et la *cursive posée* des inscriptions tracées sur la plaque d'or de Canope (5), sur la

---

(1) Voyez le *fac simile* ci-joint.

(2) *Recherches pour servir à l'Histoire de l'Egypte*, etc. pag. 13.

(3) *Erklaerung einer aegyptische Urkunde auf Papyrus, u. f. von* Aug. Boeckh. *Berlin*, 1821.

(4) *Erklaerung der griechischen Beischrift, u. f. von* P. Buttmann. *Berlin*, 1824.

(5) *Voy.* mes *Recherches* déjà citées, pag. 6 et 7.

caisse de la momie de Pétéménon (1), sur celle de la momie de Senchosis, de la collection Drovetti, et de plusieurs manuscrits d'Herculanum qui me paraissent avoir été écrits à Alexandrie.

La lecture de notre papyrus, quoique moins difficile, présente bien aussi quelques difficultés, soit par le mauvais état de quelques lignes, soit par la conformation et la liaison de certains mots. Toutefois, à l'exception d'une lacune à la deuxième ligne, et que je n'ai pu remplir, parce qu'il s'y trouvait un nom propre qui m'est inconnu, je crois que la copie suivante représente exactement ce qui est écrit dans l'original.

1. Τιμόξενος Μοσχίωνι
2. χαίρειν ..... ὁ ἀπο—
3. διδούς σοι τὴν ἐπισ—
4. τολὴν, ἐστὶν Φίλωνος
5. ἀδελφός, τοῦ μετὰ
6. Λυσίδος ἐπιστο—
7. λογράφου· φρόντισον
8. οὖν ὅπως μὴ ἀδικη—
9. θῇ ὁ ἄνθρωπος· καὶ
10. γὰρ ὁ πατὴρ αὐτοῦ
11. ἐστιν ἐνταῦθα
12. περὶ Πετόνουριν
13. τὸν δευτερεύοντα.
14. Ἀποδόθη τάδ᾽ αὐ
15. τῷ καὶ τὸ σύμβολον
16. τῶν ἐμῶν (?)
17. ἔρρωσο.

Timoxène à Moschion,
Salut:
[un tel] qui te remet cette lettre est frère de Philon, l'épistolographe (qui est) avec Lysis.

Aie soin qu'il ne soit fait aucun tort à cet homme; car, de plus, son père est employé ici auprès de Pétonuris, le Second.

Cette lettre lui a été donnée, ainsi que le cachet [ou le signe convenu] des miens.

Porte-toi bien.

Il est fâcheux qu'aucun caractère chronologique ne puisse nous mettre en état de déterminer l'époque précise de ce manuscrit. Tout ce que je crois pouvoir dire, avec quelque certitude, d'après l'aspect et la forme des lettres, c'est qu'il appartient au temps des Lagides.

Ce manuscrit contient une lettre de recommandation (ἐπιστολὴ συστατική) adressée par Timoxène à Moschion, en faveur d'une personne dont le nom occupait la lacune de la seconde ligne. Cette lacune est d'environ six lettres, dont la première est clairement un M, et la dernière un Σ; au milieu, on distingue encore les rudimens des lettres OC.

---

(1) Voyez-en le fac simile à la fin de mes *Observations sur les représentations zodiacales*.

Timoxène et Moschion étaient sans doute de hauts fonctionnaires employés dans l'administration grecque de l'Égypte : il est à regretter qu'ils fussent assez connus l'un de l'autre, et assez familiers ensemble, pour qu'en s'écrivant ils se dispensassent de se donner mutuellement les titres de leurs dignités. Nous y perdons la connaissance de la position administrative de ces deux personnages; ce qui nous aurait éclairé davantage sur quelques circonstances de la lettre.

Il est également fâcheux que Timoxène n'ait pas dit quels étaient le titre et le rang de son protégé. Il ne fonde sa recommandation que sur le rang du frère et du père de cet homme; preuve assez claire que celui-ci n'était pas un personnage fort considérable. Je crois d'ailleurs qu'on en peut voir une autre preuve dans l'expression, l'*homme* ou *cet homme* (μὴ ἀδικηθῇ ὁ ἄνθρωπος). Il est douteux qu'en parlant d'une personne d'un certain rang, Timoxène se fût exprimé ainsi : car le mot ἄνθρωπος, surtout dans une phrase indirecte du genre de celle-ci, s'employait presque toujours au lieu de ἀνήρ, dans un sens un peu dédaigneux, à l'égard d'un homme dont le rang est très-inférieur à celui qui parle (1).

Les parens de notre inconnu, toutefois, n'étaient pas gens de rien. Son frère Philon était un *épistolographe* employé auprès d'un officier grec appelé *Lysis* ou *Nysis* τοῦ μετὰ Λυσίδος ou Νυσίδος ἐπιστολογράφου : car, je doute qu'on puisse lire autrement ce passage peu distinct : le nom propre, d'après les vestiges des lettres, peut se lire Νῦσις, aussi bien que Λῦσις; mais je ne connais pas d'exemple du premier; et je m'arrête au second qui est fort commun en grec. Ὁ μετὰ Λυσίδος ἐπιστολογράφος signifie l'*épistolographe qui travaille avec Lysis*, dans le sens où nous dirions, *un tel est secrétaire-général auprès de tel préfet*, ou *avec lui*.

Quant à la fonction de l'*épistolographe*, nous savons déjà qu'elle était considérable; et deux exemples, celui de Numénius, dans l'inscription de Philes (2), et celui de Callimaque, mentionné dans la stèle bilingue de Turin, nous montrent qu'elle emportait souvent le titre de *parent du roi*, qui, en Égypte, du temps des Grecs, semble avoir indiqué une sorte de noblesse : Philon, frère de notre inconnu, était donc un personnage d'importance.

Le nom grec qu'il porte, et les fonctions qu'il exerçait, feraient présumer que son frère, le porteur de la lettre, était lui-même un Grec,

---

(1) Fischer *ad* Platon. *Phædon*, §. 65, 66. — Schleusner, *Lexic. nov. Test.*, I, 219. — Elsner, *Obs. Sacr.* I, 234, etc.

(2) *Voy.* mes *Recherches*, etc., pag. 320.

ainsi que toute la famille ; mais vous verrez plus bas qu'il est à peu près sûr que ce devait être un Égyptien. Dans ce cas, il y a deux conjectures à former : la première, c'est que son frère *Philon* était aussi un Égyptien, malgré son nom grec ; et ce ne serait pas le seul exemple d'un Égyptien (1) ayant pris un surnom étranger, dont un Grec, en parlant de lui, devait naturellement préférer de se servir. D'après cette conjecture, l'Égyptien, surnommé *Philon*, aurait été employé auprès du grec Lysis, en qualité d'*épistolographe*, c'est-à-dire, *de secrétaire public*, chargé d'écrire ou de traduire les *circulaires* et *dépêches administratives* en égyptien, à peu près comme les empereurs et les gouverneurs des provinces avaient des secrétaires pour les lettres grecques, *ab epistolis græcis* (2), chargés d'une fonction analogue. On peut objecter cependant que si nous avons la certitude que les contrats et actes particuliers étaient écrits à la fois en grec et en égyptien (3), rien n'indique que les hauts fonctionnaires grecs prissent cette peine pour leurs actes publics. Le contraire est même prouvé par plusieurs exemples, entre autres, par l'obélisque de Philes, sur le piédestal duquel, outre la requête déjà connue des prêtres d'Isis (4), on vient de découvrir à la face opposée la réponse de Ptolémée aux prêtres, et la lettre de l'épistolographe au stratège de la Thébaïde, toutes deux également en grec (5). Un papyrus de Turin prouve encore que les particuliers égyptiens, dans leurs requêtes aux magistrats grecs, employaient l'idiome grec.

C'est pourquoi j'aime mieux croire qu'ici le mot ἀδελφός n'a pas rigoureusement le sens de *frère*, de père et de mère, ni même *de frère utérin* (6) (ὁμομήτριος), en supposant que la mère, Égyptienne, remariée après la mort de son père, aurait eu, d'un second mari grec, Philon,

---

(1) *Voy*. mes *Recherches pour servir à l'Histoire de l'Egypte*, etc., p. 487, 488.

(2) Pocock. *Inscr. Antiq.* pag. 19, n. 14. — Hessel, *Append. præfat. ad Inscr. Antiq. Gud.*

(3) *Voy*. la notice de M. Raoul-Rochette, sur quelques antiquités du musée de *Turin* ; *Journ. des Savans*, an. 1824, pag. 693.

(4) *Voy*. mes *Recherches*, etc., pag. 300 et suiv.

(5) C'est depuis le transport de l'obélisque en Angleterre qu'on a découvert ces deux inscriptions sur l'autre côté du piédestal : long-temps auparavant, j'avais prédit qu'elles devaient s'y trouver. (*Journal des Savans*, novembre 1824. — *Recherches*, etc., pag. 338.)

(6) Schleusner, *Lexic. nov. Testam.* I, 44.

depuis épistolographe; conjecture repoussée par la circonstance que le père du protégé vivait encore, comme on le voit plus bas.

J'ai déjà dit ailleurs (1) que les mots ἀδελφὸς, ἀδελφή, appliqués aux souverains d'Egypte, n'avaient pas le sens restreint des mots *frère et sœur*, et ont été employés souvent pour ἀδελφιδοῦς, ἀδελφιδῆ, *fils du frère du père*, c'est-à-dire *cousins*. Rien n'empêche qu'appliqués à des particuliers, ces mots ne fussent susceptibles d'une signification aussi vague; et c'est ainsi que les Latins ont employé le mot *frater* pour *frater patruelis* (2); comme lorsque Cicéron, ou l'auteur quelconque du discours *Post reditum in Senatu* (3), qualifie Q. Métellus *frère* de P.-C. Pulcher, quoiqu'ils ne fussent que *cousins* (4).

Dans cette hypothèse, notre inconnu n'aurait été que le cousin de Philon, c'est-à-dire le fils d'un Egyptien qui avait épousé une femme grecque, sœur de la mère ou du père de Philon. Quoique proches parens, ils appartenaient donc, l'un à une famille grecque, et l'autre à une famille égyptienne; et, à l'appui de cette hypothèse, on peut remarquer que le père de l'inconnu était placé en sous-ordre, auprès d'un fonctionnaire égyptien. Ainsi s'explique comment le *frère* d'un fonctionnaire aussi distingué qu'un épistolographe, est traité un peu dédaigneusement par Timoxène, et pourquoi il ne s'était jamais élevé au-dessus de la profession d'un scribe de village, comme cela résulte des circonstances qui seront examinées plus bas.

Il reste à savoir quelle espèce de fonction publique exerçait ce Lysis; car Timoxène ne le dit pas, sans doute parce qu'il était fort connu de Moschion: ce devait être un fonctionnaire important, puisqu'il avait auprès de lui un *épistolographe*. Il me paraît bien vraisemblable que c'était un personnage du même rang que Timoxène et Moschion. Je conjecture qu'ils étaient tous trois *nomarques* ou *stratèges*, comme les Grecs les appelaient (5), et administraient des nomes limitrophes. En cette qualité, ils devaient bien se connaître, correspondre souvent ensemble, et se traiter mutuellement avec cette familiarité amicale qui règne dans le billet de Timoxène. Il est tout simple que ces nomarques

---

(1) *Recherches* citées, p. 8-10.
(2) Perizon. *Animad. Histor.*, p. 105, sq.
(3) §. 10, p. 50, *ed.* F. A. Wolf.
(4) Cf. Mongault, *sur les lettres à Atticus*, IV, 3, n. 17. — Valcken. *ad* Callim. *elég.*, p. 103.
(5) V. mes *Recherches* citées déjà, p. 269 et suiv.

eussent des *epistolographes* chargés de la rédaction des circulaires, des dépêches et autres actes administratifs, ou plutôt il est presque impossible qu'il en fût autrement.

Ayez soin, dit Timoxène à Moschion, *qu'il ne soit fait aucun tort à cet homme; car*, DE PLUS, *son père est employé auprès de Pétonuris*. Il semble qu'on aurait dit, dans un pays bien gouverné: « Qu'il ne soit » fait aucun tort à cet homme, car la loi s'y oppose. » La raison que donne Timoxène est différente: « Car, non-seulement son frère est épis- » tolographe, mais encore son père est employé auprès de Pétonuris. » Le verbe ἀδικεῖν, ἀδικεῖσθαι ayant en grec un sens vague, et s'employant quelquefois pour signifier une *injure* ou un *tort* de peu d'importance (1), ce serait sans doute aller trop loin que de voir, dans ce petit mot de Timoxène, un indice que le gouvernement de l'Égypte était un de ces gouvernemens à la turque, où les droits des particuliers sont à la merci des agens du pouvoir, et où l'on n'est sûr d'échapper aux avanies et aux abus d'autorité, que lorsqu'on a l'honneur d'être un peu cousin de quelque homme en place. Pourtant, il existe d'autres faits qui montrent que les habitans de la Haute-Egypte, si éloignés du centre du gouvernement, étaient bien souvent exposés aux exactions des militaires ou des administrateurs grecs.

Mais cet Egyptien Pétonuris, pour couvrir d'une protection si efficace les parens de ses employés ou de ses commis, qu'était-ce donc? Heureusement Timoxène, jugeant que Moschion ne le connaissait pas, a jugé à propos de nous l'apprendre. Quoique le papyrus soit fort usé et troué dans cet endroit, je doute qu'en suivant avec soin les traces des lettres, on puisse lire autrement que τὸν δευτερεύοντα, c'est-à-dire *celui qui est en second*. Le verbe δευτερεύω n'ayant qu'un sens relatif, appellerait de toute nécessité un complément (2). Mais il est clair que ce mot désigne ici une fonction publique; et c'est pour cela qu'on l'a employé d'une manière absolue, comme d'autres mots du même genre, tels que πρωτεύω, ou plus souvent πεντε, δεκα, ou εἰκοσιπρωτεύω, qui désignent certaines magistratures municipales exercées simultanément par cinq, dix ou vingt citoyens (3). Tel encore le mot τριτεύω, qui, dans quelques villes

---

(1) Boissonad., *ad* Philostr. *Heroïca*, p. 345. — Jacobs, *in* Stob. Sermon., pag. 228. — Schaef., *in* D. H. *Comp. verb.*, pag. 354, etc.

(2) Comme dans Plutarque (*Eumen.* §. 13, VII, 592. Reisk.) δευτερεύω ἀπαξιοῦντες αὐτῷ.

(3) V. mon *Examen critique de l'Inscription grecque du roi nubien Silco*, p. 9.

de l'Asie-Mineure (1), désigne les fonctions de greffier du sénat, ainsi nommé sans doute du rang qui lui était accordé dans la hiérarchie des dignités. Ce sont de ces expressions relatives qui s'emploient naturellement d'une manière absolue, quand l'usage en a consacré la signification : ainsi, chez nous, les mots *adjudant* et *coadjuteur*, dont le sens étymologique est à peu près le même, et le sens réel très-différent, et qui désignent d'une manière absolue des fonctions bien déterminées. Le terme δευτερεύω est évidemment du même genre. D'après ce que dit Timoxène, il est à présumer que l'Egyptien Pétonuris était un fonctionnaire assez élevé en dignité; je soupçonne qu'il exerçait la place de *sous-nomarque*, ou de *sous-gouverneur civil* du nome, dont Timoxène était le nomarque ou préfet.

Si cette conjecture est vraie, on pourrait conclure de là que, sous le gouvernement grec, les chefs de nomes étaient Grecs, et les sous-chefs Egyptiens. Cette conséquence, en elle-même si naturelle, serait encore appuyée par une observation que j'ai faite ailleurs : c'est que, dès les premiers temps de la domination romaine, nous voyons que les nomarques étaient des Grecs (2) ; et l'on ne peut douter que ce ne fût un état de choses qui appartenait à la domination antérieure, et que les Romains avaient respecté dans l'intérêt bien entendu de leur administration. J'ai montré encore qu'ils avaient compensé le seul inconvénient qui pût en résulter, en établissant des *épistratèges*, ou gouverneurs de divisions composées de plusieurs nomes, et qui étaient toujours des Romains (3).

La fin de la quatorzième ligne n'est pas fort distincte; cependant, si l'on joint les lettres qui suivent ἀπεδόθη avec celles qui commencent la ligne quinzième, on n'en peut tirer autre chose que τάδ' αὐτῷ. Le pronom τάδε peut très-bien, ce me semble, se rapporter à la lettre même; il y a ellipse du mot γράμματα, qui en grec (comme *litteræ* en latin) est synonyme de ἐπιστολή : nous avons ἀπεδόθη τάδε αὐτῷ, *ce billet lui a été donné*. Je crois avoir bien lu le reste de la ligne καὶ τὸ σύμβολον. Le mot qui commence la seizième ligne est évidemment τῶν : cet article annonce un substantif; cependant il est suivi d'un intervalle de trois ou quatre lettres, après lesquelles sont deux lettres, dont la première est un E, et la seconde, comparaison faite des caractères de notre calligraphe, n'a pu être que le commencement d'un M. On ne voit rien

---

(1) Peyssonnel, *Voyage à Thyatira*, p. 245, 272; cf., p. 292.
(2) *Recherches pour servir à l'histoire d'Egypte*, etc., p. 272, 273.
(3) *Les mêmes*, p. 276.

après; mais le papyrus, fort aminci, et même troué en cet endroit, annonce que la pellicule supérieure, en se détachant, a pu enlever le reste de la lettre. Ces deux lettres sont probablement les initiales d'un mot abrégé, peut-être ἐμῶν. Dans ce cas, τὸ σύμβολον τῶν ἐμῶν pourra signifier le *cachet de ma famille*, ou bien encore la *tessera*, le signe convenu, *adopté par ma famille*. On sait qu'entre autres significations, σύμβολον a celle de σφραγίς (1), *cachet*, ordinairement l'empreinte de l'anneau. Timoxène, dans ce cas, annoncerait que le billet doit être revêtu de son cachet, précaution qui pouvait avoir pour but d'éviter que le recommandé ne remît, en place de ce billet, une autre lettre contrefaite, plus favorable ou plus expresse. Quelquefois aussi *symbolus* se disait, à ce qu'il semble, d'un signe particulier qu'on remettait au porteur d'un message, pour rendre les fraudes plus difficiles : c'est ce qui paraît ressortir du mot de Plaute : *Epistolam modò hanc intercepi et symbolum — quem symbolum? — qui à milite allatus est modò* (2). Il est donc possible qu'il s'agisse d'un signe particulier remis au porteur en même temps que la lettre. Τῶν ἐμῶν, *des miens*, sous-entendu συγγενῶν, c'est-à-dire de ma famille (3), est une expression qui se rencontre souvent dans les inscriptions de l'Egypte (4). Si l'on préfère considérer les lettres EM comme les initiales d'un mot différent, on pourra soupçonner que ce mot désignait quelque *confrérie* religieuse, analogue à celle des *Basilistæ* (5), dont il est question dans l'inscription des Cataractes, et alors le *symbole* dont il s'agit serait le signe convenu entre les membres de la confrérie. Mais la première idée me paraît plus naturelle, et je m'y arrête en attendant mieux.

Le billet roulé, en forme de cylindre un peu aplati, présentait, à côté du cachet, quelques caractères qui me semblent ne pouvoir être que Μοσχίωνι, *à Moschion*. Ce nom, qu'aucune désignation n'accompagne, annonce combien les deux personnes étaient connues l'une de l'autre. Ce petit papyrus nous donne ainsi un modèle des lettres de recommandation que les agens du pouvoir s'adressaient en Egypte les uns aux autres, il y a quelques deux mille ans.

---

(1) D. Beck, *ad* Aristoph. *Aves*, v. 1214.

(2) *Pseudolus*, II, 4, 26.

(3) Cette ellipse manque dans Lambert Bos.

(4) Ainsi τὸ προσκύνημα τῶν ἐμῶν (d'après la copie de M. Gau, et non ἄλλων) πάντων καὶ φίλων. V. mes *Recherches*, p. 478.

(5) V. cette inscription dans mes *Recherches*, etc., p. 358.

Si le contenu de cette lettre ne nous offre plus maintenant aucune difficulté sérieuse, ce contenu même rend fort difficile à expliquer ses rapports avec le lieu où elle a été découverte. Je rappelle, en effet, qu'elle a été trouvée *encore cachetée*, liée sur une écritoire, et dans une caisse de momie (1).

Et d'abord, il faut bien reconnaître que ce papyrus se rapportait au personnage embaumé. Ce personnage était donc ou Moschion, auquel la lettre était adressée, ou celui à qui elle devait servir. Mais ce n'était certainement pas Moschion; car à quel propos aurait-on enfermé, avec le corps de ce haut fonctionnaire, une lettre de recommandation qui n'avait jamais pu avoir d'intérêt que pour un autre? La momie était donc celle de la personne que la lettre avait concernée. Mais alors pourquoi était-elle restée en sa possession? Elle n'avait donc jamais été remise à son adresse? Le cachet, qui s'y trouvait encore, semblerait même annoncer qu'elle n'avait point été ouverte. Ce sont là de grandes difficultés; j'essaierais de les lever de cette manière : Un emploi obtenu ou toute autre raison empêchèrent le porteur de la lettre de profiter sur-le-champ de la recommandation qui, n'étant pas datée, pouvait servir plus tard; il la garda. Sur ces entrefaites, il mourut. La famille, trouvant dans ses papiers la lettre de Timoxène à Moschion, deux hommes considérables, la renferma dans le cercueil, comme une marque honorifique. Je ne doute pourtant point qu'on ne l'ait ouverte auparavant pour en connaître le contenu; mais on l'aura ensuite recachetée, conformément à quelque usage qui nous est inconnu. En effet, un papyrus de la collection Cailliaud, maintenant au cabinet du Roi, ressemble entièrement, pour la grandeur et la forme, à votre papyrus, et il est également cacheté : la suscription est en démotique; ce qui annonce que le contenu doit être dans ce caractère. Un autre papyrus en hiératique 1560, que vous avez découvert dans une caisse de momie, était roulé sans être cacheté; mais la partie supérieure, qui contient quelques lignes différentes du reste, était roulée à part, et fermée d'un cachet particulier. Dans quelle intention? Le contenu l'apprendrait peut-être. Voilà de quoi exercer la sagacité de notre Champollion le jeune. Il est possible même que le papyrus grec ne soit pas inutile pour déchiffrer celui de M. Cailliaud, si l'on parvient à le dérouler; car on peut conjecturer que le sujet est aussi une lettre de recommandation.

---

(1) Voy. la note XXXI de M. Passalacqua, pag. 208.

En attendant, ces deux exemples font présumer que le cachet qui fermait encore notre papyrus, tient à quelque coutume plutôt qu'à une circonstance qui serait particulière à la lettre de Timoxène. On sent bien que ce ne sont là que des conjectures; mais elles ne seraient ni oiseuses ni inutiles, quand elles n'auraient pour résultat que d'appeler l'attention sur tout ce qui pourra servir, dans les monumens qu'on découvrira plus tard, à expliquer d'une manière certaine ces curieuses circonstances. Il en est encore une dont je dois dire un mot.

Vous avez trouvé la lettre de Timoxène roulée sur un ustensile en bois, qui, dans votre catalogue, est appelé une *palette*, et que j'appellerai tout simplement une *écritoire*. C'est une petite plaque de bois, percée de deux godets remplis d'une substance maintenant fort dure, noire dans l'un, rouge dans l'autre. Cette substance n'a jamais été liquide, puisque, même dans son état actuel de dessiccation, elle déborde l'orifice des godets; elle a donc dû avoir la consistance d'une pâte épaisse, ou même d'un pain de couleur qui se délayait à mesure avec le pinceau, comme l'encre de la Chine, ou nos pains de couleurs à l'aquarelle. Les deux styles qui accompagnent cette écritoire sont formés d'un jonc fibreux, dont l'extrémité, plus ou moins amincie, n'est point taillée comme le calame, ou garnie de poils comme nos pinceaux; mais, lorsqu'elle était humectée, elle devait être assez flexible; j'ajoute, en passant, qu'on n'a pas encore trouvé, parmi les antiquités qui ont le caractère égyptien, un seul pinceau proprement dit. On imprégnait le style de la couleur noire et rouge, et on l'appliquait sur les papyrus pour tracer les caractères. Maintenant, il est certain que cette écritoire n'a jamais servi pour des papyrus grecs. 1° Ces papyrus, d'après la forme des caractères qui ont des pleins et des déliés, n'ont pu être écrits avec les styles dont il s'agit : ils l'ont été avec le calame. 2° Ces papyrus sont tous à l'encre noire. Or, les deux godets contiennent une quantité égale de pâte noire et rouge; preuve que l'ustensile était destiné à un genre d'écriture qui employait également l'encre de deux couleurs. Tels sont la plupart des papyrus en hiératique et en démotique. Cette écritoire, qui ressemble d'ailleurs à celles qui sont représentées sur les monumens égyptiens, était donc à l'usage d'un Égyptien, et lui servait à écrire dans les caractères propres à son idiome.

Mais une multitude d'exemples prouvent qu'on enfermait dans les cercueils des momies les instrumens ou ustensiles qui indiquaient la profession du défunt et lui avaient servi de son vivant. Il est donc à peu près certain que l'homme dont le corps avait été renfermé dans la même caisse avec cette écritoire, avait exercé la profession de scribe, soit *royal* (βασιλικὸς γραμματεὺς) soit *local* (τοπογραμματεὺς ou κωμογραμματεὺς); car ce sont là les classes de scribes publics que les monumens grecs de l'Egypte nous font connaître (1); et, à juger de l'extrême simplicité, ou plutôt de la grossièreté du meuble qui lui a servi, on peut conjecturer que cet homme n'était qu'un scribe local.

Or, s'il est vrai, comme je n'en doute pas, que l'écritoire soit égyptienne, et n'ait pu servir que pour les écritures en usage chez les Égyptiens, il devient à peu près impossible d'admettre que la momie fût celle d'un Grec; car, comment concevoir qu'on eût enfermé dans son cercueil un meuble qui ne lui eût jamais servi? Selon toutes les apparences, cet homme avait été un scribe égyptien, et c'est la raison qui m'a fait conjecturer qu'il n'était que le cousin de l'épistolographe Philon.

Telles sont, Monsieur, les observations auxquelles m'a semblé pouvoir donner lieu le papyrus que vous avez déroulé : elles suffiront pour montrer que ce petit monument est fort curieux, et à peu près unique en son genre.

Quant aux nombreux fragmens de papyrus, sous le 1564, qui ont servi à former le cartonnage d'une momie, ils sont beaucoup trop mutilés pour qu'on en puisse tirer rien de suivi : on ne voit sur les plus étendus que quelques portions de lignes, dont il est impossible de tirer un sens complet. En les examinant, et en déchiffrant le peu de lettres qu'il m'était possible de lire, je me suis attaché uniquement à deviner quel a pu être le sujet du papyrus auquel chacun de ces fragmens a appartenu; car il eût été curieux de savoir si quelqu'un d'entre eux avait appartenu à une composition littéraire. Mais je n'en ai pas vu de trace : tous ces papyrus paraissent avoir rapport à des contrats de vente, à des transactions particulières, et à des circulaires administratives. Vous allez juger de quel intérêt auraient pu être ces fragmens, si nous avions eu seulement des pages entières, au lieu des débris de quelques lignes sans commencement ni fin.

Le papyrus qui a été taillé en forme de semelle (490) pour être mis sous les pieds de la momie, était un contrat portant l'engagement de payer certaines sommes à telle ou telle époque; les sommes diverses étaient toutes exprimées en monnaie de cuivre, χάλκου comme dans les

---

(1) V. mes *Recherches*, etc., pag. 398, et le *premier Decret de l'Oasis*, lig. 31, pag. 8, de ma trad.

papyrus d'Anastasy, de Grey, de Casati; j'y ai découvert une date dans les lettres ΜΑΙΟΥ ΤΟΥ ΠΤΟΛΕ.... ΠΑΤΟΡΩΝ ΛΙΔΠΑ : d'après l'étendue présumable de la lacune, on doit lire [Βασιλεύοντος Πτολε]μαίου τοῦ Πτολε-[μαίου καὶ Ἀρσινόης, θεῶν Φιλο]πατόρων ΛΙΔ παχών. « Sous le règne de » Ptolémée, fils de Ptolémée et d'Arsinoé, dieux Philopators, l'an XIV, » de Pachon, le ...... » Ce qui se rapporterait à l'an 14 d'Épiphane, au mois de Pachon, répondant, selon le calendrier vague alors usité en Égypte, à juillet-août, 191 avant Jésus-Christ.

Le fragment 1564 A me paraît avoir fait partie d'une lettre administrative : je donne ici la transcription de ce fragment, auquel je n'ai ajouté que quelques lettres en dehors des lignes pour compléter les mots.

    μὴ ποεῖσθαι (1). Ἐν δὲ ...
  Ἀμ]μώνιον ἀκολουθοῦντά σοι ὀφθαλ[μοῖς (2)
  ας οὐκ ἔχοντα παρὰ σοῦ πρὸς τοῦ [το
  τὰ] γράμματα ὑπὲρ ὧν διείληφας
  ἐπεσ]ταλκότων ἡμῶν πρός σε τὸν ἀπ[όστολον
  Ἀπ]ολλόδωρος οὐ μεταμελη[θεὶς
  πρὸς Ἀ]ντίπατρον τὸν οἰκονόμον [τοῦ βασιλέως
  τες τοὺς περὶ τὸν ἀγόμεν[ον (?)
  ἀν]ελόμενοι ὃ εἶχον ἐκ Διονυ[σίου
  τὰ χω]ρία οὐ διηρ[μήνευ]σαν (3) οτ
  ν μέχρι του
  τῶν δικαίων τὰ
  κ]αταφρονήσαντε[ς
  ἀπ]ολαβομένη
  ν πρὸς τὴν

On entrevoit au commencement les restes d'une lettre contenant la réprimande d'un fonctionnaire public à l'un de ses inférieurs : à la seconde ligne, le passage, dont la leçon et la restitution sont également certaines, Ἀμμώνιον ἀκολουθοῦντά σοι ὀφθαλμοῖς (Ammonius qui te suit des

---

(1) Pour ποιεῖσθαι, orthographe qui se rencontre assez communément dans les inscriptions trouvées en Égypte et ailleurs; celles de Dekké et de Philes en offrent de nombreux exemples.

(2) Ou ὀφθαλμῷ. L'expression ἀκολουθεῖν τινὶ ὀφθαλμοῖς, *Suivre quelqu'un des yeux, l'observer, l'épier*, est à remarquer. Je n'en connais pas d'autre exemple.

(3) Ou διηρ[εύνη]σαν.

yeux), indique que cet inférieur est observé de près par un autre, chargé de surveiller son administration, comme serait un inspecteur des finances, par rapport à des receveurs d'impositions.

A la troisième ligne, les mots οὐν ἔχοντα [sc. Ἀμμώνιον] παρὰ σοῦ πρὸς τοῦτο, laissent entendre que le délinquant n'avait pas remis à l'inspecteur Ammonius les pièces exigibles, ou peut-être ne lui avait pas donné les explications nécessaires.

Cinquième ligne; les mots ἐπεσταλκότων ἡμῶν πρός σε τὸν ἀπόστολον, nous apprennent que le chef avait envoyé au délinquant un messager (ἀπόστολος) porteur d'ordres, auxquels il n'a pas eu égard ; c'est en conséquence de cela qu'il aurait rendu un arrêté, dont la teneur suit : car les mots Ἀπολλόδωρος οὐ μεταμελη me paraissent ne plus appartenir à la lettre ; ils font partie de cet arrêté portant, entre autres dispositions, qu'Apollodore, qui ne s'est point repenti ou qui n'a point réparé sa faute (οὐ μεταμεληθείς) soit déféré par-devant *Antipater*, l'économe du Roi (πρὸς ou εἰς Ἀντίπατρον τὸν οἰκονόμον τοῦ βασιλέως).

L'addition τοῦ βασιλέως après οἰκονόμος est justifiée par la comparaison avec les papyrus suivans. *L'économe du Roi* répond probablement au *procurateur de César* (ἐπίτροπος Καίσαρος) sous la domination romaine ; c'était un intendant du fisc. Le nom de ce fonctionnaire ne s'est encore rencontré sur aucun monument grec de l'Égypte, excepté dans une inscription de Philes, où j'avais depuis long-temps rétabli en suivant les traces des lettres οἰκονόμος τοῦ βασιλέως (1), correction que ces papyrus confirment.

C'est encore le reste d'une pièce administrative que je crois reconnaître dans le fragment peu distinct 1564 B. Je le lis de cette manière :

καὶ τὸν μετὰ
ἐν]τῷ KAL (2). Ὁμοίως δὲ καὶ
οἰκονό]μος τοῦ βασιλέως ἀναγραφεῖ εἰς
τὰς] φορολογίας, καὶ ἐκ τοῦ παντὸς

---

(1) C'est une de ces inscriptions de Philes, dont les caractères ont été en partie effacés postérieurement par la sculpture égyptienne. (V. mes *Recherches* déjà citées, p. 145-152); je les ai rétablies toutes dans un travail spécial qui fait partie de la suite de mes *Recherches*, dont plusieurs circonstances, et surtout le desir de les rendre moins imparfaites, ont jusqu'ici retardé l'impression.

(2) Dans la 21.e année.

ἐπισκ]εψαμένους ἐπιμελῶς τινα κ
τινα τοὺς ἀντιδίκους
ται· μεταλαβὼν οὖν Πτ[ολεμ]αῖ[ος
οὐυθ]ηκη ἀνήνεγκεν τοὺς
διασάφηται Πτολεμαῖος

Autant qu'on en peut juger, il était question dans cette pièce de dispositions financières ; il semble qu'on y rappelait, entre autres choses, que l'*économe du Roi* doit enregistrer certains revenus, qu'on y prescrivait une surveillance active, et qu'on y parlait de mesures de répression.

J'aperçois encore la mention de l'*économe du Roi* dans un autre fragment 1564 C non moins altéré, dont je copierai les caractères suivans :

ὑποτάξαι σοι καθάπερ ἀξιοῦ[σιν
ἄλλην
Ἀναγνόντες ἣν ἐπέπ[εμψαν ἐπιστολὴν τῷ ἐπι]
ταχθέν τι ἐπὶ τῶν τόπω[ν
τῆς πρὸς Προιτον τὸν οἰκον[ομον τοῦ βασιλέως]

Ceci est un fragment de lettre adressée à quelque officier public, par son supérieur, qui lui rappelle les dispositions qui lui ont été prescrites en vertu de réclamations (ὑποτάξαι σοι καθάπερ ἀξιοῦσιν). Il dit ensuite avoir lu la lettre itérative (ἣν ἐπέπεμψαν ἐπιστολήν) (1), sans doute écrite par les gens du pays à l'officier chargé de l'administration de plusieurs villages (τῷ ἐπιταχθέντι ἐπὶ τῶν τόπων) ; et enfin, il fait mention d'une lettre adressée à Prœtus, économe du Roi.

Le fragment D est peut-être du même genre : j'y distingue les lettres τοῦ ἀπολογισμοῦ τοῦ ..... τοῦ τόπου ἐν τῷ KAL qui me semblent annoncer une reddition de compte, pour l'administration du lieu, pendant l'année 21.

Le papyrus, auquel appartenait le fragment E, était peut-être un contrat particulier ; à en juger par quelques vestiges de caractères démotiques égyptiens qu'on voit au bas, il devait être en deux langues. Les caractères suivans

---

(1) C'est le seul exemple que je connaisse de l'expression ἐπιπέμπειν ἐπιστολήν, dont le sens doit être *envoyer une seconde lettre*, une lettre *itérative*; comme dans Xénophon (*Cyrop.* IV, 5, 16, *ed.* Schn.) ἐπιπέμπειν (vraie leçon reçue par Zeune) στράτευμα. cf. Thucyd., VII, 15.

διὰ τὸ οἰνάρια
εἰς τὸ]ν τοσοῦτον χρόνον
τὴν ἐπιστολὴν
ἀσφαλέστερον

nous font deviner qu'il s'agissait d'une transaction relative à une vente de *vins*. Οἰνάριον, du *petit vin*, de la *piquette* est un mot assez rare en prose; peut-être au pluriel n'a-t-il pas ici le sens diminutif, et, comme le diminutif σιτία qui signifie en général *des vivres*, peut-être répond-il à notre expression *les vins*, *les huiles*, usitée dans le commerce. Je distingue encore ce mot dans le fragment F. Τὰ δ᾽οἰνάρια ἄθικτα; et probablement on y garantissait que les vins étaient intacts et non endommagés.

Sur un autre fragment G, je distingue les mots suivans :

Νίκωνος τῶν [συγγενῶν]
ἀδικοῦμαι ὑπό
ὁρίσαντος ἐμοῦ
τος μετ᾽ ἄλλων εἰς τ[ὸν Πα]
νοπολίτην καὶ ω

Ce sont évidemment les restes d'une plainte adressée à un officier grec, fils de Nicon, qui appartenait peut-être à l'ordre des *parens* (1) (συγγενῶν) ou des *premiers amis* (2) (πρώτων φίλων); car l'article τῶν me paraît n'avoir pu être suivi que de l'un de ces mots. Le nom du nome de *Panopolis*, qui se trouve dans Pline et Ptolémée, et sur les médailles (3), se lit aussi dans une inscription de Philes (4).

Enfin, j'aperçois encore les traces d'une *plainte* du même genre sur le morceau de papyrus H. La première ligne commence, selon ma lecture, par Δαιμάχῳ Διαδόχ[ου : et la troisième par ἀδικοῦμαι ὑπὸ Πτολ[εμαίου. Suivent des noms propres, probablement ceux des personnes contre lesquelles le plaignant réclamait; car ce sont des noms grecs, entre lesquels on distingue ceux de Simon, de Platon, de Ptolémée.

Je ne pousserai pas plus loin cette revue; peut-être me suis-je laissé entraîner trop loin au désir de démêler quelques indications précieuses parmi ces informes débris.

---

(1) V. mes *Recherches*, etc., p. 321 et suiv.
(2) *Les mêmes*, p. 58 et suiv.
(3) Tôchon, *Médailles des Nomes*, p. 90.
(4) Gau, *Antiquités de la Nubie*, pl. XI, n° 12.

Toutefois, je ne croirais pas avoir perdu mon temps, si ce que je viens de dire engageait ceux qui exploitent à Thèbes une mine si féconde en antiquités, à suivre votre exemple, et à faire quelque attention aux momies dont les enveloppes seraient formées avec des papyrus; car on ignorait jusqu'ici que les *vieux papiers* avaient quelquefois, en Égypte, cet emploi final.

Peut-être les voyageurs, examinant avec soin les enveloppes de ce genre, trouveront-ils des morceaux où, du moins, les lignes seront entières. Or, il est difficile de trouver en Égypte une seule ligne de grec qui ne révèle quelque particularité intéressante pour l'histoire, la langue ou la connaissance des usages.

LETRONNE.

TRADUCTION

Des inscriptions arabes des deux plaques talismaniques de cuivre 1593 *et* 1594, *par M.* REINAUD, *de la Bibliothèque du Roi.*

Ces plaques sont percées l'une et l'autre par le haut, ce qui suppose qu'elles étaient destinées à être suspendues à un cordon. Les paroles arabes qu'on y lit, et la forme des caractères, prouvent qu'elles sont modernes, et qu'elles ne peuvent être antérieures au dixième siècle de notre ère. De plus, comme une partie des inscriptions est tirée de l'Alcoran, ces plaques n'ont pu appartenir qu'à des Musulmans.

Sur la plaque 1594, on lit du côté et le long du rebord le verset 256 de la seconde sourate de l'Alcoran, qui est ainsi conçu: *Il n'y a pas d'autre dieu que Dieu; il vit et se maintient par lui-même. Le sommeil et l'assoupissement ne peuvent l'atteindre. A lui appartient ce qui est aux cieux et sur la terre. Personne ne peut rien obtenir auprès de lui, si ce n'est par sa permission. Il connaît le passé et l'avenir, et l'on ne sait que ce qu'il veut bien faire connaître. Son trône embrasse les cieux et la terre, et il gouverne tout sans rencontrer d'obstacle. Il est le sublime et le grand par excellence.*

Ce verset est appelé par les Musulmans *le verset du trône*, et ils ont pour lui la plus grande vénération. On le retrouve sur beaucoup de leurs pierres gravées et de leurs divers monumens. On en peut dire autant d'un autre passage de l'Alcoran placé dans le médaillon qui est en tête de la plaque, et qui peut être ainsi traduit: *Dieu est unique; il est éternel; il n'engendre pas et n'est pas engendré, et personne ne peut lui résister.* Ces paroles forment la cent douzième sourate de l'Alcoran, et sont dirigées contre les anciens manichéens, adorateurs des deux principes, contre les Juifs, auxquels Mahomet reprochait d'honorer Esdras à l'égal de Dieu même, et contre les Chrétiens, qui adorent trois personnes en Dieu.

On aura maintenant une idée des autres inscriptions de cette plaque, parmi lesquelles nous ne citerons que les deux dernières sourates de l'Alcoran, dirigées contre les sorciers et les artisans d'œuvres magiques. Les voici en français: 1er. Dis: *J'ai recours au maître du matin contre la malignité des êtres qu'il a créés, et contre la malignité de la lune, lorsqu'elle se cache, et contre la malignité des femmes qui font des nœuds en soufflant, et contre la malignité de l'envieux, lorsqu'il veut nuire.*

2e. Dis: *J'ai recours au maître des hommes, au roi des hommes, au dieu des hommes contre la malignité du perfide souffleur qui souffle dans les cœurs des hommes, et contre la malignité des génies et des hommes.*

Ces deux passages de l'Alcoran sont d'autant plus remarquables, qu'on y reconnaît les mêmes pratiques magiques qui étaient en usage chez les Grecs et les Romains. On peut consulter à cet égard la seconde idylle de Théocrite, et la huitième églogue de Virgile. Ils prouvent de plus que la plaque dont il s'agit ici était destinée à servir de préservatif et d'amulette contre les démons et les mauvais génies.

La plaque 1593, à quelques mots arabes près, qui sont tirés de l'Alcoran, ne porte que des caractères à moitié effacés ou de pure convention. Il serait inutile d'essayer de les expliquer: nous nous contenterons de dire qu'une partie de ces caractères sont grecs, mais combinés de manière à ne pas offrir de sens. Ce que cette plaque offre de plus remarquable, c'est une figure debout, qui paraît tirer un seau du fond d'un puits. Peut-être est-ce quelque figure magique qu'on avait cachée dans le puits, et qu'il était nécessaire de retirer pour la délivrance d'une personne ensorcelée. Du moins est-ce ainsi qu'on nous représente la délivrance de Mahomet, lorsqu'au rapport de plusieurs auteurs arabes, il fut ensorcelé par trois sorcières juives, et qu'on lui rendit la santé. Ce qui semble confirmer cette conjecture, c'est qu'on lit à côté deux mots arabes qui signifient *puits ruinés*, et qu'on retrouve cette même figure sur plusieurs plaques arabes. L'abbé de Tersan en possédait deux, dont l'une avait été apportée d'Alexandrie d'Egypte par le baron de Tott.

REINAUD.

MOMIES ET EMBAUMEMENS.

LETTRE A M. PASSALACQUA,

Sur les Momies humaines développées de sa collection; sur leurs différens Baumes, et sur la Pharmacie n° 506; par M. DE VERNEUIL, *docteur en médecine.*

Monsieur,

Vous êtes du nombre des voyageurs qui ont des droits à la reconnaissance publique, et auxquels, dans ma sphère, j'aime toujours à payer le tribut de la mienne; et j'avoue que, malgré nos richesses en tant de genres, vous êtes venu nous en présenter de nouvelles qui peuvent être de la plus grande utilité aux savans qui se plaisent à puiser dans l'antiquité.

En effet, votre collection des momies égyptiennes, considérée, soit dans ses variétés, soit dans son merveilleux état de conservation, est si loin d'être un monument ordinaire, que je crois que quiconque est doué de quelque instruction, ne doit pas négliger l'occasion de la connaître. La frivolité n'a rien à y voir, sans doute; car la frivolité ne pense point; mais l'homme de la science, le philosophe, le sage enfin a tout à y gagner, parce que rien n'est plus propre à exalter utilement l'imagination que le retour des grands souvenirs.

A la vérité, nous n'étions pas venus jusqu'ici sans avoir quelques notions des momies égyptiennes; mais ce qu'on en possédait dans quelques cabinets laissait beaucoup à desirer, faute de conservation, et surtout faute de variété dans les sujets; car ce n'est pas celui que l'on trouve isolé, qui peut prêter à des observations d'une certaine étendue (1). La

---

(1) Il suffit de consulter quelques-uns des voyageurs qui sont allés interroger le sol mystérieux de l'Egypte, pour avoir une idée du mauvais état des momies partout où il s'en trouve encore.

réunion que vous offrez à nos regards, m'a paru propre à remplir ce vide, par le nombre de faits nouveaux qu'elle nous présente, et à répandre toute la lumière désirable sur une partie de la science jusqu'ici mal étudiée faute de semblables moyens.

J'ai tâché, Monsieur, d'utiliser pour mon propre compte mes incursions dans vos richesses; j'en ai même formé quelques notes qui auront leur place un jour dans un travail que je médite. En attendant, puis-je espérer que vous ne désapprouverez pas la liberté que je prends de vous donner ici le sommaire des observations qui en ont fait l'objet?

Je ne parlerai point des connaissances importantes que l'histoire naturelle peut puiser dans votre collection; c'est au génie du célèbre Geoffroy qu'appartient cette tâche; j'aurai la même réserve pour ce que peuvent y exploiter l'historien, le chimiste et le philosophe : je me limiterai donc, pour ce qui rentre dans mes vues, à l'examen successif de la curieuse série de ces débris humains qui, à l'aide de l'art, ont traversé tant de siècles pour arriver jusqu'à nous.

La première remarque, celle qui ne peut échapper à personne, puisqu'elle est la plus naturelle, est la différence d'attitude dans laquelle les corps embaumés étaient placés sous les bandelettes. La momie d'un garçon, 1547, a, en effet, les avant-bras sur la poitrine; ils y sont croisés. Celle d'une jeune fille, 1546, au contraire, a les bras étendus, et cependant rapprochés l'un de l'autre inférieurement, de manière à voiler les organes sexuels; la main gauche est fermée, et ordinairement c'est elle qui est dépositaire de quelques bijoux, ainsi que vous me l'aviez déjà fait observer.

Un homme justement regretté dans les arts, le savant Denon, avait dans sa galerie un sujet de sexe féminin qu'il me fit voir : une des mains était également portée vers les organes sexuels; mais l'autre était relevée vers la gorge, comme pour la couvrir aussi; ce qui lui donnait la pose de la Vénus de Médicis.

On serait porté à croire d'abord que ces différences d'attitude sont liées à celles des sexes; mais cette idée ne se soutient pas, parce que l'on rencontre aussi quelques femmes dans la position que j'ai décrite plus haut, comme appartenant ici à un garçon. Le docteur *Granville* a donné récemment un travail fort curieux, au sujet d'une momie de femme provenant de Thèbes, laquelle avait aussi les avant-bras croisés sur la poitrine.

Si l'on examine toutefois les circonstances dans lesquelles se trouvaient ces divers sujets, peut-être ne sera-t-il pas impossible de se rendre raison de cette remarquable différence dans les positions dont il est question. On voit en effet que le sujet dont parle M. Granville est âgé de cinquante à cinquante-cinq ans, et que, chez lui, les lames centrales de l'os iliaque sont fortement épaissies; ce qui paraît être un signe certain de gestation répétée; tandis qu'au contraire les momies de femmes que nous voyons avec les bras étendus, ne nous paraissent nullement dans ce cas; ce sont de jeunes filles de quatorze à dix-huit ans. Ne pourrait-on pas, sinon conclure, du moins présumer que c'était, chez les Egyptiens, une manière de distinguer l'état de virginité?

Mais ces positions ne sont pas les seules à observer: les jeunes garçons, et peut-être les jeunes enfans des deux sexes, offrent quelque chose de tout particulier dans l'habitude du corps. Le jeune garçon, 1547, a les avant-bras tellement relevés et croisés sur la poitrine, que chaque main se joint et s'applique à l'épaule qui lui est opposée. Jusqu'à quel âge les corps étaient-ils ainsi placés? ou bien à quel autre motif cette particularité peut-elle se rattacher? On ne voit pas qu'aucun voyageur en ait donné d'éclaircissement.

Les fœtus offrent aussi l'exemple d'une pose particulière. Celui sous le 1549 a les membres inférieurs un peu fléchis, les bras tombant de chaque côté du corps. Mais une chose assez singulière, c'est que les organes abdominaux avaient été extraits sans que le vide ait été rempli par aucune substance, comme cela se pratique ordinairement. Quant à la couleur jaune et à l'extrême réduction des sujets, l'une est vraisemblablement due à la présence du tanin, et l'autre à la dessiccation, moyens employés pour les conserver.

Toutes ces momies, considérées dans leur ensemble, m'ont paru offrir d'autres résultats non moins curieux: c'est relativement aux différens modes d'embaumemens usités chez les Egyptiens. On peut se convaincre, ou plutôt avoir une nouvelle preuve de l'insuffisance et de l'inexactitude des détails donnés à ce sujet par Hérodote et Diodore, et autres auteurs de l'antiquité.

Deux genres d'embaumement bien distincts s'offrent ici à l'observation.

L'un est celui qui consistait à remplir, à imprégner le corps d'asphalte pur (autrement baume de Judée). Ce procédé rend les momies d'une grande pesanteur et difficiles à rompre; elles ne subissent presque point d'altération par le contact de l'air, et sont remarquables par la manière dont les tissus et même les os sont pénétrés de cette substance. Un auteur moderne que j'ai déjà cité, pense que, pour faciliter ce phénomène, les embaumeurs ajoutaient une certaine quantité de cire aux résines qu'ils employaient; mais je n'ai trouvé aucune trace de cette substance, Monsieur, sur les différentes pièces que vous m'avez confiées, notamment sur une tête dont les vertèbres cervicales et dorsales mises à découvert permettent de juger jusqu'à quel point a eu lieu la pénétration dont je viens de parler. Je n'ai rencontré que du baume de Judée très-pur. Il y aurait donc quelque essai à faire pour savoir si une chaleur convenablement dirigée pendant un temps plus ou moins long, pour suppléer à la différence de notre climat, suffirait pour produire le phénomène dont il s'agit, ou bien encore si l'on n'était pas obligé d'enlever l'épiderme, et même de faire quelques injection dans les tissus.

Ici se présente un autre genre de momie; c'est celle dont on voit un bras sous le 1552 : elle peut être regardée comme une merveille de conservation. On est frappé d'étonnement lorsqu'on arrive à cette pièce. Ce ne sont plus ces masses noires, cassantes, ridées et informes, que présentent la plupart des autres espèces, même dans leur meilleur état. Ici les formes ont toute leur intégrité; la peau, lisse et tendue, a presque retenu sa couleur naturelle; seulement elle affecte une teinte safranée, et qui, comme je l'ai dit plus haut, peut dépendre du tanin dont elle est imprégnée. Mais la surprise augmente encore quand on voit que cette enveloppe cutanée, qui indique jusqu'aux saillies produites par l'action des muscles, n'est soutenue par autre chose que par sa propre solidité; car le tissu musculaire a presque entièrement disparu; il n'en reste du moins que quelques débris, et même si ténus, que si le bras offrait quelques traces d'incisions, on pourrait croire, avec le professeur Heine, que les chairs en ont été extraites. Cette momie doit être rangée parmi celles que M. Roger regarde comme ayant été préparées par des substances salines et ensuite par la dessiccation. Néanmoins, ce n'est point ici une opinion absolue. Il est malheureux de ne posséder qu'un bras de ce sujet extraordinaire.

Ce serait le cas de parler ici de la manière admirable dont les embaumeurs disposaient les bandelettes autour des momies, et des différences qui s'y remarquent, apparemment selon les diverses classes de la société; mais c'est à vous, Monsieur, que nous devrons recourir à ce sujet, parce que personne n'a été à même de faire des observations sur le lieu, plus savantes, plus sûres et plus nombreuses. C'est de vous aussi que nous espérons des détails nouveaux sur l'hypogée de Thèbes, cette ville de la mort, comme l'a dit un auteur de nos jours.

Je passe maintenant à l'examen des différentes substances trouvées dans vos momies, et quelques-unes des vases funéraires qui figurent dans la galerie.

Quand on voit le peu de concordance qui existe dans tout ce que l'on a dit et écrit sur les procédés des Egyptiens pour leurs embaumemens, on est porté à désespérer de parvenir à en connaître le secret. Peut-être sera-t-on plus heureux dans des recherches attentives pour déterminer les substances qu'ils employaient, et qui serait déjà un très-grand pas vers cette découverte. Voici en attendant ce que j'ai observé à plusieurs reprises, au moyen de votre intéressante collection.

Analysant le baume 1556, provenant d'un crâne de momie, j'ai trouvé, ainsi que cela paraît avoir lieu assez généralement, une grande quantité de matière siliceuse à l'état de sable mêlé de quelques fragmens argileux, et d'une assez grande quantité d'asphalte, qui donne à ce sable une teinte brune; point de substance saline, comme on en voit quelquefois. Le même mélange se rencontre encore avec les entrailles dans les vases cinéraires, dits canopes, ainsi que dans ceux classés sous les 1422 et 1423, etc. Certains de ces vases n'en contiennent point; l'on y trouve seulement les intestins enveloppés par de l'asphalte que l'on y a coulé; ce qui me paraît prouvé par la forme qu'a prise la masse intestinale, et de la substance improprement appelée balsamique.

Les vases 771 renferment des linges imprégnés de sang, avec des paquets tels que celui 1553 *bis*, rempli d'une poussière de bois de cèdre, et d'une très-grande quantité de *natrum*, lequel se trouve en grains blancs plus ou moins gros, faciles néanmoins à reconnaître par la saveur stiptique de la soude et de la potasse qui en font la base. La présence de cette substance dans les cavités des momies et à leur surface, est sans doute ce qui a fait penser qu'on les plongeait dans les eaux du lac *Natrum*. Quelques auteurs ont même prétendu que quand l'extraction des intestins et autres organes abdominaux ne se faisait pas par l'incision de l'abdomen, on en opérait la dissolution par injection contenant du *natrum* rendu caustique. Mais cette opinion me paraît détruite par les faits: il ne faut, pour s'en convaincre, qu'un examen attentif de certains sujets qui ont à l'anus la marque de larges incisions pratiquées indubitablement pour l'extraction des organes ci-dessus, probablement à l'aide d'un instrument pareil aux deux qui font partie de votre galerie, et qui sont placés sous les 507 et 508; et ce qui doit confirmer dans cette idée, c'est qu'ils faisaient la même opération pour l'extraction de la masse encéphalique.

Au surplus, les débris d'organes que l'on rencontre dans certains vases, sont trop bien conservés, pour pouvoir admettre que c'est par la propriété dissolvante des injections, que ceux qui manquent ont été entraînés.

La cavité abdominale d'une momie était remplie par les substances, sous le 1554, composée par des débris de bois de santal. Le *natrum* s'y découvre aussi, mais en très-petite quantité, et seulement par l'analyse chimique.

La substance sous le 1557, qui, d'après votre observation, Monsieur, se trouve dans les cercueils d'animaux sacrés, particulièrement des ibis et des cynocéphales, est évidemment tout-à-fait différente de celle que les Egyptiens employaient pour les sujets humains : c'est du baume de la *Mecque*, fort reconnaissable par son odeur, sa belle couleur jaune et sa transparence.

La petite pharmacie 506, que vous offrez à nos regards mérite une attention toute particulière : elle se compose de six vases en albâtre oriental et en serpentine. Un autre objet a aussi fixé mon attention; c'est un petit récipient, de forme arrondie, dont l'usage était probablement de recevoir, pour y être mélangées, les diverses substances que l'on devait administrer aux malades. Cette destination cesse d'être équivoque, en observant les deux instrumens qui l'accompagnent. Le premier est une cuillère en bois, portant la tête de la Vénus égyptienne, et le second une petite capsule à manche et à coulisse, qui servait probablement à puiser dans les vases, en quantité déterminée, ce que l'on mettait ensuite dans le récipient. Ceci se confirme encore, ainsi que vous l'observez, Monsieur, dans vos notes, quand on se rappelle que, chez les Egyptiens, ceux qui se livraient à l'art de guérir, ne s'occupaient jamais que d'une seule maladie ; que, par conséquent, il ne leur fallait qu'un petit nombre de médicamens; qu'ils préparaient et administraient toujours eux-mêmes à leurs malades.

Quant aux substances renfermées dans ces vases, il n'est guère possible de les reconnaître. Les seules que j'ai pu y distinguer sont la myrrhe et quelques balsamiques : on y rencontre aussi des racines aromatiques fort bien conservées.

L'on peut conjecturer que la personne s'occupait plus spécialement des affections atoniques, et que c'était pour rendre hommage à sa doctrine, suivie sans doute de quelques succès, que l'on avait déposé ces mêmes substances dans son tombeau.

Telles sont, Monsieur, les observations que j'ai pu faire en visitant avec autant de plaisir que de curiosité votre galerie, et les raretés qu'elle renferme. En vous donnant ici cette communication, je suis loin de croire que vous en puissiez tirer quelqu'avantage; mais elles ne seront pas sans prix pour moi, si vous ne les désapprouvez pas entièrement, et si elles peuvent vous porter à nous donner vous-même, *ex professo*, les notions et les développemens qui nous manquent en ce genre de connaissances.

Recevez, Monsieur, l'expression de mes sentimens distingués.

DE VERNEUIL.

NOTICE

Par M. C. Delattre, docteur en médecine, sur les embaumemens des Égyptiens, et sur les instrumens qu'ils employaient à cet usage, découverts dans des tombeaux des nécropolis de l'ancienne Egypte, par M. Passalacqua.

Les savans devront à M. Passalacqua une magnifique collection de monumens qui répandent une nouvelle lumière sur l'état de perfection que les arts et les sciences avaient atteint dans l'ancienne Egypte. Garant de la fidélité des historiens qui nous ont transmis l'histoire de ce peuple célèbre, les Egyptiens, chaque partie de ces fragmens précieux, échappés au naufrage de tant de siècles, est aujourd'hui pour nous un sujet d'étude et d'admiration.

Les hommes qui se livrent à l'art de guérir remarquent avec intérêt, dans cette belle galerie, les monumens les plus anciens de leur art, les instrumens dont les Egyptiens faisaient usage dans les embaumemens, et qui n'étaient qu'imparfaitement connus par les descriptions d'Hérodote et de Diodore de Sicile. Nous pouvons aujourd'hui les décrire plus exactement.

Mais avant d'entreprendre ce travail, il ne sera pas inutile de rappeler les procédés dont usaient les Egyptiens pour embaumer. Ils avaient trois méthodes : la première pour les personnages de haut rang, la seconde pour les moins opulens, la dernière enfin pour les pauvres. Les embaumeurs et les médecins étaient des prêtres du dernier ordre. Les Grecs les nommaient pastophores (1), parce que, dans les processions, ils portaient la figure d'un vaisseau.

Les parens du défunt portaient le corps chez les embaumeurs, qui leur présentaient trois modèles de cercueils de bois peint, ayant chacun une inscription qui désignait la somme qu'il coûtait. Les premiers, d'un travail soigné, portaient un nom qu'il n'était pas permis de prononcer (2). Les seconds étaient moins beaux et moins chers; les derniers, d'un prix modique. Le choix de ces cercueils déterminait le

---

(1) Παςοφόροι.

(2) Τοῦ οὐχ ὅσιον ποιεῦμαι τὸ οὔνομα ἐπὶ τοιούτῳ πρήγματι ὀνομάζειν. (Hérodote.)

mode d'embaumement qui devait être pratiqué, et que l'on exécutait de la manière suivante :

Premier mode d'embaumement.

Après avoir fracturé l'os ethmoïde et une portion du sphénoïde (comme je l'ai remarqué sur une tête de momie dont la capacité du crâne contenait deux livres de composition), on tirait le cerveau par le nez, à l'aide de crochets, et l'on remplissait par la même voie le crâne d'aromates et de gommes (1). Le chef des embaumeurs, qu'Hérodote nomme le *scribe*, désignait ensuite, sur le côté gauche du ventre, le lieu où l'incision devait commencer, et celui où elle devait se terminer. Le paraschiste pratiquait l'incision avec un silex tranchant, que les anciens nommaient *pierre d'Éthiopie*, et qui est connue des minéralogistes modernes sous le nom de *caillou d'Égypte*. Aussitôt il prenait la fuite, et était poursuivi par les assistans, qui lui lançaient des pierres et le maudissaient; car les Egyptiens regardaient comme un crime toute violence faite à un cadavre. On retirait ensuite les viscères par l'incision; le cœur et les reins seuls restaient dans le corps. Puis on nettoyait la cavité abdominale avec du vin de palmier, et l'on y versait des épices délayés dans de l'eau (2). On la remplissait de myrrhe, de casse et d'autres aromates; l'encens seul ne pouvait être employé à cet usage. On recousait ensuite les tégumens. Le corps était alors lavé avec une solution de nitrate de potasse (3), et on le laissait reposer pendant soixante-dix jours. Au bout de ce terme, on le lavait de nouveau avec de l'huile de cèdre, on l'enduisait de baume, et on l'enveloppait de bandes de lin, que l'on recouvrait d'une pâte qui prenait la dureté du carton. On dorait la figure, et le corps était recouvert d'hiéroglyphes peints avec soin, et d'une grande beauté. Dans cet état, les parens reprenaient le corps, l'enfermaient dans deux ou trois cercueils, et le déposaient dans les catacombes.

Deuxième mode.

Il s'opérait en injectant avec un tuyau, de la résine liquide de cèdre, dans le ventre, sans l'ouvrir, et en mettant le corps pendant soixante-dix jours dans une solution alcaline. Après ce laps de temps, on donnait

---

(1) Φάρμακα.
(2) Διηθέουσι τετριμμένοισι θυμιάμασι. (Hérodote.)
(3) Λίτρῳ ταριχεύσαντες.

issue à la résine, qui entraînait avec elle les viscères dissous, et il ne restait que les muscles desséchés, les os et la peau. Le corps était ensuite recouvert de bandes, de la pâte; mais la figure, au lieu d'être dorée, était seulement colorée en rouge.

Troisième mode.

Réservé pour les pauvres, il consistait à nettoyer le cadavre, et à le faire macérer pendant soixante-dix jours dans la solution alcaline, puis on le recouvrait de bandes de toile.

Description des instrumens.

826, maillet de bois; 511, stylet métallique; 512, petit ciseau. Ces divers instrumens servaient à briser l'os ethmoïde; on les introduisait dans les fosses nasales, et en frappant avec le maillet, on opérait la fracture. 507, 508, crochets qui servaient à retirer le cerveau; 541, 542, 543, pierres tranchantes qui servaient au paraschiste à inciser les parois de l'abdomen; 549, instrument tranchant métallique. On serait porté à croire qu'il avait la même destination, que les pierres ci-dessus désignées : cependant Hérodote et Diodore disent affirmativement que les instrumens incisifs du paraschiste étaient en pierre d'Éthiopie.

314, 315, instrumens destinés à puiser dans les vases les substances destinées à l'embaumement, ou peut-être aussi à puiser les liquides épanchés dans les cavités splanchniques des cadavres; 519, instrument piquant, qui devait servir à percer la peau pour faire les points de sutures qui rapprochaient les bords de l'incision de l'abdomen; 516, 525, cuillères qui servaient à prendre les aromates pulvérisés; 515, porte-mèche pour tamponner les ouvertures naturelles; 510, 523, 524, spatules; 665, 666, stylets en ivoire et en bois, qui peut-être servaient au scribe ou chef des embaumeurs à désigner le lieu où l'on devait pratiquer l'incision.

Autres instrumens de chirurgie.

531, 532, 533 à 538, 825 et autres, pierres tranchantes qui tenaient lieu de bistouris; 518, instrument tranchant et piquant; 522, autre instrument tranchant; 521, curète; 772, instrument inconnu : peut-être servait-il de mesure; 446, autre instrument inconnu; 547, 548, inconnus : peut-être le dernier servait-il à la fracture de l'ethmoïde; alors le 547 aurait dû avoir la même destination pour des animaux; 520, 509, pinces.

DELATTRE, *docteur en médecine.*

CHIMIE.

LETTRE A M. PASSALACQUA,

Contenant l'examen chimique de quelques substances organiques de sa collection; par M. Julia-Fontenelle, professeur de Chimie médicale, etc. (1).

Monsieur,

A mon retour d'un voyage de quelques mois, j'ai trouvé vos deux lettres, par lesquelles vous me priez de vous transmettre le résultat des expériences que j'ai entreprises sur les substances que vous m'avez fait l'honneur de me confier. Je m'empresse de vous en faire l'envoi; heureux si vous le recevez à temps pour l'insérer dans votre catalogue raisonné et historique d'une collection justement regardée comme la plus variée, la plus intéressante et la plus belle qui ait encore paru; collection qui non-seulement atteste les progrès de la civilisation chez les Égyptiens, mais qui seule prouverait, si ce n'était déjà bien démontré, que cette classique contrée, maintenant avilie par la férocité musulmane, fut le berceau des sciences et des arts.

1°. *Blé égyptien.* (461.)

Les grains de ce blé sont beaucoup plus gros que le blé ordinaire; ils ont une surface rougeâtre et comme vernissée; quelques-uns sont dé-

---

(1) M. Julia-Fontenelle ne m'ayant communiqué ses savans examens qu'après l'impression des feuilles précédentes, je me vois obligé de les insérer ici, au lieu de les avoir placés parmi les dissertations chimiques de MM. Vauquelin, Darcet et Le Baillif.   J. P.

chirés longitudinalement, par suite sans doute d'un gonflement; leur poids est de quatre à cinq décigrammes; coupés transversalement, on aperçoit une farine jaunâtre qui, examinée au microscope d'Euler, perfectionné par MM. Chevalier aîné et fils, présente des mamelons brillans et comme micacés, sans aucune trace d'animal vivant ni mort. Cette farine, unie à l'eau, ne donne point de pâte gluante; si l'on ajoute un peu plus de ce liquide, il se dépose une substance amilacée jaunâtre, que l'eau bouillante réduit en une bouillie que la teinture d'iode colore en beau bleu; l'eau, surnageant cet amidon, rougit fortement le papier de tournesol. Un grain de ce blé, non écrasé, cède à l'alcool bouillant une substance résineuse que l'eau en précipite : ce qui démontre qu'il avait été trempé dans quelque solution résineuse destinée à le conserver, laquelle solution peut aussi avoir communiqué cette teinte jaune à la farine. Un autre grain de ce blé en poudre ayant été introduit dans un tube de verre fermé à l'une de ses extrémités, et exposé à la chaleur d'une lampe à esprit de vin, a donné une huile empyreumatique rougeâtre de l'eau, et n'a nullement ramené au bleu le papier de tournesol rougi par un acide.

Ces divers essais semblent prouver, 1° que le blé égyptien est enduit d'une substance résineuse propre à sa conservation; 2° qu'après plus de trois mille ans d'existence, sa fécule s'est très-bien conservée; 3°. qu'on n'y trouve aucune trace de gluten, mais, à sa place, un acide que les petites quantités sur lesquelles nous avons opéré ne nous ont point permis de déterminer, et qui paraît dû à la décomposition du gluten.

2°. *Semences de ricin*, ricinus communis. (460.)

Ces semences sont très-bien conservées; elles sont pleines, d'une couleur un peu terne, et pèsent chacune de douze à quatorze centigrammes. Leur intérieur est rempli d'une pâte jaune qui a une odeur et une saveur rances. Cette pâte rougit le papier de tournesol; étendue et pressée sur une lame de verre, et vue au microscope précité, on distingue des gouttelettes d'une huile claire et peu colorée; si on ajoute un peu d'eau sur cette lame, et qu'on la promène avec le doigt sur cette huile, elle y produit le même effet qu'avec tous les corps huileux. L'alcool bouillant enlève à cette pâte une huile que l'eau en sépare en grande partie. D'après ces faits, les semences de ricin, que vous avez trouvées à Thèbes, se sont très-bien conservées pendant plus de trois mille ans; seulement l'huile a ranci, et il s'y est développé un acide.

3°. *Grains de raisin.* (458.)

Grains assez gros et d'un beau noir, durs, cassure luisante, saveur acidule, offrant au microscope des points cristallins. Traités par l'eau bouillante, ils donnent une liqueur qui rougit le tournesol, et ne donne aucune trace de matière sucrée : tout porte à croire que cette substance acide est le surtartrate de potasse qui s'est ainsi conservé.

4°. *Fragment d'os tiré de la tête de bœuf.* (1559.)

Par l'acide hydrochlorique étendu d'eau, j'en ai retiré un peu plus des deux tiers de gélatine qu'aurait produit une égale quantité d'os frais ; cette gélatine est jaunâtre : ces mêmes os donnent des traces d'acidité et d'une substance animale.

5°. *Baume contenu dans le vase.* (708.)

Le baume contenu dans le très-beau vase de serpentine 708 est d'une consistance molle, d'une odeur et d'une saveur âcres ; il est demi-transparent, et recouvert d'une poudre brunâtre, qui l'altère un peu. Exposé à l'action du calorique dans une cornue, il ne donne aucun indice d'acide benzoïque, mais bien une huile brunâtre, de l'eau ammoniacale, et les gaz, qui sont le produit des substances organiques qu'on brûle. L'eau ne dissout point ce baume ; l'alcool lui enlève une substance huileuse qui se rapproche du naphte ; l'éther, les huiles et le pétrole le dissolvent presque en entier.

Ces essais d'analyse, quoique incomplets, me paraissent suffisans pour avancer que la substance qui en fait le sujet n'est point un baume, attendu qu'elle ne donne aucune trace d'acide benzoïque, et que ses caractères la rapprochent plutôt de l'*asphalte* ou *bitume de Judée*, que les Égyptiens, comme vous savez, employaient aux embaumemens, sous le nom de *momie minérale*. On pourrait m'objecter que ce bitume est brun et solide ; mais il est aussi bien démontré que celui qu'on recueille sur la surface de la mer morte est ou liquide ou de consistance molle, et que sa couleur varie du brun au rouge, au gris, etc.

J'ai l'honneur de vous saluer.

ARCHÉOLOGIE.

NOTES

Archéologiques et chronologiques, communiquées par M. CHAMPOLLION-FIGEAC, *sur plusieurs antiquités de la collection, portant des cartouches royaux, et sur l'ensemble du tombeau découvert dans son intégrité* (1).

(On indique dans cette note les monumens qui portent des cartouches royaux; l'époque du règne de chaque prince fera aussi connaître celle du monument.)

106. Ce scarabée, ainsi que ceux qui sont numérotés 107, 109, 225, 230, 231, 233, 239, 241, 243, et la bague 616, portent le cartouche du roi nommé *Mœris* dans les écrivains grecs, qui fut le Thoutmosis II de

---

(1) Au moment de donner à l'impression cette feuille, M. Isidore Geoffroy-Saint-Hilaire, aide-naturaliste au Muséum royal d'histoire naturelle, voulant s'assurer de quelque doute sur la petite espèce de musaraigne que j'ai découverte, vient de faire des remarques sur elle qui doivent intéresser la science qu'il professe avec tant de succès en digne fils du célèbre naturaliste, M. Geoffroy-Saint-Hilaire, dont l'examen zoologique sur mes animaux sacrés développés se trouve inséré à la page 229. Je me fais un devoir d'ajouter ici la note que ce jeune savant a bien voulu me communiquer.   J. P.

398 à 419. Espèce nouvelle de musaraigne, décrite par nous sous le nom de musaraigne sacrée (*sorex religiosus*), dans le *Dictionnaire classique d'Histoire naturelle*, tom. XI.

Ces nombreux individus, découverts par M. Passalácqua, avaient

la dix-huitième dynastie; il régna de 1736 à 1723, avant l'ère chrétienne, et fut un des plus grands rois de l'Egypte : aussi son nom est-il le plus commun sur les scarabées et autres monumens.

191. Ce grand scarabée porte la légende du roi Aménophis et de la reine Taia, sa femme; c'est Aménophis II, de la dix-huitième dynastie, le Memnon des Grecs, qui régna de 1687 à 1657 avant l'ère chrétienne.

230, 233, 234, 242, 269. Cartouche du roi Thoutmosis III, petit-fils de Mœris, de la même dynastie, et qui régna de 1697 à 1687 avant Jésus-Christ.

229. Cartouche-prénom de l'un des deux Achencherrès de la dix-huitième dynastie, frères qui se succèderent sur le trône d'Egypte, de 1597 à 1565 avant Jésus-Christ.

235. Scarabée avec le nom royal Amonmai-Scheschong, qui est le Schisobac de l'Ecriture-Sainte, le Sésonchis des écrivains grecs, le même qui s'empara de Jérusalem, sous le règne de Roboam, petit-fils de David, et qui enleva les boucliers d'or de Salomon. Il fut le chef de la vingt-deuxième dynastie égyptienne, vers l'an 960 avant l'ère chrétienne.

236. Scarabée portant le cartouche du roi Ramsès VI, le grand Sésostris, qui fut le premier roi de la dix-neuvième dynastie Eyptienne, et monta sur le trône en 1473 avant l'ère chrétienne.

320. Bretelles où est empreint le cartouche du roi Aménoftep, l'Ammé-

---

d'abord été considérés comme appartenant à l'espèce commune de France (le *sorex araneus* des naturalistes); mais l'examen attentif de plusieurs d'entre eux, qui se trouvent dans le plus parfait état de conservation, (tels que les 402, 405, 414, etc.), nous a montré qu'ils diffèrent, par plusieurs caractères, de toutes les espèces connues dans ce genre : ils se distinguent particulièrement de la musaraigne ordinaire par leur queue fort allongée et de forme carrée, et par leur petite taille.

Il est à remarquer qu'on ne connaît encore, dans l'Afrique et les Indes, que des musaraignes de très-grandes dimensions, et que les susdites découvertes, par M. Passalacqua, sont au contraire des plus petites du genre.

On peut sous ce rapport, d'un caractère exclusif, les comparer à l'espèce indiquée par mon père dans ce catalogue, et dans sa notice (p. 233) sous les 396 et 397; la plus grande de toutes celles connues jusqu'à ce jour.

ISIDORE GEOFFROY-SAINT-HILAIRE.

nophès ou Ménophrès des Grecs, de la dix-neuvième dynastie, et qui régna de 1352 à 1312 avant Jésus-Christ.

506. La boîte extérieure de cette espèce de pharmacie portative est ornée de légendes hiéroglyphiques; la principale porte le nom de la *royale épouse Thoutia*, femme du roi Mandouftep, le Smendis ou Mendès des écrivains grecs. (Voyez à la page 297, pour l'époque du règne de ce roi.)

551. Palette de scribe garnie de ses couleurs et roseaux; l'inscription contient le prénom et le nom du roi Ramsès VI, le célèbre Sésostris. (Voyez pour son époque le 236.)

633. Ce scarabée porte le nom d'un Aménoftep, qui peut être un simple particulier.

639. Cartouche-prénom du roi Horus, de la dix-huitième dynastie, et qui régna de 1657 à 1618 avant l'ère chrétienne.

642. Bague portant le nom de la royale épouse *Taia*, femme d'Aménophis II, de la dix-huitième dynastie. (Voyez pour l'époque le 191.)

684, 691. Vases d'albâtre, portant le prénom royal et le nom propre du roi Mœris. (Voyez pour l'époque le 196.)

1394. Stèle funéraire, dont la scène supérieure est l'acte d'adoration par un roi égyptien, des quatre divinités du premier ordre. Les deux cartouches qui sont au-dessus de sa tête, sont le prénom et le nom de Ramsès VIII, le Ramésès des écrivains grecs, quatrième roi de la dix-neuvième dynastie, et qui régna en 1310 avant l'ère chrétienne.

1398. Autre stèle funéraire, dont l'inscription contient le cartouche de la reine Nané-Ari, femme du grand Sésostris. (Voyez pour l'époque le 236.)

1425. Manuscrit sur papyrus, portant dans une des colonnes de la partie hiéroglyphique, vers le commencement (à droite), un cartouche qui est celui du dieu *Osiris*, considéré comme dynaste, ou ayant régné sur l'Egypte.

1492. Statuette de bois, en gaine, portant les cartouches, prénoms et nom propre, du roi Achencherrès-Ousiréi (le Busiris des Grecs), le même dont la copie du tombeau découvert à Thèbes par l'infortuné Belzoni, a été exposée à Paris. Ce roi, de la dix-huitième dynastie, régna de 1597 à 1585 avant Jésus-Christ.

1548. Momie d'un enfant nommé *Senphmoïs*, *fils de Mimithus*, comme le dit l'inscription tracée sur la bandelette de sa poitrine, ϹΕΝΦΜΟΙϹ ΜΙΜΙΘΟΥ.

1558. Manuscrit en écriture hiératique, contenant plusieurs dates, prises des années des règnes de divers rois, et beaucoup de nombres. Le premier roi nommé est Sésostris (voyez au 236 pour l'époque). Ce manuscrit bien entier peut être un registre des recettes faites à l'époque de Sésostris ou de ses successeurs, pour le service d'un temple.

1559. Autre manuscrit hiératique, daté de l'an VI du règne du même Sésostris.

1571. Portion d'un disque en terre émaillée; le cartouche qu'on y voit est le nom propre du roi Achencherrès-Mandouéi, frère d'Ousiréi, et qui régna immédiatement après lui, de 1587 à 1565 avant l'ère chrétienne.

1599 à 1921. L'ensemble du tombeau décrit sous ces numéros, est d'un très-grand intérêt, par la réunion, la parfaite conservation, et la singularité des divers objets qui le composent. Les inscriptions hiéroglyphiques qui accompagnent à l'extérieur les peintures du premier cercueil, sont chacune une prière à quelque divinité principale de l'Egypte, en faveur du défunt, dont le nom termine toutes ces légendes. Ce sont les sept derniers caractères qui forment ce nom, et ils se lisent *Mandouftep*. Les titres de ce personnage sont indiqués dans quelques-unes de ces inscriptions, et on y voit qu'il fut *prêtre d'Ammon*, divinité principale de la ville de Thèbes, et c'est dans ses environs que cette sépulture a été découverte par M. Passalacqua. Ce tombeau est donc celui de *Mandouftep, prêtre du dieu Ammon*, et qui fut inhumé à Thèbes.

L'époque où ce prêtre a vécu ne peut être exactement déterminée, les inscriptions ne contenant aucune indication, ni le cartouche du roi sous le règne duquel Mandouftep vécut ou mourut. On remarque seulement que le nom de ce prêtre est le même que celui d'un roi Mandouftep, le Smendis ou Mendès des auteurs grecs, chef de la vingt-unième dynastie, et qui régna vers la fin du onzième siècle avant l'ère chrétienne. (Voyez au 506.) Les peintures intérieures présentent une particularité digne d'être remarquée: au lieu de sujets religieux se rapportant aux cérémonies et aux offrandes que l'âme du défunt, personnifiée sous forme humaine, devait, selon les doctrines égyptiennes, faire à diverses divinités, ces peintures n'offrent que la figure de meubles, armes, ustensiles et autres objets employés dans les usages domestiques, civils ou militaires; des inscriptions hiéroglyphiques placées au-dessus, indiquent, comme M. Passalacqua l'a déjà fait remarquer, le nom et le nombre de chaque objet: par exemple, flèches, 2200; arcs, 2300; colliers, 2300, etc. Ce sont des offrandes faites aux dieux, ou une sorte d'inventaire de la garde-robe de Mandouftep.

CHAMPOLLION-FIGEAC.

FIN.

TABLE DES MATIÈRES.

	Pages
Préface.	v

CATALOGUE.

Divinités et leurs attributs, animaux sacrés, et objets qui appartenaient aux cérémonies religieuses.

En cire, bitume, terre cuite, etc.	1.
En terre émaillée.	3.
En bois.	8.
En pierres diverses, etc.	10.
En métaux.	16.
En substances animales.	19.
Animaux sacrés embaumés et desséchés.	20.

Objets employés aux usages de la vie civile.

Instrumens d'agriculture et de pêche, fruits et céréales.	22.
Filature, tissus, vêtemens.	23.
Chaussures.	24.
Ouvrages de vannerie.	25.
Médecine et chirurgie.	ib.
Armes.	27.
Instrumens et matières appartenant à la peinture et à la calligraphie.	28.
Instrumens de musique, etc.	30.
Objets de toilette et joyaux.	31.
Vases, coupes, etc.	38.
Sceaux.	41.
Poids.	ib.
Instrumens de jeu.	ib.
Instrumens propres à divers arts mécaniques.	42.
Coffres, boîtes, etc.	43.

TABLE DES MATIÈRES.

Pages.

Objets divers.	44.
Monnaies.	ib.

OBJETS FUNÉRAIRES.

Stèles funéraires, pyramides, etc.	45.
Vases.	74.
Manuscrits funéraires.	75.
Statuettes et plaques.	91.
Ornemens de momies.	100.
Momies, cercueils, baumes, etc.	101.

MÉLANGES.

Manuscrits historiques.	105.
Objets divers en bois, pierres et bronze, etc.	106.

OBJETS DÉCOUVERTS RÉUNIS DANS UNE CHAMBRE SÉPULCRALE INTACTE.

DESCRIPTION DÉTAILLÉE DE CETTE DÉCOUVERTE, PAR M. J. PASSALACQUA.

Introduction historique.	113.
Description, etc. (dans laquelle suivent les numéros du catalogue).	117.

NOTES ET OBSERVATIONS HISTORIQUES,

FAITES DANS LES TOMBEAUX ET SUR SES DÉCOUVERTES, PAR M. J. PASSALACQUA, SUIVIES DE LA DESCRIPTION D'UN ÉVÉNEMENT AFFREUX ARRIVÉ PENDANT LE COURS DE SES FOUILLES A THÈBES.

Préface.	141.
Idée générale sur les recherches d'antiquités en Égypte, servant d'introduction aux notes.	143.

NOTES ET OBSERVATIONS, ETC., SUR LES DIVINITÉS ET LEURS ATTRIBUTS, ETC.

En cire, bitume, terre cuite.	145.
En terres émaillées.	146.

	Pages.
En bois.	146.
En pierres, etc.	147.
En métaux.	id.
En substances animales.	ib.
Animaux sacrés, etc.	148.

SUR LES OBJETS EMPLOYÉS AUX USAGES DE LA VIE CIVILE.

Instrumens d'agriculture et de pêche, fruits et céréales, etc.	151.
Filature, tissus, vêtemens, etc.	152.
Chaussures.	153.
Ouvrages de vannerie.	ib.
Médecine et chirurgie.	ib.
Armes.	154.
Instrumens et matières appartenant à la peinture et à la calligraphie.	155.
Instrumens de musique.	156.
Objets de toilette et joyaux.	157.
Vases, coupes, etc.	161.
Sceaux.	162.
Poids.	ib.
Instrumens de jeu.	ib.
Instrumens propres à divers arts mécaniques.	ib.
Coffres, boîtes, etc.	163.
Objets divers.	ib.
Monnaies.	164.

SUR LES OBJETS FUNÉRAIRES.

Stèles funéraires, pyramides, etc.	165.
Vases.	168.
Manuscrits funéraires.	170.
Statuettes et plaques.	171.
Ornemens et momies.	176.
Momies, cercueils, baumes, etc.	177.

OBSERVATIONS GÉNÉRALES SUR LES MOMIES HUMAINES ET SUR LEURS TOMBEAUX.

1°. *Leurs embaumemens et les différentes attitudes données à leurs corps.*	178.
2°. *Enveloppes de momies égyptiennes et leurs cercueils.*	181.

DES MATIÈRES.

Pages.

3°. *Des momies grecques, des particularités qui les distinguent, de leurs enveloppes et de leurs cercueils.* 185.

4°. *Description générale des nécropolis de l'Égypte, de leurs différens tombeaux, et de l'emplacement respectif des momies.* 189.

    1°. *Des tombeaux des rois.* 192.

    2°. *Des tombeaux des grands et des familles plus ou moins distinguées.* 194.

    3°. *Des tombeaux publics.* 197.

    4°. *Des tombeaux les plus simples, jadis creusés dans la terre et dans le sable, ou les debris de pierres.* 204.

SUR LES MÉLANGES.

Manuscrits historiques. 207.
Objets divers en bois, pierre, bronze, etc. 208.
ÉVÉNEMENT AFFREUX ARRIVÉ PENDANT LE COURS DE MES FOUILLES A THÈBES. 212.

EXAMENS

ET DISSERTATIONS SCIENTIFIQUES, RÉDIGÉS EX-PROFESSO, SUR DIFFÉRENTES BRANCHES D'ANTIQUITÉS DE LA COLLECTION, PAR PLUSIEURS SAVANS.

MINÉRALOGIE.

NOTICE sur les matières minérales naturelles qui font partie de la collection des antiquités égyptiennes de M. PASSALACQUA; par M. ALEX. BRONGNIART, membre de l'Institut, professeur de minéralogie au Jardin-du-Roi. 223.

BOTANIQUE.

EXAMEN botanique des fruits et des plantes de la collection, par M. C. KUNTH, membre correspondant de l'Institut de France. 227.

ZOOLOGIE.

EXAMEN des animaux vertébrés, momifiés et développés de leurs langes, classés parmi les numéros 326 à 440; par M. GEOFFROY-SAINT-HILAIRE, membre de l'Institut de France et de la commission d'Égypte. 229.

EXAMEN des animaux sans vertèbres ; par M. LATREILLE, membre de l'Institut de France (Académie royale des sciences). 237.

NOTICE sur la petite espèce de musaraignes de la collection ; par M. ISIDORE GEOFFROY-SAINT-HILAIRE, aide-naturaliste au Jardin-du-Roi. 294.

CHIMIE.

LETTRE à M. PASSALACQUA, contenant l'analyse chimique des alliages qui composent la lame d'un poignard, deux miroirs et quelques instrumens de la collection, ainsi que l'analyse de la couleur bleue placée sous le n°. 561 ; par M. VAUQUELIN, membre de l'Institut de France, etc. 238.

ANALYSE d'un os provenant de la partie antérieure d'un bœuf, déposé comme offrande aux divinités, dans le tombeau découvert intact par M. PASSALACQUA ; par M. DARCET, membre de l'Institut de France, etc. 240.

LETTRE à M. PASSALACQUA, contenant plusieurs procédés chimiques sur l'examen des couleurs, du blé, du pain, et des cordes d'instrumens de musique de sa collection ; par M. LE BAILLIF, trésorier de la préfecture de police. 242.

LETTRE à M. PASSALACQUA, contenant l'examen chimique de quelques substances organiques de sa collection ; par M. JULIA-FONTENELLE, professeur de chimie médicale, etc. 291.

INSTRUMENS ET PRODUITS DES ARTS ET DE L'INDUSTRIE DES ÉGYPTIENS.

EXAMEN des instrumens et des produits des arts ; par M. JOMARD, membre de l'Institut de France et de la commission d'Égypte. 245.

DISSERTATION sur la préparation et l'emploi des couleurs, des vernis et des émaux dans l'ancienne Égypte ; par M. MÉIRMÉE, secrétaire perpétuel de l'École royale des beaux-arts. 258.

EXAMEN de plusieurs vases en terre cuite de la collection ; par M. Alex. BRONGNIART, membre de l'Institut, et directeur de la manufacture royale de porcelaine, à Sèvres. 264.

MANUSCRITS ET INSCRIPTIONS EN GREC OU EN ARABE.

LETTRE à M. PASSALACQUA sur le papyrus grec 1563 ; sur les fragmens de manuscrits dans la même langue 490, et sur plusieurs du même 1564; par M. LETRONNE, membre de l'Institut de France, etc., etc. 265.

TRADUCTION des inscriptions arabes des deux plaques talismaniques de cuivre 1593 et 1594, par M. REINAUD, de la Bibliothèque du Roi. 280.

MOMIES ET EMBAUMEMENS.

LETTRE à M. PASSALACQUA, sur les momies humaines développées de sa collection; sur différens baumes, et sur la pharmacie 506; par M. DE VERNEUIL, docteur en médecine. 282.

NOTICE par M. C. DELATTRE, docteur en médecine, sur les embaumemens des Égyptiens, et sur les instrumens qu'ils employaient à cet usage, découverts dans des tombeaux des nécropolis de l'ancienne Égypte, par M. PASSALACQUA. 288.

ARCHÉOLOGIE.

NOTES archéologiques et chronologiques, communiquées par M. CHAMPOLLION-FIGEAC, sur plusieurs antiquités de la collection, portant des cartouches royaux, et sur l'ensemble du tombeau découvert dans son intégrité. 294.

FIN DE LA TABLE.

Chambre Sépulcrale

découverte dans son intégrité dans les souterrains de la Nécropolis de Thèbes, le 4 décembre 1823,

par

JOSEPH PASSALACQUA.

B.

ΤΙΜΟΞΕΝΟΣ ΜΟΣΧΩΝΙ
ΧΜΑ[...]ΑΝΤΟ
ΔΙΔΟΝΤΑΓΗΓΕΠΙ
ΤΟΙΗΔΕΕΠΙΕΜΝΟΣ
ΑΔΕΛΦΟΣΓΡΜΕΓ
ΛΥΣΔΙΣΕΠΙΕΝΤΔ
ΜΕΡΙΔΟΧ ΦΡΟΝΤΙΚΟΥ
ΟΥΝΕΠΙΤ ΜΕΔΙΚΗ
ΘΗΣΙΝΟΜΩΤΕΝΚΗ
ΓΡΟΤΕΣΤΗΜΑΤΩ
ΕΣΤΙΝΕΝΤΗΤΗΝ
ΠΕΞΙΤΕΕΠΟΙΟΥΡΙΝ
ΠΡΟΝΔΕΣΤΕΤΤΕΝΛ
ΑΤΤΕΔΣΘΗΤΑΔΗ
ΤΟΙΚΗΤΟΣΓΓ
ΤΩΝ ΕΤ

ερρωσο.

A. Manuscrit Grec sur Papyrus, N.° 1563, tel qu'il fut découvert.
B. Le même déroulé, avec le fac-simile du texte.

www.ingramcontent.com/pod-product-compliance
Lightning Source LLC
Chambersburg PA
CBHW060515170426
43199CB00011B/1460